**Geisterstädte der
Südlichen Seidenstraße**

Vorangehende Doppelseite: Wo vor rund 2000 Jahren noch wohlhabende Oasen blühten, herrscht heute, wie hier in Niya, die Totenstille der Wüste Takla-Makan. Nur dank der extremen Trockenheit des Wüstenklimas sind uns die Zeugen dieser antiken Städte erhalten geblieben.

Oben: Sogar für das Expeditionsfahrzeug – einen Lkw mit Allradantrieb – war ein Vorankommen auf dem Boden des ehemaligen Sees Lop-Nor mitunter äußerst beschwerlich. So erklärt sich auch, weshalb im Durchschnitt nur knapp 18 Kilometer täglich zurückgelegt wurden.

Rechts: Hitze und Trockenheit ließen im Boden der Wüste Lop-Nor tiefe Risse entstehen. Es ist schwer vorstellbar, daß sich dort, wo heute Furchen das Landschaftsbild prägen, noch im Jahre 1920 ein Süßwassersee befand.

Links: Rund 1000 Jahre älter als die Siedlung Loulan ist die Mumie dieses kleinen Mädchens, die 1985 in der Nähe von Qiemo ausgegraben wurde.

Oben: Zwei Lehmtürme sind die einzigen Zeugen der ehemaligen Befestigungsanlage der Garnisonsstadt Loulan, deren rechteckig angelegte Mauern einen Umfang von etwa 1300 Meter hatten. Vor knapp 2000 Jahren war hier eine 500 bis 1000 Mann starke chinesische Garnison einquartiert, welche die Sicherheit auf der Seidenstraße gewährleisten sollte. Wegen des unwirtlichen Klimas und der Angriffe durch die Nomaden kam eine Versetzung nach Loulan einer lebenslänglichen Verbannung gleich.

Folgende Seite: Besonders beeindruckend ist in der Wüste, wie hier um Niya III, die vollkommene Stille, da hier keinerlei Lebewesen zu existieren vermag. Einzig die nachts funkelnden Sterne scheinen ein fernes Lebenszeichen zu vermitteln.

Christoph Baumer

Geisterstädte der Südlichen Seidenstraße

Entdeckungen in der Wüste Takla-Makan

Belser Verlag
STUTTGART
ZÜRICH

Für meine Eltern Odette und Werner,
die mir das Reisefieber geschenkt haben.

Inhalt

Im Jahr 1900 entdeckte Sven Hedin die Stadt Loulan. Im Jahr darauf gelang es dem schwedischen Forscher, das Geheimnis der längst vergessenen Stadt zu lüften, als er in einem Abfallhaufen Hunderte von Schriftdokumenten fand. Mit ihrer Hilfe ließ sich die Geschichte der Stadt rekonstruieren.

Vorwort

Mit Genugtuung begrüße ich dieses neue Buch über die Erforschung der Seidenstraße in Chinesisch-Ostturkestan aus der Feder unseres Schweizer Kollegen Christoph Baumer. Auf mehreren Reisen zwischen 1985 und 1994 hat der Autor Land und Leute sowie viele archäologische Fundstätten kennengelernt und seine Eindrücke bereits in einem spannenden Film der Öffentlichkeit zugänglich gemacht. Buch und Film sind der Erfolg eines Gelehrten, der es versteht, die Schwierigkeiten der Bürokratie und das Mißtrauen chinesischer Obrigkeiten zu überwinden und mit unglaublicher Ausdauer dennoch sein Ziel zu erreichen. Dagegen scheinen ihm die klimatischen und körperlichen Anforderungen in dem unwirtlichen Wüstengebiet eher ein anregendes Abenteuer zu sein.

Das Zauberwort »Seidenstraße« läßt an Kamelkarawanen, gefährliche Wüsten, gigantische Gebirgspässe, reizvolle Oasen und Handelsstädte denken. Nur einem kleinen Publikum dagegen ist bekannt, daß seit Ende des vorigen Jahrhunderts in diesen Oasenstädten umfangreiche Ausgrabungen stattgefunden haben, die dort uralte Zentren buddhistischer Kultur freilegten und die Ursprünge der Ausbreitung dieser Weltreligion nach China, Japan und Tibet aufdeckten. Für diesen Zweig archäologischer Forschung fehlt in *Cerams Götter, Gräber und Gelehrte* das angemessene Kapitel, obwohl die ausgegrabenen Schätze den Funden in Ägypten und Babylonien kaum nachstehen. Besonders reich waren die Entdeckungen am südlichen Verlauf der Seidenstraße, in den Oasen Khotan und Loulan am Lop-Nor, Sven Hedins »Wanderndem See«. Diesem Gebiet ist Baumers Buch gewidmet, das den Leser in ein bisher nur von wenigen Gelehrten - erforschtes Feld zentralasiatischer Kulturen entführt.

Ganz bewußt knüpft Baumer nicht nur an die Forschungen des schwedischen Reisenden Sven Hedin und die der englischen Expeditionen unter Sir Aurel Stein an, sondern auch an die weniger bekannten deutschen Unternehmen von A. H. Francke, H. Körber 1914 und E. Trinkler 1927–28, deren archäologische Funde heute in München und Bremen aufbewahrt werden. Die vier großen Turfanexpeditionen 1902–14 konzentrierten sich auf den Nordrand der Wüste Takla-Makan und berührten kaum das südliche Tarimbecken, das Baumer bereist hat. Er begegnete dort japanischen Archäologen, die seit kurzem von den chinesischen Behörden Grabungslizenzen erhalten haben, und vielleicht werden auch Europäer demnächst ihre wissenschaftlichen Arbeiten im Land wiederaufnehmen können.

Das Geheimnis der aufregenden Funde, die eine Reihe neuer wissenschaftlicher Disziplinen ins Leben gerufen haben, ist das Wüstenklima des Tarimbeckens, das durch die höchsten Gebirge der Welt vom Regen abgeschirmt wird. Nur spärlich fließt Wasser von den Berghöhen in kleine Oasen mit ärmlichen Siedlungen, aber großen Reichtum brachten die Karawanen der 10000 km langen Handelsstraße von China nach Vorderasien und dem Mittelmeer in das Land. Über 2000 Jahre lang haben sich in den verfallenen Tempeln prächtige Wandmalereien und empfindliche Papierhandschriften verblüffend gut erhalten und der Wissenschaft 20 alte Sprachen bekannt gemacht. Man fand heilige Schriften und Kultbauten von drei Religionen sowie die ganz alltäglichen und profanen Briefe und Wohnhäuser der Soldaten und Kaufleute. Nur wenige Gelehrte können so wie der Autor des vorliegenden Buches diese alte Kultur schildern und dabei auf ihre gründlichen Landeskenntnisse zurückgreifen, während seine Kollegen meistens am Schreibtisch sitzen und sich über die schwer lesbaren Handschriftenfragmente beugen oder im Museumsmagazin versuchen, die zerbrochenen Stuckreste buddhistischer Tempeldekore vom Staub zu befreien und zusammenzusetzen. Der Leser dieser anschaulich geschriebenen Schilderung gewinnt einen lebendigen Eindruck von der unendlichen Mühe und Geduld, die zu unserem heutigen Kenntnisstand von der Kultur an der Seidenstraße geführt haben.

Gerd Gropp, Universität Hamburg

Die Faszination des Lop-Nor-Rätsels – eine persönliche Einleitung zur Takla-Makan-Expedition

Die Expedition mit dem Ziel, die antiken Ruinenstädte an der Südlichen Seidenstraße zu erforschen, hat eine besondere Vorgeschichte: sie liegt bereits mehr als ein Vierteljahrhundert zurück, als ich mich, damals als Fünfzehnjähriger, an den Schilderungen Sven Hedins in seinem Buch »Der wandernde See« begeisterte. Das geologische Phänomen des Lop-Nor-Sees, der im Verlauf von rund 16 Jahrhunderten zweimal seine Lage gewechselt hatte, erschien mir schon an sich als etwas Einmaliges. Hedins Bericht war darüber hinaus noch ins Phantastische gesteigert, weil der schwedische Forscher sich erkühnte vorauszusagen, daß dieser See, welchen er 1896 rund 100 km südlich von seinem ursprünglichen Ort bei der antiken Garnisonsstadt Loulan vorgefunden hatte, demnächst in sein ursprüngliches Bett »zurückwandern« würde. »Ich bin fest davon überzeugt, daß wir nach Jahren den See wieder an der Stelle finden werden, wo er nach chinesischen Angaben einst seinen Platz gehabt haben soll.«[1] 25 Jahre später traf in der Tat Hedins Voraussage ein.

Diesen geheimnisumwitterten See und die längst vergessene Geisterstadt Loulan einmal mit eigenen Augen zu sehen: immer blieb dieses Phantom eines Wunsches spürbar. Allerdings ahnte ich damals nicht, daß auch dieser »neue alte« Lop-Nor-See infolge der gesteigerten Nutzung seines Zuflusses, des Tarim, rasch austrocknen und 1972 endgültig von der Landkarte verschwinden würde.

Doch während mehr als zweieinhalb Jahrzehnten sollte dieser geheime Wunsch ein bloßer Traum bleiben, denn erstens war Ausländern der Zugang zur Südlichen Seidenstraße bis Mitte der achtziger Jahre verwehrt, und zweitens liegt die Region Lop-Nor in einem militärischen Sperrgebiet, da sich rund 110 km östlich von Loulan das chinesische nukleare Testgelände befindet. Doch mit der Öffnung Chinas zur Außenwelt unter der Führung Deng Xiaopings bot sich die unverhoffte Möglichkeit, nach Sven Hedins letztem Besuch Loulans im Jahre 1934 einer der ersten Europäer zu sein, der die Region Lop-Nor erforschen konnte.

Im Oktober 1994 war es dann soweit, als wir, also mein Kollege Jean-Daniel Carrard und ich, mit mehreren Sondergenehmigungen versehen, in Kashgar das uns begleitende chinesische Team trafen. Dieses bestand aus Herrn Wang Lün, dem Vizedirektor der Xinjiang Nature Travel Service Organization, Frau Li Yüan Xue, dem Archäologen Chun Shou Sheng, dem Koch Wang und dem Fahrer Lo Li samt seinem allradangetriebenen Unimog von Mercedes-Benz. Bei diesem ersten Treffen konnte ich noch nicht wissen, daß der gemeinsame, unbeugsame Wille, unsere Ziele zu erreichen, uns zu einem freundschaftlichen Team zusammenschweißen würde.

Linke Seite: Das trockene Wüstenklima fuhrte dazu, daß Bäume, die vor knapp 2000 Jahren umgestürzt sind, bis heute, wie hier in Niya V, erhalten blieben.

I. Die Seidenstraße – Brücke zwischen Abendland und Orient

Die drei Seidenstraßen Zentralasiens

Vor knapp 2000 Jahren blühende Oasen, wohlhabende Städte und blaue Seen – heute vom Sand zugedeckte Ruinen und längst ausgetrocknete Flußbetten inmitten der stillen Einsamkeit der Sandwüste: so läßt sich die Geschichte der antiken Seidenstraße am Südrand der Wüste Takla-Makan zusammenfassen, denn da, wo früher mit wertvoller Seide schwer beladene Kamelkarawanen vorbeizogen und wo die Militärgarnisonen der chinesischen Kaiser die Handelsrouten vor den Überfällen wilder Nomaden schützten, hat seit Jahrhunderten jedes Leben aufgehört. Die Handelsstraßen sind verweht, und die einzigen »Bewohner« der Ruinenstädte sind Mumien und Skelette, die manchmal nach einem Sandsturm von wandernden Sanddünen freigegeben werden. Schon als Marco Polo mit seinem Vater Niccolo und seinem Onkel Maffeo 1273 auf der Südlichen Seidenstraße von Kashgar ostwärts zum Hof Kubilai Khans zog, waren bedeutende Oasen wie Niya und Loulan seit fast einem Jahrtausend verlassen worden.

Doch die Wüste Takla-Makan hat andererseits dank ihrer sengenden Hitze und der extremen Trockenheit viele Zeugnisse der antiken Kulturen bis ins 20. Jahrhundert bewahrt. Die Pfeiler aus Pappelholz, mit welchen die Häuser damals gebaut wurden, ragen noch heute mehrere Meter hoch aus dem Sandboden empor, und Tonfiguren, Seidengewänder, Schriftstücke aus Holz oder Papier sowie farbenprächtige Fresken sind vom Sand geschützt worden. Erst seit Ende des 19. Jahrhunderts haben europäische Entdecker begonnen, die alten Städte aus ihrer Vergessenheit hervorzuholen und einen einzigartigen Kulturraum an der Seidenstraße im Osten Zentralasiens freizulegen. Dieser erweist sich als eine Synthese der damals dominierenden Kulturen, nämlich des griechisch-römischen Mittelmeerraumes, Persiens, Indiens und Chinas. Hier begegneten sich nicht nur Händler aus verschiedenen Ländern, sondern auch die großen Religionen schlugen hier Wurzeln, wie etwa der Buddhismus, Hinduismus, Zoroastrismus, Manichäismus und Nestorianismus. Es ist das Verdienst berühmter Forscher wie Hedin, Stein, Grünwedel, von Le Coq und Pelliot, diese vergessenen zentralasiatischen Kulturen für uns wiederentdeckt zu haben.

Unter dem Begriff »Seidenstraße«, der vom deutschen Geologieprofessor Ferdinand von Richthofen in der zweiten Hälfte des 19. Jahrhunderts geprägt wurde, versteht man diejenigen Gebiete, durch die von der Mitte des 1. Jahrtausends v. Chr. bis zum Ende der großen chinesischen Tang-Dynastie zu Beginn des 10. Jahrhunderts n. Chr. Handelskarawanen von Ost nach West Güter wie Seide, Eisen- und Stahlwaren, Bronzegegenstände, Lackwaren und Felle brachten, während in umgekehrter Richtung Glas, Gold- und Silbergegenstände, Weihrauch, Bernstein, Elfenbein und schwarze Sklaven befördert wurden. Allerdings unterlagen während der Han-Dynastie die Waffen, wie z. B. die Armbrust mit multipler Ladevorrichtung – eine chinesische Erfindung aus dem 3. Jahrhundert v. Chr. – und verschiedene Eisenwerkzeuge einer strengen chinesischen Exportkontrolle, um ein mögliches Erstarken der Nomaden zu vermeiden, die China hätten bedrohen können. Unter der Han-Dynastie fand die Eisenproduktion in rund 50 großen staatlichen Eisenwerkstätten statt, und die Eisen- und Kupferminen befanden sich ebenfalls in Staatsbesitz.

Ferner gelangten auf dieser Ader des Güteraustausches zusätzlich Pflanzen, z. B. Luzerne, Weinrebe und Feigen, aus dem Westen nach China, während Früchte wie Aprikosen, Pfirsiche und

Abendsonne über Niya III, einem der größten Wohnkomplexe Niyas.

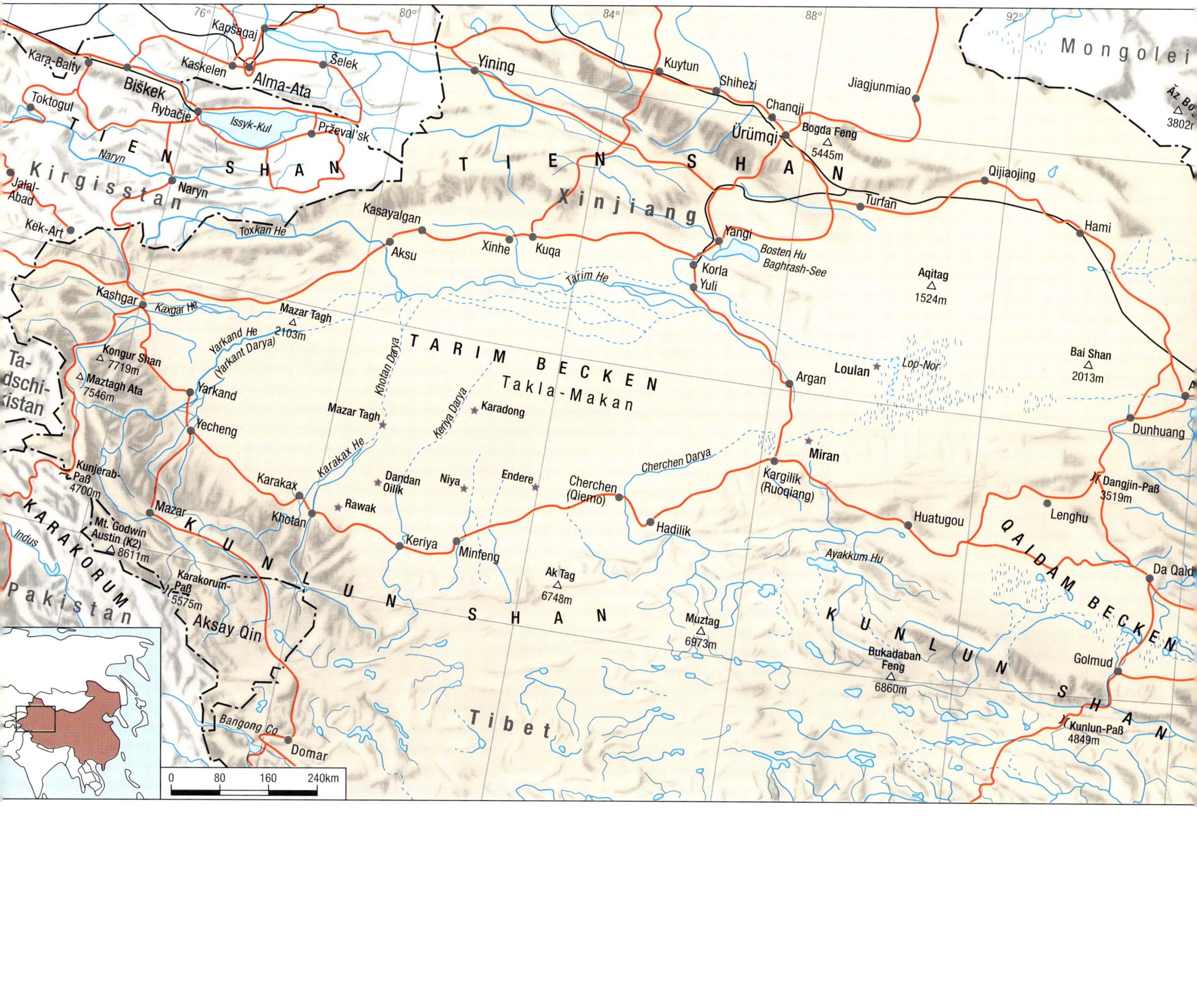

76°
80°
84°
88°
92°
Kapšagaj
Kara-Balty
Biškek
Kaskelen
Alma-Ata
Šelek
Yining
Kuytun
Shihezi
Jiagjunmiao
Chanqji
Ürümqi
Bogda Feng 5445m
Mongolei
3802m
Toktogul
Rybačje
Issyk-Kul
Prževal'sk
T I E N S H A N
Naryn
Kirgisstan
Jalal-Abad
Kek-Art
Toxkan He
Kasayalgan
Aksu
Xinhe
Kuqa
Xinjiang
Turfan
Qijiaojing
Hami
Yangi
Bosten Hu
Baghrash-See
Korla
Yuli
Tarim He
Aqitag 1524m
Kashgar
Kaxgar He
Mazar Tagh 2103m
Yarkand He (Yarkant Darya)
Kongur Shan 7719m
Maztagh Ata 7546m
Tadschikistan
Yarkand
Yecheng
TARIM BECKEN
Takla-Makan
Khotan Darya
Keriya Darya
Karadong
Mazar Tagh
Argan
Loulan
Lop-Nor
Bai Shan 2013m
Dunhuang
Miran
Kunjerab-Paß 4700m
Karakax
Karakax He
Dandan Oilik
Niya
Endere
Cherchen (Qiemo)
Cherchen Darya
Kargilik (Ruoqiang)
Dangjin-Paß 3519m
Lenghu
Rawak
Khotan
Mazar
Keriya
Minfeng
Hadilik
Huatugou
Mt. Godwin Austin (K2) 8611m
KARAKORUM
Indus
KUNLUN SHAN
Ak Tag 6748m
Ayakkum Hu
QAIDAM BECKEN
Da Qaid
Karakorum-Paß 5575m
Pakistan
Aksay Qin
Muztag 6973m
Bukadaban Feng 6860m
Golmud
Tibet
Bangong Co
Domar
Kunlun-Paß 4849m
0 80 160 240km

Birnen den Weg nach dem Westen fanden. Den ältesten Nachweis für einen Seidenexport Chinas nach Westen liefert der Seidenfund im deutschen Fürstengrab von Heuneburg aus dem 6. Jahrhundert v. Chr.; auch Fundstücke aus Pazyryk im Altaigebirge und aus Griechenland aus dem 5. bzw. 4. Jahrhundert v. Chr. weisen auf einen frühen Seidenexport hin. Der »Seidenstraße« war allerdings eine »Edelsteinstraße« vorangegangen, auf der schon ab Mitte des 3. Jahrtausends v. Chr. Jade aus Khotan nach Mesopotamien gebracht wurde. Die Seidenstraße erlebte ihre Blütezeit, als die politische Stabilität der Großreiche Roms (später Byzanz), Persiens und der Han- und Tang-Dynastien Chinas die Sicherheit der Händler gewährleisten konnte.

Dank der rasch wachsenden Nachfrage nach Seide wies Chinas Handelsbilanz mit dem Westen einen gewaltigen Überschuß auf. Nicht nur Roms vornehme Damen wollten sich mit den sittlich fraglichen, da fast durchsichtigen Seidengewändern kleiden, auch die Männer begehrten den Luxus der Seidenkleider. So wurde der als verweichlicht geltende Kaiser Caligula (37–41 n. Chr) wegen seiner Vorliebe für Seidengewänder als »Sericatus« verspottet. Da Rom außer Glas keine hochwertigen Exportartikel anbieten konnte, führte das Handelsbilanzdefizit zu einem bedrohlichen Devisen- bzw. Goldschwund. Vergeblich versuchte der römische Senat, diesem Aderlaß Einhalt zu gebieten bzw. die Einfuhr von Seide zu beschränken, als er im Jahr 16 n. Chr. zur drastischen Maßnahme griff, den Männern das Tragen von Seidengewändern zu verbieten, und später Handelsgüter aus Asien und aus den Häfen am Roten Meer mit einer Importsteuer von 25 % belegte. Auch die Ermahnungen Plinius' des Älteren, wonach die Seidengewänder dekadent und überflüssig, ja sogar für die Wirtschaft schädigend seien, blieben wirkungslos.

Über Jahrtausende hinweg bestimmte auf der Seidenstraße das Kamel den Rhythmus der Karawanen. Auch heute noch erweist es sich im weichen Sand als unersetzlich für Expeditionen.

Die erste Begegnung Roms mit der Seide soll auf einem persischen Schlachtfeld stattgefunden haben, als der römische Konsul Crassus, einer der Triumvirn neben Cäsar und Pompeius, im Jahr 53 v. Chr. den Euphrat überquerte und in das Partherreich einfiel. Den Berichten der Historiker Florus und Plutarch zufolge lockten die sich zurückziehenden Parther die römischen Legionen in die sengende Wüste, um bei Carrhae plötzlich ihre golden schimmernden Seidenbanner zu entfalten, die die römischen Legionäre blendeten und eine feindliche Übermacht vortäuschten. Sowohl Crassus, der ruhmsüchtige Rivale Cäsars, als auch 20 000 römische Soldaten fanden in der nachfolgenden Schlacht den Tod. Daß die Römer rasch über den Ursprung der parthischen Fahnen Bescheid wußten, zeigt sich an deren Bezeichnung als »vexilla serica«. Zudem zögerten die Römer nicht, das chinesische Drachenmotiv für ihre Fahnen zu übernehmen, denn sie nannten den Fahnenträger »Draconarius«, also »zu den Drachen gehörend«. Allerdings entsprachen die chinesischen Seidenmuster nicht dem römischen Geschmack, so daß, wie Plinius berichtet, die meisten chinesischen Stoffe aufgelöst und danach neu gewoben wurden.[1]

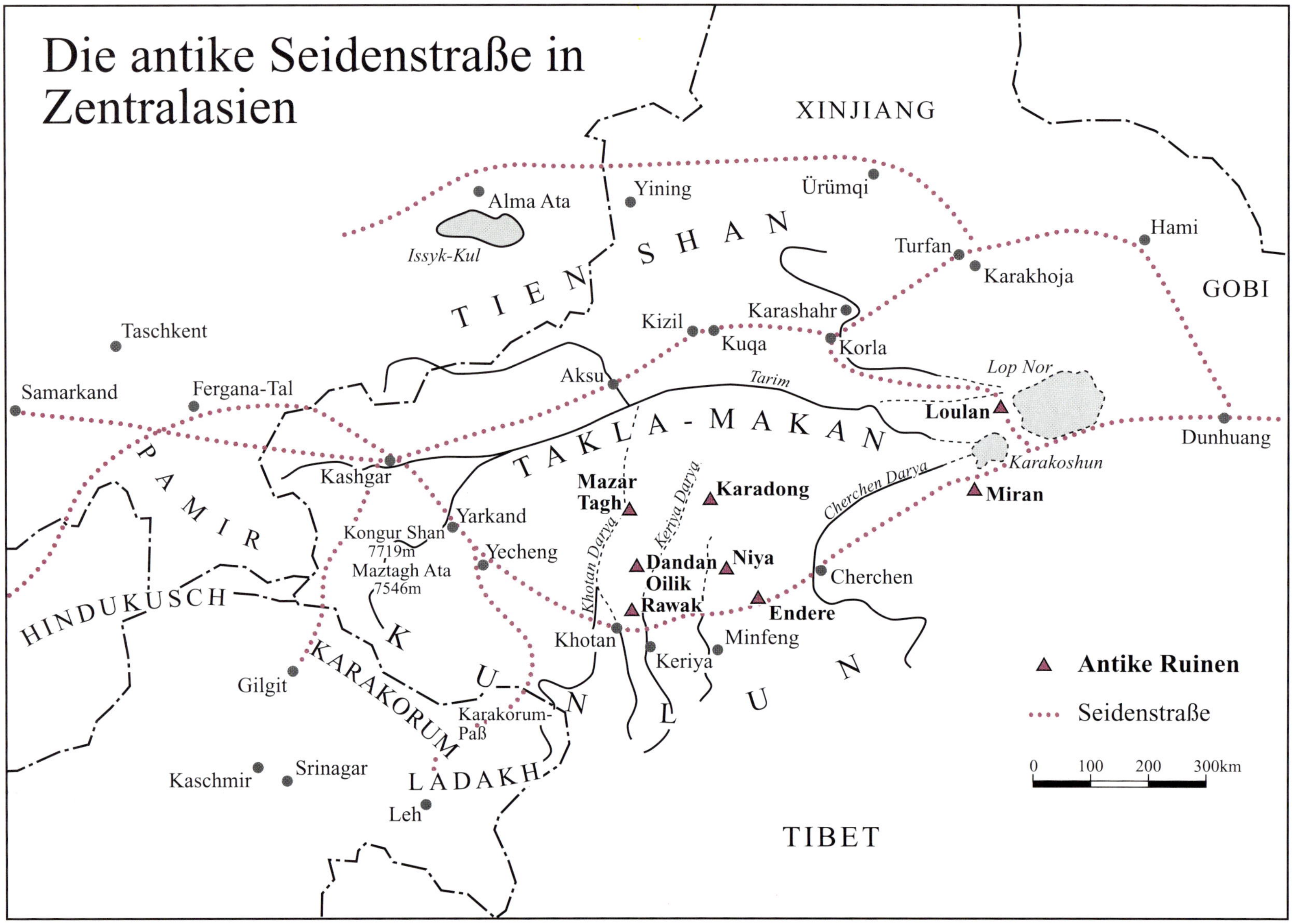

Die Seidenstraße gabelte sich im Osten bei Dunhuang in drei Richtungen. Die nördliche Route führte über Hami, Turfan und Aksu oder den nördlich gelegenen See Issyk-Kul; die mittlere Route verlief über Loulan und Aksu und die südliche über Miran, Niya und Khotan. Im Westen trafen die Strecken in Kashgar wieder zusammen, von wo sie weiter nach Süden oder Westen führten.

Die Hauptroute der Seidenstraße führte von Luoyang und Chang'an, dem heutigen Xian, das gemäß einer Volkszählung aus dem Jahr 742 n. Chr. knapp 2 Millionen Einwohner zählte, westwärts nach Lanzhou und dann durch den Gansu-Korridor nach Dunhuang. Dieser Ort, der heute durch die antiken Malereien der Mogao-Grotten Weltberühmtheit erlangt hat, war im ersten Jahrtausend n. Chr. die westlichste Stadt innerhalb des chinesischen Reiches. Sie bot den nach Westen reisenden Kaufleuten die letzte Gelegenheit, ihre Karawanen im Hinblick auf die gefährliche Wüstendurchquerung mit Wasser und Proviant zu versorgen. Es ist verständlich, daß an diesem Grenzort, der für die reisenden Händler entweder der Ausgangspunkt ins Ungewisse oder aber die Rückkehr in die Sicherheit des Heimatlandes bedeutete, große, mehrheitlich buddhistische Klosteranlagen und Heiligtümer entstanden. Hier konnten die Kaufleute entweder Buddha und die Bodhisattvas um Schutz für die kommende Reise bitten oder ihnen für die erfolgreiche Rückkehr danken, wobei die jeweiligen Spenden den Bau und den Unterhalt der Klöster sowie deren Mönchsgemeinschaften ermöglichten.

Aus den Annalen der Wei-Dynastie (220–265 n. Chr.) geht hervor, daß die Karawanen unmittelbar nach Dunhuang beim sogenannten »Jade-Tor« drei mögliche Routen einschlagen konnten: die südliche, die mittlere und die nördliche.

Die Südliche Seidenstrasse, die auch Marco Polo benützte, führte von Dunhuang nach Miran, Khotan und Yarkand, wo eine Nebenroute südwärts nach Leh abzweigte. Die Hauptroute setzte sich aber von Yarkand nach Shule, dem heutigen Kashgar, fort. In Shule gabelte sich die Seidenstraße einerseits in einen südlichen Arm nach Gilgit, um sich dort weiter zu verzweigen. Ein Weg folgte dort dem Indus entlang nach Süden bis zum Indischen Ozean, während ein zweiter westwärts über Kabul, Herat, Meshed und Hamadan – 7000 km vom Ausgangspunkt Chang'an entfernt – schließlich bei Antiochia oder Tyrus das Mittelmeer erreichte. Es scheint, daß die chinesischen Kaufleute auf der Strecke nach Gilgit nur bis zum sogenannten »Steinernen Turm«, dem heutigen Tashkurgan, reisten, das 100 km nördlich der heutigen pakistanischen Grenze liegt. An diesem Ort wurden die Waren auf sogdische, baktrische oder persische Karawanen umgeladen. Andererseits verlief von Kashgar eine weitere Abzweigung durch das Fergana-Tal nach Samarkand und von dort aus den Amudarja, den antiken Oxus, entlang nach Astrachan.

Die Südliche Seidenstraße erfreute sich bei den Handelsleuten trotz der harten klimatischen Bedingungen großer Beliebtheit bis zur Mitte des ersten Jahrtausends, weil die Wüste Takla-Makan die Handelskarawanen vor den räuberischen Nomaden abschirmte, die im Gebirge Tien Shan ihr Unwesen trieben. Nachdem sich die Ming-Dynastie ab Ende des 14. Jahrhunderts bewußt von der Außenwelt abschottete, geriet die Südliche Seidenstraße in Vergessenheit und wurde erst ab Mitte des 19. Jahrhunderts wieder benützt, als China damit begann, Strafgefangene nach Xinjiang, den »neuen Territorien«, als Kolonisatoren umzusiedeln.

Die Mittlere Seidenstrasse galt von etwa 120 v. Chr. bis 330 n. Chr. als bevorzugte Karawanenroute. Sie durchquerte die gefürchtete Lop-Wüste von Dunhuang nach Loulan und führte dann weiter zum heutigen Korla und von dort über Kuqa und Aksu wieder nach Kashgar. Diese Strecke besaß den Vorteil, daß der Abschnitt ab Loulan mit dem Schiff auf dem Kum Darya, auch Kuruk Darya genannt, und – als dessen Verlängerung – danach auf dem Kontsche Darya nach Korla zurückgelegt werden konnte. Die Bedeutung der zwei Flußnamen verweist auf die Situation im 19. und frühen 20. Jahrhundert, denn Kuruk Darya heißt soviel wie »Trockener Fluß« und Kum Darya »Sandfluß«. Gemäß Hedins Nachforschungen mündete der Tarim in den ersten Jahrhunderten unserer Zeitrechnung ebenfalls in den Kuruk Darya, so daß vielleicht damals die Möglichkeit eines Warentransports auf dem Wasserweg von Loulan bis nach Yarkand oder Kashgar bestand.[2] Ob diese Wasserstraße in der Antike tatsächlich genutzt oder der Landweg vorgezogen wurde, ist unbekannt. Ein anderer Abschnitt bog bei Loulan südwärts ab nach Miran, um damit in die südliche Route zu münden. Diese Strecke von Dunhuang nach Loulan und Miran wurde 1914 von Sir Aurel Stein wiederentdeckt. Sie war zwar die kürzeste Verbindung nach Shule und außerdem seit der Han-Dynastie auch durch Wachtürme geschützt, von welchen bei Tag Rauchzeichen und nachts Feuerzeichen gesendet wurden. Zugleich war sie für Mensch und Tier überaus anstrengend, denn es galt, eine wahrhaft öde, wasserlose Strecke von 190 km Länge durch die Lop-Wüste auf harten Salzkrusten zu durchqueren.

Es wird damals nicht besser gewesen sein als heute, worüber sowohl Hedin als auch Stein berichten, nämlich, daß die empfindlichen Sohlen der Kamele durch die messerscharfen Kanten der Bodenoberfläche blutig verletzt wurden und deshalb durch die schmerzhafte Operation des »Neubesohlens« wieder gehtauglich gemacht werden mußten. Dabei wurden den Kamelen Lederstücke buchstäblich über die wunden Fersen genäht![3] Nils Ambolt, ein wissenschaftlicher Mitarbeiter Hedins, ließ seinerseits 1931 »den Kamelen große weiße schlafanzugähnliche Kleider nähen, um sie gegen die starke Sonneneinstrahlung zu schützen«.[4]

Die mittlere Route war nur im Winter begehbar, nicht nur weil die Hitze weniger schwer auf den Karawanen lastete, sondern weil es vor allem leichter war,

Der alte chinesische Name für die Wüste Takla-Makan lautete Liu-Sha, was soviel wie »wandernder Sand« bedeutet. Vordergrund: Niya XI, Hintergrund: Niya XXVI den notwendigen Wasservorrat in Form von Eisblöcken mitzutragen. Sowohl Hedin als auch Stein griffen noch im 20. Jahrhundert auf diese Art der Wasserversorgung zurück. Zudem machten die Sandstürme, die jeweils ab dem Monat März auftraten, diese Route in der wärmeren Jahreszeit praktisch unpassierbar.

Als der Lop-Nor-See nach Süden »wanderte«, weil sein wichtigster Zufluß, der Tarim, seine Richtung geändert hatte, kam es auch zu klimatischen Änderungen. Deshalb mußte die Mittlere Seidenstraße spätestens im zweiten Viertel des 4. Jahrhunderts n. Chr. aufgegeben werden. Zu dieser Zeit wurde auch die Garnisonsstadt Loulan verlassen, und der Handel bevorzugte von da an überwiegend die Südliche Seidenstraße. Dabei sollte es jedoch nicht bleiben, denn die andauernden tibetischen Übergriffe führten zu einer erneuten und ab dem 7. Jahrhundert endgültigen Verlagerung auf die nördliche Route. Außerdem beschleunigte die dauernde klimatisch bedingte Bedrohung den Niedergang der südlichen Route, denn die Sanddünen am südlichen Rand der Takla-Makan können bis um 50 Meter und mehr jährlich vorrücken, während der sonstige Durchschnitt weniger als 1 Meter beträgt.

Die Nördliche Seidenstrasse, schließlich, erlangte Bedeutung erst ab dem 2. Jahrhundert n. Chr. Sie bog bei Anxi nach Nordwesten in Richtung Hami ab, führte durch die Turfansenke, umging dann die Gebirgskette des Tien Shan auf dessen nördlicher Seite und erreichte den See Issyk-Kul unweit der heutigen Stadt Alma Ata. Ab hier setzte sich der Weg nach Samarkand, einer wichtigen Stadt im ehemaligen Sogdien, fort. Von da verlief die Route entweder nach Merv und Meshed oder nordwärts zum Aralsee und zum Nordufer des Kaspischen Meeres, um schließlich über Armenien Byzanz zu erreichen.

Schon gegen das Ende des 2. Jahrhunderts v. Chr. hatte die Seidenstraße zu Lande durch die Seidenroute der Meere Konkurrenz erhalten, als nämlich die griechischen Seefahrer Eudoxos und Hippalos den direkten Seeweg vom Roten Meer nach Indien erkundeten. Dabei entdeckten sie das von den Südarabern streng gehütete Geheimnis der Gesetzmäßigkeiten der Monsunwinde, die eine rasche und direkte Überquerung des Indischen Ozeans ermöglichten. Ein Dokument aus dem 1. Jahrhundert n. Chr., der sogenannte *Periplus des Erythräischen Meeres*, beschrieb eingehend den Seeweg vom Roten Meer über Ostafrika und den Golf von Aden nach Indien. Damit stand einem direkten Warenaustausch zwischen dem Mittelmeerraum und dem indischen Subkontinent an sich nichts mehr im Wege. Durch Benutzung des Seeweges hätte man auch die persischen Zwischenhändler umgangen, die jeden direkten Kontakt zwischen China und Rom erfolgreich zu verhindern wußten.

Obwohl vereinzelt römische, mazedonische und thrakische Seeleute zur westindischen Region Malabar und sogar bis zur südchinesischen Küste vordrangen, waren es fast ausschließlich die arabischen Seeleute, die von dieser Umgehung der Perser profitierten und sich die Kenntnis der Periodizität der Monsumwinde zu Nutzen machten. Dadurch gelang es den Arabern, ein Monopol über die Seeroute nach Indien bis Ende des 15. Jahrhunderts beizubehalten. Sowohl Rom als auch China überließen den Seehandel den Arabern. Nur vorübergehend schafften es die persischen Seeleute im 3. und 4. Jahrhundert, einen bedeutenden Anteil des Seehandels im Indischen Ozean an sich zu reißen und dadurch für mehr als ein Jahrhundert ihre Stellung als Zwischenhändler zu konsolidieren. Wege- und Hafenzölle trugen zur Festigung ihrer Vorherrschaft bei. Auf diese Weise kontrollierten die Perser das Angebot an Seide für die stetig wachsende

Der »Seidenkrieg« zwischen Rom und Persien

Erst Justinian, dem Kaiser von Byzanz, gelang es im 6. Jahrhundert, den Wirtschaftskrieg gegen Persien erfolgreich zu beenden, indem er die Seidenraupenzucht in seinem Reich einführte. Der zeitgenössische Historiker Prokop berichtet wie folgt: »Um diese Zeit [540 n. Chr.] kamen aus Indien einige (nestorianische) Mönche, die wußten, daß es dem Kaiser Justinian ein Anliegen sei, daß die Römer ... künftig die Seide nicht mehr von den feindlichen Persern oder einem anderen Volk zu erwerben genötigt wären. Lange Jahre nämlich hatten sie verbracht in einem Lande, gelegen jenseits der meisten Völkerschaften Indiens, welches ›Serindia‹ heiße; sie seien darin wohl unterrichtet, mit welchem Verfahren Seide auch im Land der Römer hergestellt werden könne.«

Nachdem Justinian die Mönche reichlich beschenkt hatte, begaben sie sich erneut nach Serindia, wahrscheinlich ins Gebiet von Khotan, und schmuggelten, angeblich in ihren hohlen Wanderstäben, Seidenraupeneier und Maulbeerbaumsamen zurück nach Byzanz. »Das nun war der Stand der Dinge hinsichtlich des Kriegsgeschehens rund um die Seide zwischen Rom und Persern«[5] Damit waren sowohl das chinesische Produktionsmonopol als auch das persische Handelsmonopol endgültig gebrochen. Rom hatte seinerseits schon rund ein Jahrhundert früher das Monopol des durchsichtigen farbigen Glases an die Chinesen der Wei-Dynastie verloren.

römische Nachfrage über rund drei Jahrhunderte hinweg, ein Umstand, der einen regelrechten Handelskonflikt, einen »Seidenkrieg« zwischen Persien und Rom hervorrief.

Von der indischen Westküste führte die Seeroute durch den Malaiischen Archipel zum heutigen Quanzhou, von den Arabern Zaitun genannt. Anschließend gelangten die Waren entweder auf dem Landweg in die Hauptstadt, oder sie wurden per Schiff entlang der Küste des Südchinesischen Meeres zum heutigen Schanghai bzw. dem nördlicheren Tientsin befördert.

Wenn man schließlich die seltener benutzte, da äußerst gefährliche Landroute durch die chinesische Provinz Sichuan südwärts nach Burma und Ostindien hinzuzählt, die eine frühe Vorläuferin der im Zweiten Weltkrieg berühmt gewordenen Burma Road war, ergeben sich drei große Verkehrsachsen für den Ost-West-Handel, von denen die Seidenstraße die berühmteste ist.

Die »Pax Mongolica« und die Renaissance der Landrouten

Der Handel auf dem Landweg zwischen China und Byzanz wurde durch den unaufhaltsamen Vormarsch der Araber nach Mesopotamien und Persien im 7. Jahrhundert n. Chr. und später nach Zentralasien äußerst erschwert. Mit dem Sturz der Tang-Dynastie 907 n. Chr., der auch den Zerfall der Einheit Chinas einleitete, sank er dann völlig zur Bedeutungslosigkeit herab. Erst unter der Mongolenherrschaft erlebte die Seidenstraße im 13. und 14. Jahrhundert eine kurze Renaissance, als die »Pax Mongolica« den Reisenden wieder Sicherheit gewährleistete. Einem zeitgenössischen Spruch zufolge hätte während Kubilai Khans Herrschaft sogar eine Jungfrau gefahrlos einen Goldschatz von China nach Europa befördern können. In diese Zeit fiel auch der wirtschaftliche Aufschwung Europas,

Die Han-Kaiser konnten nicht zuletzt dank der kräftigen, »Blut schwitzenden« Pferde aus dem entfernten Fergana-Tal das Tarimbecken erobern und unter Kontrolle halten.

insbesondere der der großen italienischen Handelsstädte.

Zugleich erlebte der Ost-West-Handel eine neue Blütezeit. Es reisten aber nicht nur Kaufleute, wie etwa die drei Mitglieder der venezianischen Familie Polo entlang der Seidenstraße, sondern ab Mitte des 13. Jahrhunderts waren auch katholische Mönche unterwegs. Die bekanntesten sind CARPINI und RUBRUK, die als Abgesandte des Papstes Innozenz IV. bzw. Ludwigs des Heiligen, des Königs von Frankreich, die Möglichkeit einer Allianz mit den Mongolen gegen die Araber ausloten sollten, die die christlichen Fürstentümer Palästinas immer härter bedrängten. Darüber hinaus hatten die Mönche den Auftrag, den mysteriösen christlichen König »Priester Johannes« ausfindig zu machen. Im Abendland glaubte man nämlich seit der ersten Hälfte des 12. Jahrhunderts, daß es im fernen Osten ein christliches Königreich gebe. Vielleicht, so wurde gemutmaßt, war der Sieger über Mohammed Shah, den islamischen Herrscher Choresmiens, dessen Reich von Dschingis Khan um 1220 vernichtet wurde, mit dem »Priester Johannes« identisch.

Infolge des Hochmuts der mongolischen Herrscher, die forderten, daß sich ihnen der Papst ebenso wie der französische König unterwarf, verliefen diese diplomatischen Missionen im Sand. So ließ der Großkhan Güyük 1247 in einem Brief, welchen er Carpini mitgab, dem Papst folgende Botschaft ausrichten: »Dank der Macht des Ewigen Himmels sind mir alle Länder vom Sonnenaufgang zum Sonnenuntergang gegeben worden. Jetzt mußt Du in Person, an der Spitze der Monarchen – Ihr alle ohne Ausnahmen – zu uns kommen, um Eure Dienste anzubieten und uns zu huldigen.«[6] Möngke, der Nachfolger Güyüks, zeigte sich kaum kompromißbereiter und schrieb 1253 an König Ludwig IX.: »Dafür schicken wir Euch den Befehl des ewigen Gottes. Sobald Ihr (ihn) gehört habt und gewillt seid, zu gehorchen, so schickt Gesandte von Euch zu uns. Dann werden wir sicher sein, ob Ihr mit uns Krieg oder Frieden haben wollt.«[7]

Auch wenn der Reise des Franziskaners Rubruk nicht der erhoffte diplomatische Erfolg beschieden war, so hinterließ der Mönch doch eine sehr präzise Reisebeschreibung. Vor allem war er der erste, der die mysteriösen chinesischen Reiche Seres und Thinai bzw. Kathai, die seit den Römern für zwei getrennte Gebiete gehalten wurden, als miteinander identisch gleichsetzte. Rubruks Reisebeschreibung blieb in Europa allerdings weitgehend unbeachtet, so daß die Frage der Relation von Seres zu Kathai noch an der Wende des 16. zum 17. Jahrhundert offen blieb.

Der berühmte Jesuit MATTEO RICCI (1552–1610), der zu dieser Zeit in China lebte, stellte gut 300 Jahre nach Rubruk die Hypothese auf, daß Seres und Kathai identisch seien, wobei er sich auf das Studium alter chinesischer Karten berief. Es war aber erst der Jesuit BENTO DE GOES, der auf der Suche nach angeblichen christlichen Gemeinschaften in Zentralasien die Nördliche Seidenstraße bereiste und 1605 endgültig beweisen konnte, daß Seres mit Kathai gleichzusetzen sei.

Nach der ersten bedeutenden militärischen Niederlage, die 1260 ein mongolisches Heer gegen den mameluckischen Sultan Baibar bei Ain Jalut im heutigen Nordjordanien erlitt, versuchten die mongolischen Ilkhan-Herrscher Persiens, Abaka und Arghun, gegen Ende des 13. Jahrhunderts, eine Allianz mit den christlichen Königen gegen den gemeinsamen arabischen Gegner einzugehen. Dafür zeigte Europa jedoch kein Interesse, denn nach den zwei gescheiterten Kreuzzügen Ludwigs des Heiligen wollte man sich auf keine weiteren militärischen Abenteuer in Palästina einlassen. Obwohl Arghun 1287 den uigurischen nestorianischen Bischof Bâr Sâwmâ als offiziellen Botschafter zu Papst Nikolaus IV., zu Frankreichs König Philipp den Schönen und zu Eduard I. von England sandte, mußte sich der Bischof mit vagen Versprechungen zufriedengeben. Damit war die Möglichkeit eines erneuten direkten Kontakts zwischen dem christlichen Europa und dem Mongolenreich endgültig vertan.

Infolge der Unruhen in Persien und der Abschottung, die die Ming-Dynastie in China betrieb, rissen die Ost-West-Kontakte sowohl zu Land als auch zur See ab. In einem beispiellosen Akt der politischen Einigelung takelte China seine gesamte Kriegs- und Handelsflotte ab. Sie zählte über 3500 Schiffe, davon 2700 Kriegsschiffe, und kontrollierte um 1415 sämtliche bedeutenden Häfen zwischen China und der afrikanischen Ostküste. Ferner kam hinzu, daß die Hochseeschiffahrt verboten wurde. Die damalige Überlegenheit Chinas im Schiffsbau zeigte sich, außer in der Erfindung des magnetischen Kompasses, unter anderem darin, daß die Hochseeschiffe eine mehrfach größere Tonnage als europäische Schiffe aufwiesen und daß ihr Rumpf aus mehreren wasserdichten Abteilen bestand – eine Technologie, die Europa erst im 19. Jahrhundert einführen sollte.

Mit dem vom Konfuzianismus inspirierten Verzicht auf Handelskontakte mit anderen Kulturen und der Rückbesinnung auf die eigene Tradition verlor China seinen technologischen und militärischen Vorsprung auf Europa. Unmittelbare Nutznießer dieser Abkapselungsstrategie waren zunächst die japanischen Piraten, die den Handel entlang der Küste Chinas kontrollierten, sowie die arabischen Seeleute, die bis zur Umschiffung Afrikas durch Vasco de Gama im Jahr 1498 eine Monopolstellung über den Handel zwischen Ost und West besaßen.

Langfristig waren es die großen europäischen Seemächte und auch Japan, die aus dem Rückzug Chinas aus der internationalen Politik Nutzen zogen, da sie nun ihren Einflußbereich in China unaufhaltsam ausdehnen konnten. Erst Mao

Zedong ist es 1949 gelungen, die Einheit und Selbstbestimmung Chinas wiederherzustellen, wobei die friedliche Eingliederung Hongkongs und Macaus sowie die Lösung der Taiwan-Frage immer noch anstehen.

Geographie und Klima des Tarimbeckens

Das Tarimbecken, in dessen zentralem Teil die Wüste Takla-Makan liegt, erstreckt sich in west-östlicher Richtung von Kashgar bis zum Lop-Nor-See und in der Nord-Süd-Achse von Kuqa nach Khotan. Mit einer Fläche von 350 000 km^2 entspricht es damit der Größe Deutschlands. Sein Klima wird entscheidend durch die angrenzenden Gebirgszüge bestimmt. Im Westen erheben sich der Pamir, von Ptolemäus Imaon genannt, und der Hindukusch, der den Zugang zum indischen Subkontinent bewacht, im Süden bildet die knapp 1000 km lange Kette des Kunlun die Abgrenzung gegen das tibetische Hochplateau und hält den Monsun zurück. Im Osten stößt die Region an den Danghe Nanshan und den Bei Shan (»Shan« bedeutet auf chinesisch Gebirge), und im Norden schließlich wird das Hochbecken vom Tien Shan, dem »Himmlischen Gebirge«, begrenzt. Damit ist das Tarimbecken praktisch von allen Seiten von 4000 bis 7000 Meter hohen Gebirgszügen eingeschlossen und von den regenbringenden Winden, die vom Meer oder Ozean her wehen, völlig abgeschirmt. Die Folge ist ein streng kontinentales, wüstenhaftes Klima mit extremer Trockenheit und großen Temperaturschwankungen.

Zentralasien und insbesondere das Tarimbecken wiesen aber in der Vergangenheit ein weniger arides, ein lebensfreundlicheres Klima auf. Von den insgesamt 17 Flußläufen, die im Kunlun entspringen und nordwärts fließen, um in der südlichen Takla-Makan zu versickern, findet man bei 13 von ihnen an deren Nordende ein antikes Heiligtum oder Spuren einer Siedlung. Auch längst vertrocknete Tamariskenbüsche weisen heute auf die frühere Existenz eines Gewässers hin.

Während die heutigen Gebiete Tibets und Zentralasiens bis in die Kreidezeit hinein vor rund 100 Millionen Jahren

Da es im Bereich der Südlichen Seidenstraße praktisch nie regnet, sind die Oasen und die Landwirtschaft auf die Wasserzufuhr durch die Flußläufe angewiesen, die aus dem Gebirge Kunlun im Süden der Wüste Takla-Makan entspringen. Einer davon ist der Niya Darya.

vom Tethysmeer bedeckt waren und der indische Subkontinent mit dem asiatischen Festland nicht verbunden war, stieß ab dem Eozän vor etwa 57 Millionen Jahren die indische Kontinentalplatte auf die Eurasische Platte, so daß durch den Druck der Kollision der Himalaya aufgeworfen wurde. Diese tektonische Entwicklung dauert noch heute an, denn der Himalaya »wächst« jährlich um etwa fünf Zentimeter.

Heute zeugen Funde versteinerter Meerestiere, wie z. B. die Ammoniten im Tibet und im Tarimbecken, von dem Vorhandensein des einstigen Meeres. Im Lauf des Entstehungsprozesses des Himalayas ging das riesige Tethysmeer im Gebiet der heutigen Wüste Takla-Makan zunächst zu einem Binnenmeer

zurück, das allmählich zum Lop-Nor-See schrumpfte. Auch heute noch bedecken Muscheln streckenweise den Boden der Lop-Wüste. Auf diese Weise entstand die größte reine Sandwüste der Welt. Der lebensfeindliche Charakter der Takla-Makan äußert sich auch in ihrem heutigen Namen, der sich sinngemäß wie folgt übersetzen läßt: »Gehst Du hinein, so kommst Du nicht mehr heraus.« Ebenso zutreffend war auch der alte, aus der Zeit der Han-Dynastie stammende Name Liu Sha, der »wandernder Sand« bedeutet.

Bis Ende des 3. Jahrhunderts n. Chr. waren mehrere Oasen im Innern der Wüste recht fruchtbar. Ab dem 4. Jahrhundert jedoch begannen offenbar eine Reihe von Faktoren die Lebensbedingungen Zentralasiens im allgemeinen und die der Südlichen Seidenstraße im besonderen zu beeinflussen.

Es machten sich mit der Zeit immer deutlicher Klimaveränderungen bemerkbar, nämlich einerseits das Ausbleiben des regenspendenden Monsuns aus dem Süden, und anderseits ein allgemeiner Gletscherschwund auf der Nordseite des Kunlun. Damit verbunden war eine Verminderung der frühsommerlichen Schmelzwassermenge.

Zweitens führte eine verstärkte Wassernutzung der Flußoberläufe zu einer Verringerung der verfügbaren Wassermenge für die nördlich gelegenen Oasen, ein Umstand, der in diesen Gebieten eine Reduzierung der landwirtschaftlich bebaubaren Fläche bewirkte. Diese Verringerung der landwirtschaftlichen Wertschöpfung wurde zusätzlich verschärft durch die frühere übermäßige Bewässerung, die zu einer langsamen, aber unaufhaltsamen Versalzung der Böden geführt hatte.

Ein weiterer Faktor waren die politischen Krisen, insbesondere der Zusammenbruch der Han- und später der Tang-Verwaltung, die die lebensnotwendige Planung der Wasserzuteilung zu den jeweiligen Oasen und die erforderlichen Unterhalts- und Instandsetzungsarbeiten an den Bewässerungskanälen erschwerten. Der daraus resultierende wirtschaftliche Niedergang bewirkte seinerseits einen deutlichen Bevölkerungsrückgang und somit einen verstärkten Mangel an Arbeitskräften.

Diese desolate wirtschaftliche Lage hatte auch zur Folge, daß die Schäden, die durch periodische Überschwemmungen und die alljährlichen Sandstürme verursacht worden waren, nicht mehr behoben wurden. Dieser letzterwähnte Aspekt – das Verschwinden der Siedlungen als Folge ungünstiger klimatischer Verhältnisse – fand seinen Ausdruck auch in einer Legende aus der Zeit nach dem Niedergang der Südlichen Seidenstraße, die, bereits im 7. Jahrhundert von Xuang Zang erwähnt, noch zur Zeit von Sven Hedin unter der einheimischen Bevölkerung lebendig war. Die darin erzählte Geschichte weist Ähnlichkeiten mit dem biblischen Bericht von Sodom und Gomorra auf, deren Einwohner für ihre Lasterhaftigkeit dadurch bestraft wurden, daß die beiden Städte vernichtet wurden. Nach Sir Aurel Stein geht es in dieser chinesischen Legende darum, daß einst ein buddhistischer Heiliger aus der reichen Oasenstadt Ho-lao-lo-chia, die zwischen Keriya und Cherchen lag, mit Verachtung behandelt wurde, weil er deren Sündhaftigkeit angeprangert hatte, und daß ihm deshalb Trinkwasser verweigert wurde. Daraufhin verfluchte er die Stadt und ihre hochmütigen Einwohner, und während die Bevölkerung ihn verspottete, begann es »während sieben Tagen und sieben Nächten Sand zu regnen«.[8] Aus dieser Legende läßt sich ableiten, daß noch zu Xuang Zangs Lebzeiten das Wissen von alten, im Sand der Wüste Takla-Makan begrabenen Geisterstädten vorhanden war. Diese Überlieferungen beflügelten bis ins 20. Jahrhundert hinein einheimische »Schatzsucher«, ihr Glück in der Takla-Makan zu suchen.

Unverkennbar ist der Einfluß des hellenistischen Kulturkreises auf diesem Wollteppich (1. Jh. v. Chr.–1. Jh. n. Chr.), der aus der Domoko-Oase unweit von Khotan stammt.

Rom und die geheimnisvollen Serer

Der griechische Historiker Herodot erwähnt als erster im 5. Jahrhundert v. Chr. eine Landroute zu den Issedonen, den im Gansu-Korridor lebenden Yüeh-Chih. Rund 100 Jahre später spricht Admiral Nearchos, der 326 v. Chr. im Auftrag Alexanders des Großen die Küste von der Indusmündung bis zum Persischen Golf erkundete, als erster von der chinesischen Seide, der »Haut der Serer«. Der Begriff »Ser« geht wahrscheinlich auf die chinesische Bezeichnung der Seide, *Si*, zurück. Strabo, der um 20 n. Chr. in seiner *Geographica* die Erde als Kugel darstellte, zeichnet das Land »Seres« korrekt am östlichsten Rande Asiens, nördlich von Indien und dem Himalaya.[9] Die Kenntnis der Römer über den Ursprung der so geschätzten Seide blieb aber lange Zeit mangelhaft, glaubten sie doch, wie etwa Plinius der Ältere aus dem 1. Jahrhundert n. Chr. berichtet, daß »die Serer den weißlichen Blattflor der wolltragenden Bäume mit Wasser besprengen und abkämmen.«[10] Pausanias war um 150 n. Chr. der erste, der die Seide richtigerweise als das Produkt einer »achtbeinigen« Raupe beschreibt, die mit »grünen Blättern« gefüttert werde.

Der *Periplus* nennt seinerseits zum erstenmal eine große »Binnenstadt, Thinai genannt, von der aus Wolle, Garn und serische Kleidung durch das Gebiet der Baktrier gebracht wird.«[11] Der Name Thinai, den die Römer zur Bezeichnung Chinas verwendeten, geht sicher auf den der Chin-Dynastie zurück, deren Herrscher Qin Shi Huang Di im Jahr 221 v. Chr. China zum erstenmal einigte. Erwähnenswert ist, daß die Chinesen ihrerseits die Römer als »Da Qin«, was »große Qin« heißt, bezeichneten.

Der Geograph Marinos von Tyros, auf dessen Autorität sich später Ptolemäus berief, berichtet um 100 n. Chr., daß »ein gewisser Maes, auch Titianos geheißen, Makedonier und Handelsfahrer wie schon sein Vater, ... zwar nicht selbst bis zu den Serern gelangt sei, er aber doch gewisse seiner Leute dorthin zu den Serern geschickt habe.«[12] Diese Handelsagenten des Kaufmanns Maes sind die ersten westlichen Reisenden, von deren Chinareise wir Kenntnis haben. PTOLEMÄUS seinerseits hält im 2. Jahrhundert n. Chr. fest, daß »Serike im Westen von Skythien, jenseits des Imaon-Gebirges begrenzt wird«, und er beschreibt den Verlauf der Südlichen Seidenstraße von Kashgar aus über Soita (Yarkand), Chaurana (Khotan) und das »Serische Issedon«, das entweder Miran oder Loulan entspricht.[13] Als Endpunkt bzw. Ausgangsort der Handelsroute nennt Ptolemäus »Sera Metropolis«, was sich vielleicht auf Wuwei im Gansu-Korridor oder auf Luoyang bezieht. Schließlich berichten uns die Annalen der Han-Dynastie von einer römischen Handelsmission, die 166 n. Chr. auf Befehl von Kaiser Mark Aurel auf dem Seeweg zum Kaiserhof gesandt wurde, um Möglichkeiten zur Umgehung der parthischen Zwischenhändler zu erkunden.

Trotz dieser relativ umfangreichen Kenntnisse über das Herkunftland der Seide haben die römischen Geographen nie die politische Identität von Seres und Thinai erkannt, eine Unsicherheit, die in Europa bis ins frühe 17. Jahrhundert anhielt und erst durch den portugiesischen Jesuiten Bento de Goes beseitigt wurde. Wahrscheinlich gründete diese Unklarheit auf der Tatsache, daß zwischen der aus Seres (dem Tarimbecken) stammenden Seide und jener aus Thinai (dem eigentlichen China) unterschieden wurde. Dabei scheint die aus Thinai stammende Seide höher geschätzt worden zu sein als jene aus Seres. Ptolemäus hat die zwei Regionen ziemlich genau erfaßt, als er Thinai nordöstlich von Indien und Seres nordwestlich der Siner ansiedelte.[14] Allerdings irrte er sich, als er eine unmittelbare Landverbindung zwischen Afrika und Südostasien annahm.

Von Zhu Shixing bis Marco Polo

Aus römischer Zeit sind uns als Reiseberichte lediglich die Angaben der Handelsagenten des Makedoniers Maes bekannt. Außerdem berichten die Annalen der Han-Dynastie von einer Stadt, die zwischen dem Lop-Nor und Gansu lag und Li Kieng hieß. Dieser Name wurde von den Chinesen aber auch zur Bezeichnung Roms verwendet. Einige Historiker vermuten deshalb, daß hier gefangene römische Söldner, wahrscheinlich Überlebende aus der Schlacht von Carrhae, angesiedelt worden waren. Dieselben Annalen berichten nämlich, daß 36 v. Chr. einem chinesischen Heer bei der Eroberung einer zentralasiatischen Stadt, die von den Xiongnu besetzt war, 145 fremde Söldner in die Hände fielen. Vielleicht waren diese Söldner 17 Jahre früher bei Carrhae von den siegreichen Parthern gefangengenommen und den Hunnen darauf als Sklaven verkauft worden. Die Annalen der Han berichten in diesem Zusammenhang auch von zwei den Chinesen unbekannten militärischen Techniken: dem Palisadenbau und der »Schildkröten«-Schlachtformation. Letztere nannten die Chinesen »Fischschuppen-Formation«, weil dabei die Krieger ab der zweiten Kampfreihe die Schilde über ihre Köpfe horizontal hielten, um sich vor Pfeilen, Steinen und anderen Geschossen zu schützen.[15]

Die ausführlichsten Schilderungen der Seidenstraßen, Regierungen und Völker Zentralasiens, aber auch der schwierigen Reisebedingungen wurden uns von buddhistischen Mönchen überliefert, die zwischen dem 3. und 10. Jahrhundert von China nach Indien pilgerten, um die heiligen Schriften des Buddhismus an ihren Quellen studieren zu können.

Die frühesten chinesischen Wandermönche waren wohl ZHU SHIXING, der im Jahr 260 von Luoyang nach Khotan reiste, und DAOAN (314–384), der über Yarkand nach Indien pilgerte. Berühmter ist

Bis vor kurzem waren in der Wüste Takla-Makan Tierskelette die einzigen Wegweiser für die Karawanen. Diese makabren Wegzeichen werden von allen bedeutenden Reisenden erwähnt, angefangen vom Pilgermönch Faxian aus dem 5. Jahrhundert bis zu Sven Hedin.

Die einheimische Bevölkerung an der Südlichen Seidenstraße besteht mehrheitlich aus Uiguren türkisch-mongolischer Herkunft, die im 9. Jahrhundert aus dem nordöstlichen Teil des Karakorum einwanderten.

allerdings ihr Landsmann, der Pilgermönch FAXIAN (340–420). Entsetzt über die Ignoranz der chinesischen Mönche und deren mangelhafte Ordensdisziplin, beschloß er, nach Indien, der Wiege des Buddhismus, zu reisen, um dort die buddhistischen Originaltexte zu studieren und Abschriften davon nach China zu bringen. Zu diesem Zweck brach Faxian im Jahr 399 n. Chr. von der damaligen Hauptstadt Chang'an, dem heutigen Xian, auf und wählte den Landweg, um nach Indien zu gelangen. So kam er durch den Hexi-Korridor in der Provinz Gansu nach Dunhuang und durchquerte von hier aus die gefürchtete Lop-Wüste, um zum Königreich Shan Shan, mit dem heutigen Miran oder Kargilik als Hauptstadt, zu gelangen. Loulan, die alte Garnisonsstadt an der Mittleren Seidenstraße, war schon damals seit rund 70 Jahren verlassen. Die Öde der Wüste Lop beschreibt der Mönch Faxian wie folgt: »In ihr gibt es viele Dämonen und heiße Winde. Diejenigen, die ihnen begegnen, sterben bis auf den letzten Mann. Es gibt weder Vögel noch sonstige Tiere. Wenn man sich umsieht, so weit das Auge reicht, um den Weg zu finden, so gibt es keine Hinweise, außer den verrottenden Knochen der Toten, welche den Weg angeben.«[16]

In Shan Shan, dessen König Buddhist war, traf Faxian über 4000 Mönche an, die sich zum Hinayana-Buddhismus bekannten und damit noch die alten Ordensregeln aus Indien befolgten.

Da der Abschnitt der Südlichen Seidenstraße zwischen Miran und Khotan zur Zeit Faxians wahrscheinlich unpassierbar war, mußte er sich nach Norden wenden, um nach Karashahr zu gelangen, wo er wiederum auf eine große Hinayana-Klostergemeinschaft von 4000 Mönchen stieß. Von hier aus unternahm der unerschrockene Pilger die äußerst gefährliche Nord-Süd-Durchquerung der Wüste Takla Makan nach Khotan, indem er wahrscheinlich entweder dem Lauf des Keriya- oder des Khotan Darya folgte. Faxian hielt sich in Khotan als Gast des strenggläubigen buddhistischen Herrschers in einem der 14 großen Klöster auf und beschrieb die Stadt als »blühend und glücklich«. Nach Faxian lebten im Königreich Khotan mehrere zehntausend Mönche, die dem Mahayana-Buddhismus, dem »Großen Fahrzeug«, angehörten. Wie stark der Einfluß Indiens in Khotan war, zeigt auch eine bemerkenswerte Beschreibung, die Faxian über eine alljährlich stattfindende buddhistische Prozession gibt. Dabei wurde die Buddhastatue auf einen hohen, mit Blumen reich dekorierten Karren gestellt und von ihrem Heimatkloster in der Provinz Khotan zur Hauptstadt gezogen. Sobald die Prozession sich dem Tor der Hauptstadt näherte, kam ihr der König barfuß und barhäuptig entgegen und hieß die Statue mit Weihrauch willkommen. Jedes der großen Klöster soll damals seine eigene Prozession veranstaltet haben. Von Khotan aus reiste Faxian nach Kashgar und weiter nach Indien, von wo er 414 auf dem Seeweg nach China zurückkehrte. Faxians Spuren folgte der Mönch SHI MENG, der von 404 bis 424 den gleichen Weg wie Faxian wählte, aber wieder auf dem Landweg in die Heimat zurückkehrte.

Die nächsten Indienpilger, deren Reiseroute uns überliefert ist, sind SUNG YÜN und HUI SHENG. Die zwei Mönche unternahmen ihre Reise im Jahr 518 nicht nur, um den Buddhismus in Indien zu studieren, vielmehr waren sie auch in diplomatischer Mission unterwegs. Sie hatten nämlich von der Kaiserin Hu aus der Westlichen Wei-Dynastie den Auftrag, das Reich der Hephthaliten, die Baktrien und Gandhara erobert hatten und damit auch Teile der westlichen Seidenstraße kontrollierten, zu erkunden. Auffällig an Sung Yüns Reiseweg ist die Tatsache, daß er über die Südliche Seidenstraße nach Khotan reiste, was darauf hinweist, daß über 100 Jahre nach Faxian die südliche Route den Reisenden wieder offen stand.

Xuang Zang (603–664) gilt zu Recht als der bedeutendste Pilgermönch Chinas. Er brachte 657 buddhistische Werke aus Indien mit, von denen er 76 selbst aus dem Sanskrit ins Chinesische übertrug.
Der obige Steinabrieb zeigt den aus Indien heimkehrenden Xuang Zang, der auf seinem Rücken wertvolle Schriftrollen trägt. An der oberen Kante seines Tragegestells ist eine kleine Öllampe befestigt, die seinen Schritt auch nachts erhellen soll.

Die Beschreibung, die **Xuang Zang** über die Durchquerung der gefürchteten nördlichen Lop-Wüste zwischen Hami bzw. Dunhuang und Turfan liefert, läßt sich durchaus mit Hedins Todesmarsch vergleichen, der 1895 als erster die Wüste Takla-Makan durchquerte. Xuang Zang mußte die mit Wachtürmen gesicherte Hauptstrecke verlassen und eine gefährliche Nebenroute durch die Wüste wählen, um einer möglichen Verhaftung zu entgehen, da er ja das Reich ohne Erlaubnis verlassen wollte. Sein Chronist erzählt: »Man sieht dort weder Vögel noch Vierbeiner, weder Wasser noch Weiden. Um sich selbst den Weg zu weisen, ließ er es sich angelegen sein, beim Laufen die Richtung des Schattens zu beobachten. Von Durst geplagt, griff er nach seinem Wasserbehälter, aber da dieser sehr schwer war, entglitt er seinen Händen, und sein ganzer Wasservorrat ergoß sich auf den Boden.« Nach diesem fatalen Mißgeschick verlor der Mönch den Mut und kehrte um. Doch nach wenigen Stunden besann er sich seines Schwures, »daß wenn ich Indien nicht erreiche, ich niemals einen Schritt tun würde, um nach China zurückzukehren. Lieber will ich auf dem Wege nach Westen sterben als nach Osten zurückgehen, um dort zu leben.« Dann lenkte er seine Pferde wieder nach Nordwesten und blieb während fünf Tagen ohne Wasser, bis ihn seine Kräfte verließen, er zu Boden stürzte und sich nicht mehr erheben konnte. Als er verdurstend am Boden lag und den Boddhisattva Avalokiteshvara um Erbarmen flehte, erschien ihm dieser scheltend im Schlaf: »Warum schläfst Du noch immer, anstatt mit Eifer auszuschreiten?« Der erschöpfte Mönch stand auf und schritt mit seinem ebenso ermatteten Pferd weiter. Plötzlich änderte es seine Marschrichtung und ließ sich nicht auf die eigentliche Route zurückbringen. Und siehe da, das Pferd führte ihn bald zu einem rettenden Teich mit klarem Wasser und zu einer grünen Weide. Von hier gelangte der gerettete Mönch nach Turfan.[17]

Der zweifelsohne bedeutendste aller Indienpilger war Xuang Zang, dessen 15jährige Reise den Stoff für den in China populären Roman *Reise in den Westen* bildete, der im 16. Jahrhundert entstand. Er schildert, wie Xuang Zang vom Affenkönig, einem Schwein und einem gläubigen Dämon begleitet wird und unterwegs unzählige schwierige Prüfungen meistern muß. In Wirklichkeit brach der Mönch 629 oder 630 n. Chr. allein zu seiner Indienreise auf, um »in Indien das Gesetz zu suchen, das Buddha der Welt hinterlassen hat«.[18]

Im Gegensatz zu seinem Vorgänger Sung Yün, der seine Indienreise auf kaiserlichen Wunsch unternommen hatte, verweigerte der Tang-Herrscher Tai Zong dem jungen Mönch die Erlaubnis zur Pilgerfahrt. Von einem rätselhaften Traum beflügelt, mißachtete Xuang Zang das kaiserliche Verbot und schlich sich weg aus Chang'an in Richtung Westen.

Wie alle Pilger vor ihm passierte er zunächst den Hexi-Korridor und schlug dann die Nördliche Seidenstraße ein, auf der er das damals noch unabhängige Königreich Turfan erreichte. Dabei entkam er nur dank seiner Geistesgegenwart einem Mordanschlag, den sein Führer geplant hatte. Der Herrscher Turfans wollte den Gast mit Gewalt an seinem Hof zurückhalten und ließ ihn erst nach einem Hungerstreik weiterziehen. Statt wie seine Vorgänger sich für den direkten Weg nach Süden über Kashgar zu entscheiden, zog Xuang Zang westwärts zum Issyk-Kul und bis nach Samarkand, durchquerte dann Baktrien und gelangte über den Khaiber-Paß nach Indien.

Nach einem rund 10jährigen Aufenthalt in Indien, in dessen Verlauf er die meisten bedeutenden buddhistischen Kultstätten und Lehrzentren besuchte, Abschriften der heiligen Texte sammelte und als gelehrter Vertreter des Mahayana-Buddhismus in einer großen Disputation den Sieg über die Hinayana-Gelehrten davontrug,[19] machte sich

Der indische Einfluß auf die khotanesische Kunst des 5. und 6. Jahrhunderts zeigt sich deutlich bei diesem geflügelten Adoranten. Es könnte sich auch um den Hindugott Indra handeln, was die Ehrerbietung des Hinduismus vor dem Buddhismus symbolisieren würde. Auffallend ist das Auge auf dem rechten Handrücken der Figur.

Die beidseitig bemalte Holztafel aus Dandan Oilik (6. Jh.) zeigt den Seidengott Khotans oder den persischen Held Rustam (oben) und den Hindugott Shiwa (unten).

Xuang Zang auf den Rückweg nach China. Zuerst reiste er wiederum nach Baktrien, bog dann aber zum Wakkhan-Korridor ab und gelangte, nachdem er im Hindukusch von Wegelagerern überfallen worden war, nach Kashgar. Auf dem Rückweg gewann seine Reise auch eine politische Dimension, als ihn die lokalen Könige der Provinz Gandhara zuvorkommend und achtungsvoll empfingen. Vermutlich hofften diese Fürsten auf Schutz durch das mächtige China vor den Einfällen der zentralasiatischen Nomaden.

Kashgars Hinayana-Mönche können Xuang Zang nicht sonderlich beeindruckt haben, urteilte er doch über sie, daß »sie die Texte lesen, ohne deren Prinzipien zu ergründen«.[20] Xuang Zang entschied sich, die Rückreise über die Südliche Seidenstraße fortzusetzen und zog nach Yarkand und dann nach Khotan. Auch hier wurde der chinesische Mönch vom König zuvorkommend begrüßt, der angeblich von Lokapâla Vaishravana, dem Himmelswärter des Nordens, abstammte. Der Überlieferung zufolge soll der erste König Khotans, der älteste Sohn von König Aschoka, dem großen Förderer des Buddhismus, in der 2. Hälfte des 3. Jahrhunderts v. Chr. vom Hof seines Vaters nach Norden verbannt worden sein. Daraufhin habe er mit seinen getreuen indischen Gefährten Khotan gegründet. Da er keinen Sohn hatte, flehte er Vaishravana in dessen Tempel um Hilfe an, worauf aus dem Kopf der Statue ein Kind männlichen Geschlechts sprang, das der Urahn des Königs gewesen sein soll.

Der Einfluß Nordindiens läßt sich in der Tat in vielen ausgegrabenen Malereien und Statuen nachweisen. Die Wandmalerei eines knienden Devatas (oder Indras) aus dem bei Khotan nahegelegenen Balawaste ist dafür ein hervorragendes Beispiel. Die Bekehrung Khotans zum Buddhismus erfolgte wahrscheinlich zu Beginn unserer Zeitrechnung, also rund 250 Jahre nach der legendären Stadtgründung, zunächst durch indische Händler und sodann durch Mönche aus dem Kushan-Reich. Xuang Zang berichtet von 100 Klöstern mit über 5000 gelehrten Mönchen des Mahayana-Buddhismus. Allerdings gab es zu jener Zeit in Khotan auch noch eine persisch-mazdaistische Glaubensgemeinschaft, da die Stadt damals der Mittelpunkt einer hochstehenden indo-iranischen Mischkultur war.

Diese kulturelle Synthese tritt überaus anschaulich auf einer beidseitig bemalten Holztafel aus dem 6. Jahrhundert auf, die Aurel Stein 1900 im nordöstlich gelegenen Dandan Oilik ausgrub. Während auf der einen Seite der dreiköpfige Hindugott Maheshvara, also Schiwa, auf seinem Reittier Nandi sitzend, abgebildet ist, zeigt die andere Seite einen persisch aussehenden bärtigen Mann, der ein grünes, fürstliches Gewand trägt. Diese Figur ist mit dem persischen Helden Rustam oder dem Seidengott von Khotan identifiziert worden. Ein anderes Beispiel der für Khotan typischen Assimilation verschiedener Kultureinflüsse ist die khotanesische Schriftsprache. Sie geht auf die Sprache der iranischen Saken zurück, die sich wahrscheinlich im 1. Jahrhundert v. Chr. in der Region von Khotan niedergelassen hatten. Sie ist iranischen Ursprungs, wurde aber mit den Schriftzeichen der indischen Brahmi-Schrift geschrieben.

Der König Khotans hatte allen Grund, dem berühmten Gast mit höchstem Respekt zu begegnen, da dieser voraussichtlich bald dem Tang-Kaiser in Chang'an von seiner Reise Bericht erstatten würde. Zwar war Khotan noch ein halbunabhängiges Königreich, das die Oberherrschaft der Westtürken anerkannte, doch die kontinuierliche Machtausdehnung des Tang-Kaisers Tai Zong nach Westen warf immer stärker ihre Schatten über die Oase. Deshalb waren freundschaftliche Beziehungen zum näherrückenden und übermächtigen chinesischen Nachbarn lebensnotwendig.

Holztafel aus Dandan Oilik (6. Jh.).

In seinem Reisebericht schildert **Xuang Zang**, mit welcher List Khotan das von China strenggehütete Geheimnis der Seidenproduktion erwerben konnte. Nachdem sich Khotan vergeblich bemüht hatte, das Geheimnis der Seidenherstellung zu erfahren, bat der König demütig um die Hand einer chinesischen Prinzessin. Der Kaiser war damit einverstanden, worauf der schlaue Herrscher Khotans seiner zukünftigen Gattin mitteilen ließ, daß es in ihrer neuen Heimat weder Seide noch Seidenraupen oder Maulbeerbäume gäbe und daß, wenn sie welche wolle, sie diese selbst mitbringen müsse. Daraufhin schmuggelte sie in ihrem Kopfschmuck Seidenraupeneier und Maulbeerbaumsamen nach Khotan. Aurel Stein fand in Dandan Oilik eine bemalte Holztafel mit der bildlichen Darstellung dieser Geschichte. Auf der Votivtafel erkennt man links eine Frauengestalt, die mit ausgestrecktem Arm auf den Kopfputz der zukünftigen Königin von Khotan hinweist. Ein mit Seidenraupenkokons gefüllter Korb zeigt das Ergebnis des erfolgreichen Schmuggels. Rechts von der Prinzessin thront eine vierarmige Gottheit, die mit dem Schutzgott der Weber identifiziert wird, während weiter rechts eine Frau offenbar eine Seidenhaspel bedient.
Der Legende zufolge verbot die Königin das Abtöten der Raupe im Kokon, weil dies gegen das buddhistische Gebot des Nichttötens verstieß. Diesem edlen Verbot liegt wahrscheinlich die Tatsache zugrunde, daß der schönste und leuchtendste Seidenfaden vom lebenden Kokon bzw. von der lebenden Raupe, kurz bevor sie zum Schmetterling ausschlüpft, gewonnen wird. Um das Zerreißen des Kokonfadens durch das ausschlüpfende Tier zu vermeiden, ging man bald dazu über, die Raupe durch ein Bad in siedendem Wasser abzutöten. Die historischen Tatsachen, die dieser Legende zugrundeliegen, ereigneten sich wahrscheinlich im 3. oder 4. Jahrhundert n. Chr. Das von den meisten Historikern angenommene Datum 420 n. Chr. ist wohl zu spät angesetzt.

Tatsächlich eroberte eine kaiserliche Armee in einem kühnen Handstreich Khotan im Jahr 648.

Xuang Zang nahm die freundliche Einladung des Königs an und blieb acht Monate in Khotan. Die Stadt, die am Khotan Darya lag, erlebte damals dank der Seidenproduktion und ihres Exports in den Westen eine wirtschaftliche Blütezeit. Die Maulbeerbäume in den Plantagen lieferten nicht nur die Blätter zur Fütterung der Seidenraupen, aus der Baumrinde wurde zudem wertvolles Papier hergestellt, das ein ebenfalls begehrter Exportartikel war. Diese Art der Papierherstellung war in der Region von Khotan noch zu Beginn des 20. Jahrhunderts verbreitet, wie aus dem Tagebuch des britischen Generalkonsuls in Kashgar, C. P. Skrine, hervorgeht.[21]

Marco Polo schildert in seiner Reiseerzählung, daß unter Kubilai Khan das aus der Maulbeerbaumrinde hergestellte Papier auch zum Druck einer der frühesten Formen des Papiergeldes der Welt verwendet wurde. Es war die Song-Dynastie, die zu Beginn des 11. Jahrhunderts als erste das Papiergeld in Umlauf brachte.[22] Das Papiergeld soll nach Marco Polo im ganzen mongolischen Reich gültig gewesen sein, und auf die Weigerung, Papiergeld als Zahlungsmittel anzunehmen, soll die Todesstrafe gestanden haben.[23] Allerdings nahmen die Mongolenherrscher auch das uns bekannte Phänomen der Inflation vorweg, indem sie in großem Maße ungedecktes Geld druckten, was eine rasante Entwertung ihres Papiergeldes bewirkte.

Khotans Reichtum gründete sich nicht allein auf Seide und Papier, sondern auch auf die Herstellung von Filz und Wollteppichen, sowie auf dem Export der wertvollen weißen und schwarzen Jade, die aus dem Oberlauf des Khotan Darya gewonnen wurde. Die Bedeutung des Jadehandels für Khotan zeigt sich auch an seinem alten chinesischen Namen »Yu tian«, der sich als »Königreich der Jade« übersetzen läßt.[24] Offenbar fand spätens seit dem 13. Jahrhundert v. Chr. ein reger Jadehandel mit Zentralchina statt. Die Bedeutung der Jade erklärt sich unter anderem dadurch, daß sie nicht nur als Autoritätszeichen galt, sondern daß ihr auch Macht und Tugend und sogar die Fähigkeit zugeschrieben wurde, Leichen für immer vor dem Verfall zu bewahren. Vollkommenster Ausdruck dieses Glaubens sind die Jadekleider, die in den Fürstengräbern von Mancheng, Provinz Hebei, 1968 gefunden wurden. Das intakt erhaltene Jadekleid des Fürsten Liu Sheng aus der Frühen Han-Dynastie (202 v. Chr.–9 n. Chr.) besteht aus nicht weniger als 2498 grünen Jadeplättchen, die mit Goldfaden zusammengenäht wurden, wobei allein der gesamte verwendete Goldfaden 1,1 kg wiegt.

So paradox es auch klingen mag, die Nachwelt verdankt einen der interessantesten und abenteuerlichsten Reiseberichte, die je geschrieben wurden, dem Unglück, das dem Autor **Marco Polo** nach dessen erfolgreicher Rückkehr in seine Heimat zustieß. Venedig und Genua, die beiden führenden Seemächte des 13. Jahrhunderts, standen in ständiger Rivalität um die Vormacht im Mittelmeerraum bzw. um die Kontrolle des Seehandels. Kriegerische Auseinandersetzungen – meistens Seegefechte – wechselten regelmäßig mit kurzlebigen Waffenstillständen ab. So war 1294, also ein Jahr vor der Rückkehr der drei Mitglieder der Familie Polo aus China, der alte Konflikt wieder ausgebrochen, der mit einer empfindlichen Seeniederlage Venedigs endete.
1298 flammte der Krieg wieder auf, was zur Folge hatte, daß Marco Polo nach altem venezianischem Brauch als wohlhabender Bürger ein Kriegsschiff ausrüsten mußte, das er auch selbst als »Sopracomito« befehligte. In der darauffolgenden Seeschlacht vor der dalmatischen Küste erlitten die Venezianer eine vernichtende Niederlage, denn fast ihre gesamte Flotte von 95 Schiffen wurde entweder versenkt oder gekapert. Nach Marco Polos erstem Biograph Giovanni-Batista Ramusio, der 1553 dessen Reisebericht herausgab, befand sich Marco Polo unter den 7000 venezianischen Gefangenen, die nach Genua verschleppt wurden. Dort teilte dieser seine Zelle mit einem Gefangenen aus Pisa namens Rustichello, einem Verfasser höfischer Romane.
Während seiner knapp einjährigen Gefangenschaft diktierte Marco Polo Rustichello seine Reiseerinnerungen aus dem Gedächtnis, woraus das berühmte Buch *Il Milione* entstand. Der Venezianer wurde dann 1299 zusammen mit seinen Leidensgenossen freigelassen und starb 1324 im Alter von 70 Jahren.

Um das Jahr 643 oder 644 verließ Xuang Zang das gastfreundliche Reich Khotan und reiste weiter nach Na Fo Po, dem heutigen Qiemo, dann über Miran nach Dunhuang. Die Durchquerung der Wüste Takla-Makan beschreibt Xuang Zang mit fast denselben Worten wie zwei Jahrhunderte vor ihm Faxian, der berühmte Pilgermönch: »Da betritt der Reisende eine unermeßliche Wüste von Treibsand … Diese Wüste erstreckt sich endlos nach allen Seiten, und niemand weiß sich in ihr zurechtzufinden. Zu ihrer Orientierung haben die Reisenden keinen anderen Anhaltspunkt als die menschlichen Gebeine und die Knochenreste der Tiere, die von den Karawanen zurückgelassen wurden, die vor ihnen des Weges gezogen waren.«[25]

Der unermüdliche Pilger kehrte schließlich um 645 nach einer 15jährigen Abwesenheit nach Chang'an zurück. Hier wurde ihm auf Befehl des Kaisers Tai Zong, der ihm vormals die Ausreise untersagt hatte, ein triumphaler Empfang bereitet. Nach einer Audienz beim Kaiser in Luoyang ließ sich der Meister in Chang'an nieder und widmete seinen Lebensabend der Übersetzung und Kommentierung der über 600 Sanskritschriften, die er aus Indien mitgebracht hatte. Xuang Zang starb 664 in Chang'an im Alter von 63 Jahren.

WUKONG, der letzte bedeutende Indienpilger der Tang-Dynastie, reiste während knapp 40 Jahren, von 751 bis 790, auf dem zentralasiatischen Landweg nach Indien und über dieselbe Strecke zurück nach China.

Nach Wukong wurden Indienfahrten zwecklos, denn erstens setzte 845 unter Kaiser Wu Zong die erste große Buddhistenverfolgung ein, die dazu führte, daß Hunderte von Klöstern beschlagnahmt oder vernichtet und Abertausende von Mönchen unter Androhung der Todesstrafe gegen ihren Willen in den Laienstand zurückversetzt wurden. Andererseits wurde der Buddhismus in Indien, seiner ursprünglichen Heimat, immer härter vom wiedererstarkten Hinduismus bedrängt und gewalttätig verfolgt, so daß er bald nach der Jahrtausendwende als Religion keine Rolle mehr spielte. Somit ist es nicht zuletzt das Verdienst der chinesischen Indienpilger, daß sie zusammen mit den tibetischen und ladakhischen Übersetzern die buddhistische Überlieferung gerettet haben.

Der nächste bedeutende Reisende auf der Südlichen Seidenstraße, dessen Reisebeschreibung uns erhalten blieb, war zweifelsohne der Venezianer MARCO POLO, der 1273 mit einer diplomatischen Mission zusammen mit seinem Vater und seinem Onkel zum Hof des fünften Mongolenherrschers Kubilai Khan zog. Die beiden älteren Mitglieder der Familie Polo hatten sich schon zuvor, anläßlich ihrer ersten großen Chinareise, 1265–66 beim mongolischen Kaiser aufgehalten. Kubilai Khan hatte sie damals beauftragt, als seine Botschafter zum Papst zurückzukehren, der ihm 100 gelehrte Missionare schicken sollte. Darin äußerte sich zweifelsohne weniger das Interesse Kubilai Klans an einem Übertritt zum Christentum als vielmehr der Wunsch nach westlichen Verbündeten. Darüber hinaus verfolgte der Khan, der persönlich wahrscheinlich die buddhistische Lehre bevorzugte, eine Ausgleichspolitik zwischen den verschiedenen Glaubensbekenntnissen in seinem Reich.

Nachdem Marco Polos Vater und Onkel 1269 in ihrer Heimat Venedig eingetrof-

Die 1372 vom ersten Ming-Kaiser erbaute Festung von Jia Yu Guan markierte das westliche Ende der Großen Mauer. Allerdings stand schon zur Zeit der Frühen Han-Dynastie (202 v. Chr.–9 n. Chr.), als die Große Mauer sogar bis Dunhuang reichte, bei diesem Paß eine bedeutende Festung.

fen waren und sich vergeblich um die versprochene Entsendung von 100 Missionaren bemüht hatten, nahmen sie 1271, zusammen mit dem jungen Marco, den Weg nach China zum zweiten Mal in Angriff. Statt der vom Mongolenherrscher erwünschten 100 Gelehrten begleiteten sie lediglich zwei Dominikanermönche. Diese ließen die Venezianer schon nach wenigen Wochen in Syrien im Stich und flohen nach Palästina, weil sie sich vor den siegreichen Mamelucken des Sultans Baibar fürchteten.

Marco Polo durchquerte Armenien und Georgien und erwähnte dabei auch die Ölquellen von Baku, fügte jedoch hinzu, daß deren Öl »nicht gut mit Eßwaren, aber wohl zum Brennen zu gebrauchen sei«. Nachdem die unermüdlichen Reisenden Persien und den Pamir passiert hatten, erreichten sie 1273 Kashgar. Hier trafen sie zahlreiche nestorianische Christen an. Von Kashgar aus wählten die drei Polo die Südliche Seidenstraße, um letztlich nach Cambaluc (Peking) zu gelangen. In Yarkand fand Marco Polo neben der islamischen Mehrheit sowohl eine nestorianische als auch eine jakobitisch-monophysitische christliche Minderheit. Ihm fiel auf – wie mehrere Jahrhunderte später auch Sven Hedin – wie viele Einwohner Yarkands an großen Kröpfen litten.[26] Nachdem der junge Venezianer in Khotan die großen Baumwollfelder bemerkte, erwähnt er in Pi-Mo, dem heutigen Keriya, sowohl die Gewinnung von Jade als auch die Sitte, wonach eine Frau einen anderen Mann heiraten durfte, wenn ihr Ehemann mehr als 20 Tage abwesend war.

Als nächste Stadt nennt Marco Polo Cherchen, von der eine Karawane fünf harte Tagesreisen durch trostlose Sanddünen ohne Wasser benötigt, um nach »Lop«, dem heutigen Ruoqiang, zu gelangen. Lop ist die Schwelle zur gefürchteten »großen Lop-Wüste«, deren Durchquerung an der engsten Stelle nach Marco Polo 30 Tage in Anspruch nahm. Dies entspricht einer Entfernung von knapp 900 km. Am Ende dieses Marsches erreichte man Sachiu, das heutige Jiayuguan mit seiner starken Festung, wo das eigentliche antike Kaiserreich begann.

Marco Polo beschreibt das in der glühenden Sandwüste auftretende Phänomen der Fata Morgana treffend wie folgt: »Es gibt keine Tiere, da es für sie nichts zu fressen gibt. Aber wenn ein Reisender nachts den Anschluß verliert und versucht, seine Gruppe wieder zu finden, wird er Geister sprechen hören und glauben, daß es seine Kameraden sind. Die Geister werden ihn manchmal bei seinem Namen rufen; und so wird der Reisende irregeführt und findet nie mehr seine Gruppe … Und sogar tagsüber hört man diese Geister.«[27]

In der Stadt Sachiu, die am östlichen Ende der Wüste Lop liegt und zur Provinz »Tangut« gehört – die Tanguten entsprechen den Hsi-Hsia, die während mehr als zehn Jahren im Gebiet der heutigen Provinz Ningxia Dschingis Khan erfolgreich Widerstand leisteten –, traf Marco Polo vor allem Buddhisten an, aber auch Nestorianer und Muslime. Bezüglich der Buddhisten erwähnt Marco einen noch heute bei diesen verbreiteten Brauch, der darin besteht, daß bei Leichenverbrennungen auf dem Scheiterhaufen den Toten Papiergeld und Papierfiguren beigegeben werden. Diese stehen stellvertretend für die Diener, Pferde und Kamele, die den verstorbenen Herrn auch im Jenseits begleiten und ihm dienen. Dieser Ritus bildet selbstverständlich eine

preisgünstige Variante des noch älteren Brauches aus der Han- und Tang-Zeit, als den Toten in den Gräbern Holz- oder Tonstatuen ihrer jeweiligen Angehörigen, Bediensteten und Haustiere beigelegt wurden. Diese wiederum ersetzten die einstigen Menschen- und Tieropfer.

In der nördlich von Sachiu gelegenen Stadt Cumul, dem heutigen Hami, gab es Marco Polo zufolge einen eigenartigen Brauch, wonach die gastfreundlichen Männer einem durchreisenden Fremden nicht nur ihr Haus sondern auch die Ehefrau zur Verfügung stellten und erst wieder in ihr Haus zurückkehrten, nachdem der Fremde es verlassen hatte.[28]

Auf seinem Weg zum kaiserlichen Hof unternahm Marco noch einen bemerkenswerten Abstecher nach Ezina, dem heutigen Khara Khoto, das rund 400 km nördlich der Seidenstraße am Edsin Gol liegt. Unter der Mongolenherrschaft erlebte es eine zweite Blüte, nachdem Dschingis Khan 1227 das tangutische Hsi-Hsia-Reich mit seiner nordwestlich gelegenen Grenzstadt Ezina zerstört hatte.

Im Anschluß an die Beschreibung Ezinas erwähnt Marco Polo, wie vor ihm schon Rubruk, den mysteriösen »Priester Johannes«. Den Stoff zu dieser Legende von einem mächtigen christlichen Fürsten im fernen China lieferten, wie bereits erwähnt, zweifelsohne die in Nordchina verbreiteten nestorianischen Gemeinden. In diesem Sinne identifizierte Rubruk den »Priester Johannes« mit dem Fürsten der Naïman, einem turko-mongolischen Stamm Südsibiriens.[29] Sir Henry Yule, der bekannte Biograph Marco Polos, wies aber nach, daß der »Priester Johannes« mit dem Herrscher eines anderen turko-mongolischen Volkes, nämlich mit Toghrul Wang Khan, Fürst der Keraiten, identisch sein muß.[30] Hier finden wir auch den mutmaßlichen Ursprung für die »Priester Johannes«-Legende, denn im Jahr 1009 traten 200000 Keraiten zusammen mit ihrem Herrscher zum nestorianischen Glauben über. Über diese Massenbekehrung informierte 1011 der nestorianische Metropolit in einem Brief seinen Vorgesetzten, den Patriarchen von Bagdad. Der christliche Toghrul Khan war gegen Ende des 12. Jahrhunderts in der Tat für eine kurze Zeit der mächtigste Mongolenherrscher und zählte auch den jungen Dschingis Khan zu seinen Vasallen. 1203 aber rebellierte dieser gegen Toghrul Khan und besiegte seinen früheren Herrn, welcher auf der Flucht später ermordet wurde. Für Dschingis Khan war mit diesem Sieg über die nestorianischen Keraiten der Weg zur Oberherrschaft über alle Mongolen frei. Die Legende von einem mächtigen christlichen Herrscher, der parallel mit einem Kreuzzug der europäischen Fürsten im Westen den Islam an seiner Ostflanke angriff, wäre Wirklichkeit geworden, hätte Toghrul Khan den Sieg davongetragen. Erwähnenswert ist ferner, daß ab dem 14. Jahrhundert die Überlieferung vom Priesterkönig Johannes vermehrt mit Äthiopien in Zusammenhang gebracht wurde. Der letzte Versuch, den mysteriösen König zu finden, wurde 1520 vom portugiesischen König Manuel unternommen, der eine Gesandtschaft nach Äthiopien schickte, die sich sechs Jahre am Hof des Negus Lebna-Dengel aufhielt.[31]

Kurz nach Marco Polo benützten 1275 die beiden nestorianischen uigurischen Mönche Markos, der zukünftige Patriarch aller Nestorianer, und Bar Sâwmâ, der Botschafter des Ilkhans Arghun, die Südliche Seidenstraße auf ihrer Reise von Peking nach Bagdad. Mit diesen zwei nestorianischen Pilgern reißt die lange Kette berühmter Reisender auf der Südlichen Seidenstraße ab. Die Hauptursache dafür waren die Unruhen in Persien und der Niedergang der kosmopolitischen Yüan-Dynastie. Der russische Oberst Prschewalski war rund 600 Jahre später der erste namentlich bekannte Forscher, der von der Südlichen Seidenstraße berichtete.

Marco Polo besuchte 1273 die tangutische Stadt Khara Khoto, die er Ezina nannte. Sie gehörte einst zum Reich der Hsi Hsia, erlebte unter den Mongolen eine letzte Blütezeit und wurde um 1380 vom Ming-General Feng Sheng zerstört, da sie einem der fliehenden Prinzen der gestürzten Yüan-Dynastie Zuflucht gewährt hatte. Khara Khoto wurde 1908 von Koslov, dem großen Gegenspieler Hedins am Lop-Nor, wiederentdeckt.

Das Geheimnis der Seidenherstellung

Während die ältesten Seidenfunde Chinas aus der Shang-Dynastie (16.–11. Jh. v. Chr.) stammen, führt die Tradition den Ursprung der Seidenherstellung auf Xiling Shi, die Gattin des legendären Gelben Kaisers Huang Di zurück, der um 2700 v. Chr. regierte. Xiling soll zufällig das Schlüpfen eines Seidenschmetterlings aus seinem Kokon beobachtet und daraus die zwei wichtigsten Geheimnisse der Seidenherstellung abgeleitet haben: erstens den Entwicklungszyklus vom Ei des Seidenspinners über die Seidenraupe, die sich hernach in einen leicht ovalförmigen Kokon einspinnt, bis zum Schmetterling, und zweitens das äußerst wichtige Merkmal, daß der Faden, der den Kokon bildet, endlos ist und sich deshalb aufhaspeln läßt. Funde von Seidenresten in der Zhejiang Provinz, die 1958 gemacht und mit der C-14-Methode untersucht wurden, ergaben ein Alter von etwa 4750 Jahren, was der Epoche der legendären Kaiserin Xiling entsprechen würde.[32] Von Seidenzucht läßt sich allerdings erst ab der Zeit sprechen, als erkannt wurde, daß die sich im Kokon befindende Raupe vor dem Schlüpfen abgetötet werden muß, denn nur so ließ sich vermeiden, daß der schlüpfende Schmetterling den Seidenfaden zerstörte. Es war außerdem notwendig, die Seidenraupenzucht mit dem Anbau der Maulbeerbäume abzustimmen. Wahrscheinlich entwickelte sich die Seidenzucht gleichzeitig in verschiedenen Kulturzentren, nämlich am Gelben Fluß, am Jangtsekiang und in Sichuan. Wenn man die heutige traditionelle Seidenproduktion in Khotan betrachtet, stellt man fest, daß sich die Grundlagen der Seidenraupenzucht seit rund 4000 Jahren kaum geändert haben.

Unter den vielen spinnenden Insekten hat sich der Maulbeerseidenspinner *Bombyx mori* als für die Seidenproduktion am besten geeignet erwiesen. Seine Eier werden zunächst abgehärtet, indem man sie der Winterkälte aussetzt oder in Salzwasser legt. Danach werden im Frühling die überlebenden Eier von Frauen, den sogenannten »Müttern der Raupen«, in einem fließenden Gewässer gebadet und dann auf weiches Papier in einen warmen Raum gelegt. Nun schlüpfen die knapp 2 mm langen Raupen und entwickeln sofort einen unersättlichen Appetit nach frischen, zarten Maulbeerbaumblättern. In der ersten der drei folgenden Wochen braucht die Raupe halbstündliche Mahlzeiten, also 48 pro Tag, und wächst nach vier Häutungen zu einem bis zu 66 mm langen Tier heran. Diese dreiwöchige Periode der Raupenfütterung war für die Frauen, die sie pflegten, so anstrengend, daß sogar Hochzeiten und Begräbnisse verschoben werden mußten, denn die Zucht der Seidenraupen setzte buchstäblich eine Pflege »rund um die Uhr« voraus. Erschwerend kommt hinzu, daß die Raupen gegen Durchzug, Unrat, grelles Licht, scharfe Gerüche und sogar Lärm äußerst empfindlich sind. Dies verlangt von den Züchterinnen eine eiserne Disziplin: Sie müssen auf scharfe Speisen und Knoblauch verzichten, von einer positiven Stimmung erfüllt sein und sogar jeglichen Streit in Anwesenheit der so sensiblen Raupen vermeiden. Nach der vierten und letzten Häutung beginnt die Raupe sich in einen ununterbrochenen, bis zu 4000 Meter langen ultrafeinen und dennoch sehr dehnbaren Faden einzuspinnen, der von zwei Drüsen produziert wird und den knapp 3 g schweren Kokon bildet. Um zu verhindern, daß der schlüpfende Schmetterling den ununterbrochenen

Oben: Die drei Entwicklungsstadien des Maulbeerseidenspinners.

Rechts: Khotan ist heute die letzte Oase entlang der ehemaligen Südlichen Seidenstraße, wo die Seide noch auf traditionelle Weise hergestellt wird.

Seidenfaden zerreißt, wird der Kokon in heißes Wasser geworfen. Dadurch wird nicht nur die Raupe abgetötet, sondern auch der »Seidenleim« aufgelöst, wodurch erst das Abhaspeln des Fadens möglich wird. Vom rund 3 bis 4 km langen Faden lassen sich etwa 900 Meter abwickeln, wobei jeweils 20–25 Fäden gebündelt durch eine Öse gezogen und zum eigentlichen Seidenfaden aufgehaspelt werden.

Auch die Reste der Seidenproduktion fanden im alten China eine vielseitige Verwertung. So wurde der nicht abhaspelbare Kokonrest zur Produktion der zweitklassigen Flockseide verwendet, die der Kleiderherstellung für die einheimische Bevölkerung diente. Aus der inneren Hülle des Kokons stellte man das wertvolle Seidenpapier her, das vor der Erfindung des Papiers als Schreibunterlage diente, wie Aurel Stein bei seinen Ausgrabungen in Loulan nachweisen konnte. Schließlich dienten die abgetöteten Puppen als wertvolles Nahrungsmittel für Menschen und als Viehfutter, wurden aber auch zur Herstellung von Seifen, Ölen oder Medikamenten gebraucht. Später beobachtete Marco Polo, daß Kubilai Khan das von ihm eingeführte Papiergeld aus der Rinde von Maulbeerbäumen herstellen ließ.[33]

Die Seide hatte in China spätestens seit der Han-Dynastie einen dreifachen Stellenwert. Erstens entsprach in der streng hierarchisch geordneten Gesellschaft jedem Beamtenrang ein besonderes Seidengewand mit genau festgelegten Farbmustern und Symbolen. Dies bedeutete, daß ein Beamter bei jeder Beförderung sowohl seine eigene Garderobe als auch die seiner Familie dem neuen Rang anpassen mußte, was im Inland zu einer stets hohen Nachfrage nach Seide führte. Die Tatsache, daß diese Vorschriften allmählich gelockert oder ignoriert wurden, weil sich auch niedrige Beamte und sogar Händler prunkvolle Kleider leisten durften, steigerte die Nachfrage.

Zweitens galten Seidenballen als Währungseinheit, mit der die Löhne von gewissen Staatsbeamten und Offizieren ausbezahlt wurden. Weil diese die Seide sogleich an Großhändler weiterverkauften, gelangte sie auch in den Privathandel. Gleichzeitig wurden Steuern und Bußen in Form von Seidenballen eingefordert. Damit stand die Seide, zusammen mit Baumwolle und Hanfgeweben, als Zahlungsmittel mit den geprägten Münzen in direkter Konkurrenz, obwohl sie wegen ihres natürlichen Verfalls weniger wertbeständig sein konnte. Die durch Aurel Stein ausgegrabenen Kharoshthi-Dokumente weisen darauf hin, daß in den Gebieten der Südlichen Seidenstraße in den ersten Jahrhunderten unserer Zeitrechnung die Seide als Währungseinheit vorherrschte. Erst unter den Tang, also ab dem 7. Jahrhundert n. Chr., setzte sich das Geld als Zahlungseinheit endgültig durch.

Drittens spielte die Seide eine außerordentlich wichtige Rolle in der chinesischen Außenpolitik, da die alljährlichen großzügigen kaiserlichen Geschenke an die nachbarlichen Nomadenvölker in Form von Seidenballen nichts anders als eine Art »Versicherungsprämie« an die unruhigen Nachbarn darstellte, um sich dafür den Frieden an den Nord- und Westgrenzen zu sichern. Zum einen war es für

China wirtschaftlicher, sich mit Seidengeschenken den Frieden zu erkaufen, als große Heere zu unterhalten. Andererseits konnten die chinesischen Herrscher hoffen, durch den wirtschaftlichen und kulturellen Kontakt mit den Nomadenvölkern diesen die chinesische Lebensweise näherzubringen, sie an die chinesischen Luxusgüter zu gewöhnen und dadurch deren militärische Kampfkraft allmählich zu beeinträchtigen.

All diese Faktoren hatten zur Folge, daß eine enorme Nachfrage nach Seide herrschte, die nur dadurch befriedigt werden konnte, daß einerseits die Bauern gezwungen wurden, je nach Region mindestens ein Drittel der Steuern in Form von Seide zu leisten, und daß zweitens staatliche Seidenmanufakturen errichtet wurden. Die erdrückende Steuerlast der ländlichen Bevölkerung führte ihrerseits zu Landflucht und zu blutigen Bauernaufständen, die unter anderem sowohl die Frühe als auch die Späte Han-Dynastie zu Fall brachten.

Das äußerst streng gehütete Geheimnis der Seidenraupenzucht und der Seidenherstellung und das damit verbundene Monopol verlor China, wie bereits erwähnt, im 6. Jahrhundert n. Chr. an Byzanz, das seinerseits rasch ein eigenes westliches Seidenmonopol etablierte. Die Folgen blieben nicht aus: Die chinesische Seidenindustrie geriet in eine ernste Krise, da die westliche Nachfrage abnahm und die Preise entsprechend fielen. Diese wirtschaftliche Notlage Zentralasiens verschärfte sich zusätzlich dadurch, daß die aufsteigende Macht der Araber die Benutzung der Seidenstraße unterband. Im Jahr 751 erlitten die kaiserlichen chinesischen Truppen im Kampf um die Kontrolle der zentralasiatischen Seidenstraße gegen die Araber bei Talas, nordwestlich von Kashgar, eine vernichtende Niederlage.

Erst ein Jahrtausend später gelang es der chinesischen Mandschu-Dynastie, Turkestan wieder zu besetzen und unter ihre Kontrolle zu bringen. Dabei wurde das Gebiet der ehemaligen Seidenstraße Zentralasiens »Xinjiang« genannt, was soviel wie »Neues Gebiet« heißt, obwohl China bereits gut 1000 Jahre zuvor eben dieses Gebiet über mehr als 800 Jahre beherrscht hatte.

Das staatliche byzantinische Seidenmonopol dominierte ab dem 6. Jahrhundert im östlichen Mittelmeerraum, indem es durch eine überaus hohe Besteuerung der privaten Seidenindustrie diese rasch in den Ruin trieb. Da in manchen Städten des oströmischen Reiches die privaten Seidenmanufakturen ihre Tore schließen mußten, wurden viele Seidenhandwerker arbeitslos und suchten als Wirtschaftsflüchtlinge im benachbarten Persien Zuflucht. Da Persien diese Arbeitskräfte willkommen hieß, entstand dem byzantinischen Seidenmonopol bald eine mächtige Konkurrenz durch den traditionellen Gegner Persien – ein lehrreiches Stück Wirtschaftsgeschichte, das nichts an Aktualität eingebüßt hat.

Erst 500 Jahre später gelang es den westeuropäischen Staaten, sich das Geheimnis und das Know-how der Seidenherstellung anzueignen. Dies geschah im Jahr 1146, als König Roger II. von Sizilien griechisch-byzantinische Gebiete wie Athen, Korinth und Theben plünderte und dabei die Seidenhandwerker nach Sizilien deportierte, wo diese eine lokale Seidenraupenzucht erfolgreich aufbauten. Später breitete sich die Kunst der Seidenraupenzucht bzw. der Seidenproduktion nach Italien aus, die wesentlich zum wirtschaftlichen Aufschwung der italienischen Stadtrepubliken beitrug. Der blühende Export von Seidenprodukten bewirkte, wie schon gut ein Jahrtausend zuvor im Fall Roms, bei den Einfuhrländern einen schmerzhaften Abfluß des Goldes ins Ausland. Um den Seidenimport zu beschränken, gründete zum Beispiel 1466 Ludwig XI. von Frankreich die Königliche Seidenmanufaktur von Lyon. König Franz I. förderte die staatlichen Werkstätten Frankreichs weiter und bald wurde die Seide in mehreren größeren europäischen Ländern in staatlichen Werkstätten produziert.

Frische Nudeln in Cherchen. Es scheint, daß Marco Polo das Rezept der Nudelherstellung aus China nach Italien gebracht hat.

FAVONIUS·VL·ZEPHIR
CIRCIUS
EVRONOTVS
GERMANICVS OCEANVS
EVXINVS PONTVS
LIBYA INTERIOR
GETVLIA
ETHIOPIA INTERIOR
AGISYMBA REGIO
BARBARICVS SINVS
ARABICVS SINVS
MESOPOTAMIA
SARMATIA ASIATICA
ARABIA DESERTA
HESPERIVS ETIAM MAGNVS SINVS

II. Großmächte an der Seidenstraße

Völkerwanderungen in Zentralasien

Das Gebiet der zentralasiatischen Seidenstraße war wegen seiner wirtschaftlichen Bedeutung seit der Frühen Han-Dynastie über ein Jahrtausend hinweg wiederholt von Chinesen, Hunnen, Tibetern und Arabern hart umkämpft. Als historischer Ausgangspunkt für die jahrhundertelangen Völkerwanderungen gilt die Vertreibung der Yüeh-chih 176 v. Chr. aus dem Gansu-Korridor durch die Xiongnu. Die Xiongnu, von den meisten Fachleuten als die Vorfahren der Hunnen angesehen, waren ein turko-mongolisches Volk und lebten im 3. Jahrhundert v. Chr. innerhalb der großen Nordschlaufe des Gelben Flusses. Kaiser Qin Shi Huangdi, der um 221 v. Chr. China zum erstenmal einigte, erkannte die Gefahr, die dieses zu Raubzügen neigende Nomadenvolk für die seßhafte chinesische Landbevölkerung darstellte. Deshalb verstärkte er die aus der Zeit der Zhao existierende Große Mauer und vertrieb die Xiongnu in das Gebiet jenseits des Gelben Flusses nach Norden. Aber bereits einige Jahrzehnte später, im Jahr 176 v. Chr., zogen die Xiongnu nach Gansu und fügten den dort lebenden Yüeh-chih eine vernichtende Niederlage zu. Doch knapp zehn Jahre später wanderten die Xiongnu wieder nach Süden und gelangen 166 v. Chr. sogar bis zu den Vororten von Chang'an, der Hauptsadt der Han-Dynastie.

Die Yüeh-chih, von Herodot Issedonen oder Serer genannt, waren ein Volk indogermanischer Herkunft, das von den meisten Forschern mit den Tocharern gleichgesetzt wird. Diesen Steppenreitern wird die Erfindung des Steigbügels zugeschrieben, die die Kriegskunst insofern revolutionierte, als der Steigbügel und das Zaumzeug dem Reiter genügend Halt und Beweglichkeit gewährleisteten, daß ein mobiles Reiterheer den traditionellen feudalen Armeen mit ihren Kampfwagen überlegen war.

Die besiegten Yüeh-chih wandten sich nun nach Westen und bewirkten insofern einen politischen Domino-Effekt, als sie ihrerseits die Wusun am Ili-Fluß und die iranischen Saka aus der Umgebung Kashgars verdrängten. Letztere wichen teilweise in die Oase von Khotan aus, griffen aber mehrheitlich um das Jahr 140 v. Chr. das gräkobaktrische Königreich an, das sich auf dem Gebiet des heutigen Nordafghanistans erstreckte.

Bald setzten sich die Yüeh-chih wieder in Bewegung und vertrieben um 128 v. Chr. die Saka aus Baktrien, die sich ihrerseits zunächst nach Nordindien wandten und später dann die Parther angriffen.

Die ruhelosen Yüeh-chih dehnten ihr Herrschaftsgebiet rasch nach Süden aus und gründeten zu Beginn unserer Zeitrechnung das mächtige Reich der Kushan, das sich von Afghanistan bis zur mittleren Gangesebene und von Kaschmir bis zur Provinz Sind im heutigen Pakistan erstreckte. Dieses Staatsgebilde assimilierte nicht nur die griechische Kultur Baktriens, sondern umfaßte auch die Region Gandhara mit ihrer hochstehenden hellenistisch-buddhistischen Kultur und schuf damit eine wesentliche Voraussetzung für die Verbreitung des Buddhismus und des hellenistischen Einflusses entlang der Südlichen Seidenstraße. Darüber hinaus kontrollierten die Kushan wichtige Abschnitte der Mittleren Seidenstraße zwischen dem Tarimbecken und den Parthern bzw. den Häfen am Indischen Ozean.

Vorangehende Doppelseite: Weltkarte aus dem frühen 15. Jh., die auf Ptolemäus zurückgeht. Der berühmte Geograph der Antike unterschied zwischen »Seres«, also Serindien, und »Thinai«, dem eigentlichen China, wobei die Römer die Seide aus Thinai höher schätzten als jene aus Seres.

Oben: Kaiser Wu Di (141–87 v. Chr.) beauftragte 138 v. Chr. den Botschafter Zhang Qian, die westlichen Yüeh-chih zu überzeugen, ein Bündnis gegen die verhaßten Xiongnu einzugehen. Zwar gelang es Zhang Qian nicht, die Yüeh-chih für ein Offensivbündnis gegen die Hunnen zu gewinnen; dafür berichtete er aber über ferne Länder jenseits der Westgrenze Chinas sowie von den berühmten »Blut schwitzenden« Pferden.

Der Han-Kaiser Wu Di erobert das Tarimbecken

Die Xiongnu, die die Region Gansu erfolgreich besetzt hielten, blieben für das chinesische Kaiserreich wegen ihrer Fähigkeit zu raschen Raubzügen bedrohliche Nachbarn. Die ersten Kaiser der Frühen Han-Dynastie versuchten zunächst, den gefährlichen Nomaden defensiv zu begegnen, indem sie den Frieden durch Tributzahlungen und durch eine besondere Heiratspolitik erkauften. Dabei wurden chinesische Prinzessinnen an die Xiongnu-Herrscher verheiratet, während junge Xiongnu-Prinzen als Geiseln an den kaiserlichen Hof geschickt wurden. Zusätzlich mußte der Kaiser den Nomaden mehrmals jährlich große Geschenke in Form von Seidenballen darbringen, die sie ihrerseits an westliche Völker verkauften. Diese chinesischen Tributzahlungen hinderten die Xiongnu jedoch nicht an der Fortsetzung ihrer kühnen Raubzüge ins Innere Chinas. Die Finanzen des kaiserlichen Schatzamtes wurden außerdem durch den stetig wachsenden Bedarf des kaiserlichen Heeres an Pferden zerrüttet, denn die als Pferdezüchter bekannten Nomaden waren nur zu einem Tauschgeschäft von »Pferd gegen Seide« bereit.

Der energische Kaiser Wu Di (141–87 v. Chr.) schuf eine leistungsstarke Verwaltung, in die die Beamten nur nach einer theoretischen Ausbildung eintreten konnten, und beschloß auch, gegen die Xiongnu militärisch und offensiv vorzugehen. Bevor er mit dem eigentlichen Feldzug gegen die Xiongnu begann, verstärkte er die Große Mauer in ihren westlichen und nordwestlichen Abschnitten und begann, nach Verbündeten Ausschau zu halten. Als ideale Bündnispartner boten sich die Yüeh-chih an, die eine Generation zuvor von den Xiongnu gedemütigt worden waren. Deshalb beauftrage Wu Di im Jahr 138 v. Chr. den Beamten Zhang Qian, die Linien der Xiongnu zu durchqueren und die Yüeh-chih zu einem militärischen Offensivbündnis gegen die Hunnen zu gewinnen.

Doch Zhang Qian wurde auf seiner Reise von den Xiongnu aufgegriffen und zehn Jahre lang gefangengehalten, bevor ihm die Flucht zu den Yüeh-chih gelang. Diese hatten sich jedoch in Baktrien niedergelassen und deshalb auch kein Interesse an einem erneuten Krieg gegen die gefürchteten Hunnen. So mußte Zhang Qian unverrichteter Dinge den Heimweg antreten. Auf seiner Rückreise wurde er abermals von den Xiongnu verhaftet. Nach einer einjährigen Haft gelang ihm erneut die Flucht, so daß er 126 v. Chr. in die Hauptstadt Chang'an zurückkehrte. Obwohl der Gesandte die Yüeh-chih nicht für eine Allianz hatte gewinnen können und so viel Zeit verloren worden war, hatte seine Reise dennoch weitreichende Konsequenzen: Er berichtete als erster von fernen Kulturen jenseits der Gebiete, wo die Barbaren lebten, wie etwa von Baktrien, Persien und vielleicht sogar von Rom. Außerdem konnte er als erster den Warenaustausch auf der zukünftigen Seidenstraße unmittelbar beobachten. Damit hatte er China mit Zentralasien vertraut gemacht und dem Reich der Mitte das Tor zum Handel mit dem Westen geöffnet. Zudem soll er die Luzerne und die Weintraube nach China gebracht haben.

Von größter militärischer Bedeutung war ferner Zhang Qians Erzählung von mächtigen, »Blut schwitzenden« Pferden, die von »Himmelsrössern« abstammten und die im heutigen Fergana-Tal nördlich von Kashgar gezüchtet wurden. Damit eröffnete sich Kaiser Wu Di die Möglichkeit, endlich eine den Hunnen ebenbürtige Reiterei aufzubauen. So betraute er 115 v. Chr seinen Gesandten erneut mit einer wichtigen Mission, denn diesmal ging es darum, die Wusun im Fergana-Tal zu Verbündeten zu gewinnen und bei ihnen Zuchthengste zu erwerben. Zwar waren auch die Wusun nicht zu einem

Den großen Turm von Loulan deutete Sven Hedin als Wachturm, von welchem aus die Garnison nachts Feuerzeichen und tagsüber Rauchzeichen schicken konnte. Loulan war bis 330 n. Chr. eine strategisch wichtige Garnisonsstadt an der Mittleren Seidenstraße, die in regelmäßigen Abständen durch Wachtürme gesichert war.

Angriff auf die verhaßten Xiongnu zu bewegen, doch gaben sie dem heimkehrenden Gesandten die gewünschten Pferde als Geschenk für den Kaiser mit.

Vermutlich entsandte Wu Di um 115 oder 105 v. Chr. eine weitere Mission zu den Parthern, die die Aufgabe hatte, direkte Kontakte mit ihnen herzustellen. Die chinesischen Gesandten wurden von König Mithridates II. empfangen, der kurze Zeit später, im Jahr 92 v. Chr., mit Rom diplomatische Beziehungen aufnahm. Diese Umstände lassen vermuten, daß die direkten chinesisch-parthischen Handelskontakte auf diese Botschafterreise zurückgehen und daß hier der Grundstein für den späteren umfangreichen Handel zwischen Ost und West gelegt wurde.

Wu Di hatte parallel zu seinen diplomatischen Bemühungen auch militärische Operationen eingeleitet. So vertrieben kaiserliche Armeen zwischen 129 und 119 v. Chr. die Xiongnu aus Gansu nach Nordwesten in die Region des Balchaschsees. Den siegreichen Armeen folgten jeweils, genau wie bei den Römern, Ackerbaukolonisatoren, die aus entlassenen Soldaten gebildet wurden. Diese Wehrkolonien sollten die Grundlagen für die späteren kaiserlichen »Protektorate« abgeben. Als nächstes erfolgten unter General Li Guangli zwei Feldzüge nach Fergana, in das Gebiet des heutigen Kokand, die 105 oder 102 v. Chr. mit der Erbeutung mehrerer tausend Hengste und Stuten erfolgreich endeten. Sie bildeten den Grundstock für die erfolgreiche Pferdezucht, die es aufzubauen galt. Damit verfügte China endlich über eine den Nomadenvölkern ebenbürtige Kavallerie und dank ihrer Stahlwaffen über eine insgesamt überlegene Kriegsmaschinerie.

Bei dem Vorstoß nach Westen erreichte der chinesische General Cao Po-Nu 108 v. Chr. Loulan und nahm dessen König gefangen. Als sich 30 Jahre später Loulan gegen China erhob und mit den Xiongnu erneut ein Bündnis einging, gelang es 77 v. Chr. dem chinesischen Heerführer, sich handstreichartig Loulans zu bemächtigen, worauf er den rebellischen König enthaupten ließ und in Loulan eine kaiserliche Garnison stationierte. Aurel Stein wies nach, daß die einzelnen chinesischen Garnisonsstädte schon damals untereinander durch ein System von Wach- und Signaltürmen verbunden waren, die nachts Feuerzeichen und tagsüber Rauchsignale aussandten. In Anlehnung an Rom nannte Stein dieses Grenzsicherungssystem »Limes«. Die nachfolgende Besetzung von Turfan, Karashahr und Yarkand verschaffte China zum erstenmal die Kontrolle über die Seidenstraße.

Doch diese erste chinesische Vorherrschaft über die zentralasiatische Seidenstraße brach bald zusammen, denn der rebellische Usurpator Wang Mang stürzte die Frühe Han-Dynastie 9 n. Chr. und herrschte selber unter chaotischen Verhältnissen bis zum Jahr 23. Die Xiongnu nutzten diese Schwäche aus und brachten Loulan, Karashahr und Turfan wieder unter ihre Herrschaft. Durch einen Hunnenangriff auf Gansu im Jahre 74 n. Chr. provoziert, schritt Kaiser Ming Ti zum Gegenangriff. Dabei gelang es General PAN CH'AO, einem der größten Feldherrn der chinesischen Geschichte, in einem 30jährigen Krieg mit zahlenmäßig weit unterlegenen Truppen das gesamte Tarimbecken wieder unter die Kontrolle der Späten Han-Dynastie zu bringen.

Pan Ch'ao eroberte innerhalb eines Jahres in einer Folge von blitzartig ausgeführten Feldzügen Turfan, Loulan, Khotan und Kashgar. Als 75 n. Chr. im ganzen Tarimbecken ein von den Xiongnu angestifteter Aufstand gegen die chinesischen Besetzer ausbrach, ignorierte Pan Ch'ao den kaiserlichen Rückzugsbefehl und eroberte in drei Jahren nicht nur Kashgar zurück, sondern auch Khotan, Aksu, Kuqa und Turfan.

Pan Ch'aos strategischer Leitspruch hieß: »Bekämpfe die Barbaren mit Barbaren.« In diesem Sinn setzte er in seinen Feldzügen Hilfstruppen aus den zurückeroberten Fürstentümern ein. Auch beließ er in den einzelnen Staaten sowohl die jeweilige Verwaltung als auch die herrschenden Fürsten in ihrem Amt, sofern diese die chinesische Oberherrschaft anerkannt hatten. Um seine militärischen Erfolge innerhalb des Tarimbeckens langfristig abzusichern, führte Pan Ch'ao die frühere Siedlungspolitik durch entlassene Soldaten in den neu unterworfenen Oasen systematisch fort. Diese Politik begründete der General wie folgt: »Das Land ist weit und fruchtbar, und die niedergelassenen Soldaten werden das Reich nichts kosten«, da diese kleinen Garnisonen nahezu selbstversorgend waren.[1]

Mit dieser Strategie begann zugleich Chinas Politik der erzwungenen Anpassung an die chinesische Lebensweise. Parallel zur erwähnten Siedlungspolitik erfolgte der Aufbau des einzigartigen chinesischen Kommunikationssystems. Es bestand aus einem weitverzweigten Netz von Poststationen, wo die staatlichen Eilboten ihre Pferde wechseln oder die Briefdokumente an den bereits wartenden Boten übergeben konnten.

Außerhalb des unmittelbaren chinesischen Einflußbereichs im Westen, d. h. jenseits des Tarimbeckens, knüpfte Pan Ch'ao ein Netz von freundschaftlichen Beziehungen mit den Wusun, den ostiranischen Sogden und den Kushan, denn oberstes strategisches Ziel blieb nach wie vor, die gefürchteten Xiongnu zu isolieren und vom Versuch einer Rückeroberung ihrer früheren Gebiete abzuhalten. Pan Ch'ao scheint, wie später Mao Zedong, ein gelehriger Schüler des berühmten vorchristlichen Militärtheoretikers Sun Tzu gewesen zu sein. Dieser behauptete: »Diejenigen, welche jede Schlacht gewinnen, sind nicht wirklich geschickt, sondern diejenigen, welche die Armeen der anderen ohne Kampf kampfunfähig machen, sind die wahren Meister.«

Die Händler an der Seidenstraße waren mehrheitlich türkisch-mongolischer oder persischer Abstammung, wie sich an diesem bärtigen Kameltreiber erkennen läßt.

Pan Ch'ao bemühte sich aber nicht nur um die Absicherung der chinesischen Oberheit innerhalb Zentralasiens, sondern wollte auch die unbekannten Länder jenseits der Westgrenze seines Einflußbereichs kennenlernen. Zu diesem Zweck beauftragte er 97 n. Chr. einen Botschafter namens Gan Yin mit einer Erkundungsreise, um bis zum mysteriösen »Da Qin«, also Rom, vorzustoßen. Den Annalen der Späten Han-Dynastie zufolge gelangte Gan Yin bis zum Persischen Golf, wo er sich nach Rom einschiffen wollte. Die Parther jedoch, die den Handel zwischen China und Rom beherrschten, betrachteten Gan Yins Erkundungsreise mit Argwohn und versuchten, einen direkten Handelsaustausch zwischen China und Rom zu verhindern. Zu diesem Zweck jagten sie dem chinesischen Abgesandten Furcht ein, indem sie die Gefahren der Seereise maßlos übertrieben. Die List der Parther zeigte den erwünschten Erfolg, denn Gan Yin verzichtete auf die Weiterreise und kehrte unverrichteter Dinge nach China zurück.

In Anerkennung seiner Leistungen verlieh der Kaiserhof dem tapferen Feldherrn Pan Ch'ao im Jahr 91 n. Chr. den Titel eines »Obersten Schutzherrn«, wodurch dieser bis 102 n. Chr. zum eigentlichen Vizekönig Zentralasiens mit Sitz in Kuqa wurde.

Nach einer kurzen Zeit der Wirren gelang es Pan Ch'aos Sohn, Pan Yung, den Einflußbereich Chinas, den sein Vater aufgebaut hatte, wieder herzustellen und die Sicherheit des Handels auf der Seidenstraße bis ungefähr 140 n. Chr. zu gewährleisten. Es war Pan Yungs Verdienst, daß er im Jahr 124 n. Chr. bei einem Besuch Loulans die außergewöhnliche strategische Bedeutung der Stadt erkannte. Sie kontrollierte nämlich die Mittlere Seidenstraße und konnte den Handel entlang dieser Route jederzeit unterbinden. Deshalb plante er, hier eine 1000 Mann starke Garnison zu errichten, deren Aufgabe es einerseits sein sollte, die Seidenstraße vor Überfällen der Xiongnu zu bewahren, anderseits die zweifelhafte Loyalität des Königs von Shan Shan zu überwachen. Es ist aber nicht überliefert, ob dieser Vorschlag je umgesetzt wurde.[2] Wahrscheinlich fehlten schon zu dieser Zeit die finanziellen Mittel, um eine ständige Garnison in Loulan zu unterhalten. Auch sind bislang keine Urkunden gefunden worden, die auf eine solche Stationierung kaiserlicher Truppen hinweisen würden.

Diese Periode unter der Verwaltung Pan Ch'aos und seines Sohnes Pan Yung stellt zweifelsohne einen ersten Höhepunkt in der Machtentfaltung Chinas in Zentralasien dar. Die historische Bedeutung ihrer Herrschaft liegt weniger in ihren militärischen Erfolgen, als vielmehr darin, daß sie die Seidenstraße als solche, nämlich den regen Austausch von Waren, Ideen und Kulturen zwischen Ost und West, überhaupt erst ermöglichten. Die Epoche der wirtschaftlichen Blüte, die bis in die zweite Hälfte des 2. Jahrhunderts n. Chr. dauerte, begünstigte auch die Verbreitung der aus dem südlichen Kushan Reich eindringenden buddhistischen Einflüsse.

Beispielhaft für die hohe Kriegskunst des **Pan Ch'ao** ist die Taktik, die er anwandte, um die abtrünnige Stadt Loulan, die die Kontrolle über die Mittlere Seidenstraße hatte, wieder unter chinesische Herrschaft zu bringen. Als er die Kapitulation Turfans entgegennahm, erhielt er die Nachricht, daß der König eine hohe Xiongnu-Delegation in Loulan empfangen habe und einen Allianzwechsel weg von China und hin zu den Hunnen plane. Statt den Verlauf der Verhandlungen Loulans mit dem Feind abzuwarten, war Pan Ch'ao der Überzeugung, daß »wer nicht in die Höhle des Löwen dringt, dessen Brut nicht fangen kann«. Deshalb eilte er mit nur wenigen Soldaten nach Loulan und überfiel nachts die Zelte der Xiongnu-Botschafter, die er enthaupten ließ. Daraufhin schickte er die abgeschlagenen Köpfe dem verräterischen König von Loulan. Dieser verstand den unmißverständlichen Hinweis und beeilte sich, seine Treue gegenüber China zu bestätigen.

Die Tang-Kaiser und Tibet

Infolge des ständig wachsenden Einflusses der Eunuchen am Kaiserhof und deren Auseinandersetzungen mit den Mandarinen der Verwaltung verlor die Han-Dynastie seit dem 2. Jahrhundert n. Chr. immer mehr an Macht und Autorität. Bauernaufstände, Aufruhre religiöser Bewegungen, wie der »Gelbturbane«, und das Ringen dreier lokaler Machthaber um die Oberherrschaft führten 220 n. Chr. zum Sturz der Han-Dynastie und zu inneren Wirren. Nach langen Kämpfen blieben drei Machtbereiche übrig, die dieser Epoche auch den Namen »Drei Reiche« gaben. Erst die Sui-Dynastie setzte 581 n. Chr. der raschen Abfolge kurzlebiger regionaler Dynastien ein Ende und einigte das chinesische Reich wieder.

Diesen Autoritätsschwund Chinas in Zentralasien während der letzten Jahrzehnte der Han-Dynastie nutzten die Xiongnu, um ihre gefürchteten Beutezüge nach Nordwest- und Nordchina wiederaufzunehmen. In dieser bewegten Zeit gelang es auch den Fürstentümern des Tarimbeckens, ihre Autonomie zurückzugewinnen, wobei sie häufig die Oberhoheit einer regionalen Macht anerkennen mußten. So etwa war der größte Teil des Tarimbeckens vom Ende des 5. bis Mitte des 6. Jahrhunderts ein Vasall der mächtigen Hephthaliten, der sogenannten »Weißen Hunnen«, die von den zwei chinesischen Pilgern Sung Yün und Hui Sheng 518 n. Chr. anläßlich ihrer diplomatischen Mission besucht wurden. Später, in der zweiten Hälfte des 6. Jahrhunderts, geriet das Tarimbecken unter die Oberherrschaft der Westtürken. Als Konsequenz dieses allgemeinen Autoritätszerfalls entlang der Seidenstraße verlagerte sich der internationale Handel verstärkt auf die Seeroute.

Wenngleich unter der kurzlebigen Sui-Dynastie (581–618 n. Chr.) die chinesische Rückeroberung Zentralasiens begonnen hatte, waren es die Tang-Kaiser, die das Tarimbecken sowie Fergana wieder unter ihre Kontolle brachten. Kaiser Tai Zong (627–649) gebührt der Ruhm, mit seiner Offensivstrategie die Grundlagen für die Erneuerung der chinesischen Herrschaft über Zentralasien gelegt zu haben. Nachdem er die Nachbarreiche der östlichen und westlichen Türken zerschlagen hatte, wandte er sich 630 nach Westen und brachte bis 635 Turfan, Kashgar und Yarkand unter chinesische Kontrolle. 648 mußten auch Khotan und Kuqa kapitulieren. Tai Zongs Sohn, Kaiser Kao Zong, gelang es, zunächst die chinesische Autorität über das Tarimbecken mit der Etablierung der sogenannten »Vier Garnisonen« zu festigen. Diese bestanden aus folgenden Militärstützpunkten: Karashahr und Kuqa an der Nördlichen Seidenstraße, Khotan an der südlichen Route und Kashgar, wo sich beide Routen wieder trafen. Dank eines Sieges über die Türken im Jahr 658 konnten die Chinesen ihren unmittelbaren Einflußbereich sogar bis nach Kabul ausdehnen. In diese Zeit fällt auch der Besuch einer Abordnung aus Byzanz in Chang'an, die nach den kaiserlichen Annalen 643 n. Chr. stattgefunden haben soll.

Doch dem Tarimbecken war kein langer Frieden beschieden, denn im Jahr 670 n. Chr. tauchte in Zentralasien plötzlich eine neue expansive Großmacht auf. Es war Tibet, das in den nächsten zwei Jahrhunderten die Geschichte Zentralasiens entscheidend mitprägte. Nachdem Tibet am Koko Nor den kaiserlichen Truppen eine vernichtende Niederlage zugefügt hatte, drang es wie ein Wirbelsturm ins Gebiet des Tarimbeckens ein. Den Annalen der Tang zufolge gingen die »Vier Garnisonen« zwischen 670 und 692 an die Tibeter verloren. General Wang Hsiao Chih gelang es 692, die Tibeter zurückzudrängen und damit die erste tibetische Besetzung der Südlichen Seidenstraße zu beenden.[3]

Auch nach diesem Sieg war den in Zentralasien stationierten kaiserlichen Heeren keine lange Schonzeit gegönnt, denn schon zu Beginn der Herrschaft von Kaiser Hsüan Zong (713–762) warf ein neuer Aggressor, der diesmal aus dem Westen kam, seinen bedrohlichen Schatten über die Seidenstraße. Es handelte sich um die Araber, die unter dem genialen Feldherrn Qutayba Ibn Muslim bis 715 Baktrien, Sogdien (im Gebiet um das heutige Samarkand gelegen) und Fergana eroberten. Der erste direkte Kontakt Chinas mit den Arabern fand 651 statt, als eine arabische Gesandtschaft Kaiser Kao Zong ihre Aufwartung machte. Weitere diplomatische Kontakte erfolgten 713 und 732. Es war aber einzig Qutaybas Ermordung, die die »Vier Garnisonen« vor einem Angriff durch die Araber bewahrte.

Obwohl die kaiserlichen Truppen den Vormarsch der nun führerlosen Araber stoppen konnten, sahen sie sich an ihrer Südflanke erneut vermehrten Angriffen durch die Tibeter ausgesetzt, die sich mit den Arabern gegen die Chinesen verbündeten. Tibetische Graffiti an den Wänden des buddhistischen Tempels in Endere zeugen von diesen Einfällen. Trotz dieser tibetischen »Nadelstichpolitik« hatte China die Lage weitgehend unter Kontrolle und leitete damit eine erneute wirtschaftliche Blüte ein.

Zu Beginn des 8. Jahrhunderts waren China und die Araber die bestimmenden Großmächte auf dem eurasischen Kontinent, und beide betrieben eine expansive Außenpolitik. Da beide Reiche in Zentralasien eine gemeinsame Grenze hatten, war eine direkte Konfrontation unausweichlich. Diese begann, als um das Jahr 741 die Araber von ihrem baktrischen Stützpunkt aus in Richtung Tibet vorrückten. Kaiser Hsüan Zong erkannte die Gefahr eines militärischen Zusammenschlusses der Araber und der Tibeter gegen China, denn schon waren einzelne tibetischen Verbände den Indus entlang

Sir Aurel Stein entdeckte 1907 im Innern der tibetischen Festung Miran in einem antiken Abfallhaufen ein Archiv mit über 200 offiziellen Schriftdokumenten, die eine Rekonstruktion der Geschichte des Ortes im 8. und 9. Jahrhundert ermöglichten.

bis nach Gilgit und Yasin, also nach Baltistan, vorgerückt. Deshalb beschloß er, dieses bedrohliche Bündnis durch einen kühnen Feldzug durch den Pamir zu vereiteln. Mit dieser schwierigen Aufgabe beauftragte er General Kao Hsien Chih.

Dieser General koreanischen Ursprungs vollbrachte 747 in seinem Feldzug gegen die arabisch-tibetische Allianz eine Leistung, die der Alpenüberquerung Hannibals in nichts nachsteht. Wie Sir Aurel Stein nachwies, überwand er in seinem Anmarsch von Kashgar nach Gilgit mit seiner 10000 Mann starken Armee den gefürchteten, knapp 5000 Meter hohen Gletscherpaß Darkot.[4] Durch diesen unerwarteten Angriff gelang es Kao Hsien Chih, die tibetischen Truppen zu überraschen und zu vernichten. Damit war die drohende Gefahr einer gegen China gerichteten arabisch-tibetischen Koalition gebannt. Als kurz danach eine Tang-Armee 748 den Türken das Ili-Gebiet am Issyk-Kul entriß, befand sich China in Zentralasien auf dem Höhepunkt seiner Macht: Nicht nur das Tarimbecken stand unter seiner Oberhoheit, sondern auch die Ili-Region bis nach Taschkent, ferner die Gebiete des Pamir, Kabul und Kaschmir.

Doch schon drei Jahre später griff eine türkisch-arabische Armee die chinesischen Besatzungstruppen im heutigen Kirgisien an und fügte 751 am Fluß Talas General Kao Hsien Chih, dem Sieger des vorangehenden »Pamirkrieges«, eine Niederlage bei, die das Ende der chinesischen Herrschaft über Zentralasien nach sich zog. Da in China damals gerade ein interner Machtkampf tobte, mußten die Tang nicht nur sämtliche Gebiete westlich von Kashgar aufgeben, sie waren nicht einmal in der Lage, eine Gegenoffensive einzuleiten. Zudem sollten schon sehr bald die Tibeter und nach ihnen die Uiguren das von den Chinesen ausgelöste Machtvakuum auffüllen.

Gewissermaßen als Nebeneffekt der Schlacht am Talas gelangte das Papier nach Europa, denn offenbar nahmen die Araber auch Papierhandwerker gefangen und verschleppten diese nach Samarkand. Jedenfalls entwickelte sich in Samarkand rasch eine Papierindustrie, die sich im ganzen islamischen Raum verbreitete und Mitte des 12. Jahrhunderts nach Spanien gelangte.

Tibeter und Uiguren an der Südlichen Seidenstraße

Die Tibeter ließen sich die Gelegenheit, die ihnen Chinas Niederlage am Talas bot, nicht entgehen und griffen ab 758 auf der gesamten Länge der tibetischen Nordfront an. Zunächst eroberten sie die Provinz Gansu, dann besetzten sie 763 sogar die chinesische Hauptstadt Chang'an und drangen danach ins Tarimbecken vor. Ab 766 waren die direkte Verbindung zwischen den chinesischen Garnisonen im Tarimbecken und Zentralchina unterbrochen, was eine erneute Verlagerung des Handels auf die Seerouten bewirkte.

Erstaunlicherweise gelang es den chinesischen Kommandanten der »Vier Garnisonen«, ihre Autorität über die Region, zwar ohne Unterstützung durch das Mutterland, aber mit Hilfe der Uiguren bis 791 n. Chr. zu halten. Der chinesisch-tibetische Friedensvertrag von 823, der auf einer Stele in Lhasa festgehalten wurde, regelte den Frieden zwischen den beiden Reichen.

Die Tibeter ihrerseits begannen nun, ihre neue Einflußzone mit einer mehr als 1000 km langen Kette von Festungen abzusichern, die alle im Bereich der Südlichen Seidenstraße lagen. Dieses Verteidigungssystem begann im Westen bei Mazar Tagh am Unterlauf des Khotan Darya, führte dann ostwärts nach Endere an der Südlichen Seidenstraße und nach Miran, wo Abzweigungen der Südlichen und Mittleren Seidenstraße zusammentrafen, und endete schließlich in Dunhuang, der strategisch äußerst wichtigen Abzweigung der Südlichen von der Nördlichen Seidenstraße. Die Kenntnis dieses Geschichtsabschnitts der Seidenstraße verdanken wir vor allem Aurel Stein, der zu Beginn unseres Jahrhunderts durch die systematische Erforschung dieser tibetischen Festungen anhand ausgegrabener Schriftdokumente die geschichtlichen Ereignisse rekonstruieren konnte.

Trotz des 823 geschlossenen chinesisch-tibetischen Friedensvertrags genoß die Nordgrenze Tibets lediglich eine 20jährige Friedenszeit, die durch zwei voneinander unabhängige Ereignisse erschüttert wurde: Erstens versank Tibet nach der Ermordung des dem Buddhismus feindlich gesinnten Königs Langdarma im Jahr 842 in einen Bürgerkrieg, der den Zusammenbruch der zentralen Autorität herbeiführte. Zweitens tauchten nach 840 die turko-mongolischen Uiguren auf, die von den Kirgisen aus ihrer Heimat am Karakorum verdrängt worden waren. Sie ließen sich im Tarimbecken in den nördlichen Oasen, mit Turfan als eigentlicher Hauptstadt, nieder. Die Herrschaft der Tibeter über das Tarimbecken wurde zwischen 860 und 873 endgültig gebrochen. Die Uiguren waren mehrheitlich Anhänger der aus dem Iran stammenden manichäischen Religion, und sie verwendeten als Schriftsprache das sogdische Alphabet, das sich seinerseits vom Syrischen bzw. Aramäischen herleitete. Dieses uigurische Alphabet wurde später von den Mongolen übernommen und konnte sich auch gegen das vom tibetischen Lama Phagpa eingeführte Alphabet, das auf der tibetischen Schrift gründete, erfolgreich behaupten.

Die Uiguren bekehrten sich nach der Eroberung Turfans allerdings rasch zum Buddhismus, blieben jedoch Manichäern und Nestorianern gegenüber tolerant. Damit schufen die Uiguren die Grundlage für eine einmalige iranisch-chinesische Synthese, die sich unter anderem in den Malereien von Dunhuang auf wunderbare Weise äußert. Obwohl sich das Uigurenreich auf die nördliche Hälfte des Tarimbeckens beschränkte, ein Umstand, den die Oasen an der Südlichen Seidenstraße zur Wiedererlangung ihrer Unabhängigkeit benutzten, stellte es während mehr als einem Jahrhundert ein Bollwerk gegen das Vordringen des Islams dar. Als nämlich das Uigurenreich zu Beginn des 12. Jahrhunderts an Bedeutung verlor, war die erste und zugleich mächtigste islamische Eroberungswelle längst verebbt.

Das unabhängige buddhistische Königreich Khotan vermochte sich seinerseits bis fast zur Jahrtausendwende gegen den immer bedrohlicheren islamischen Ansturm zu behaupten. Erst im Jahr 982 mußte es gegen die islamischen türkischen Karachaniden aus Kashgar kapitulieren. Die Wüste Takla-Makan setzte ihrerseits auf der Südseite einem weiteren Vormarsch der islamischen Angreifer nach Osten ein Ende. Da auf der Nördlichen Seidenstraße deren Expansion im 15. Jahrhundert bei Hami endgültig zum Stillstand kam, blieb Dunhuang im Schutz der Gobi-Wüste von einer Eroberung durch die bilderfeindlichen Muslime verschont.

Entlang der Südlichen Seidenstraße bestimmen auch heute noch – wie hier außerhalb von Yarkand – Pferdefuhrwerke das Straßenbild.

Bemalte Holztafel aus Dandan Oilik aus dem 6. Jahrhundert mit der Darstellung zweier Reiter. Der obere Reiter führt ein schwarzweiß geschecktes Pferd und trägt ein langes, gerades Schwert, wie es im persischen Raum weit verbreitet war. Das Gesicht des oberen Reiters weist chinesische sowie indische Züge auf. Die untere Figur reitet auf einem baktrischen Kamel und trägt auch ein gerades Schwert. Eine Aureole umgibt die Häupter beider Reiter, die in ihrer rechten Hand eine Trinkschale tragen. Ein schwarzer Vogel stützt sich auf die Schale des oberen Reiters. Sir Aurel Stein fand in Dandan Oilik eine weitere Holztafel mit diesem Reitermotiv sowie eine entsprechende Wandmalerei. Diese Szene muß somit eine in Dandan Oilik beliebte Legende darstellen, die uns leider nicht bekannt ist. Laut dem großen Katalog der Stein-Sammlung im British Museum könnten die beiden Reiter auch türkisch-uigurische Vasallen Khotans darstellen.

Ein junger Uigure betritt das Mausoleum
des Imams Jafar Sadiq in Mazar.

III. Die Südliche Seidenstraße – ein Begegnungsort der Religionen

Der einzigartige Reiz der zentralasiatischen Kultur, insbesondere entlang der Südlichen Seidenstraße, liegt nicht zuletzt in der Assimilierung und Synthese der vielfältigen kulturellen Elemente. Wie sich schon aus der geschichtlichen Entwicklung gezeigt hat, weist das Tarimbecken Kulturelemente aus Nordindien, Gandhara, Baktrien, Iran, China und dem Islam auf.

Als Mittler dienten vor allem die Händler, die durch ihre Reisen die verschiedenen Kulturen miteinander verbanden. So etwa zogen indische Händler nach Yarkand und Khotan, wo sie chinesische Kaufleute trafen, oder iranische Händler wickelten ihre Geschäfte mit hephthalitischen, also türkischen Partnern ab, die ihrerseits sowohl mit chinesischen als auch mit indischen Geschäftsleuten und deren Sitten vertraut waren.

Die zweiten Kulturträger waren die Missionare der großen Weltreligionen, die auf den Spuren der Kaufleute nach Zentralasien vordrangen. Dazu gehören der Buddhismus, der Nestorianismus und der Manichäismus, die alle mit friedlichen Mitteln ihre Anhängerschaft suchten. Nur der Islam, der eine auf dem Koran beruhende Weltordnung errichten wollte, griff auch zu militärischen Mitteln. Die Islamisierung der eroberten Gebiete wurde jedoch selten durch Zwangsbekehrungen durchgeführt, sie vollzog sich vielmehr meistens schrittweise, wobei einer der größten Anreize zum Übertritt zum Islam in der gesellschaftlichen und steuerlichen Diskriminierung der Nichtmuslime lag.

Buddhismus und Hellenismus entlang der Seidenstraße

Von den religiösen Vorstellungen der Xiongnu ist wenig bekannt, so daß wir auf die Überlieferungen der mit ihnen verwandten Turko-Mongolen zurückgreifen müssen, die nördlich der Wüste Gobi lebten. Die Mongolen verehrten den Himmel »Tengri« als obersten Gott, der das Schicksal der Mongolen bestimmt und dem Herrscher Autorität über sein Volk verleiht. Neben »Tengri« beteten die Mongolen die Erde und eine Vielzahl zweitrangiger Geister an.

Als der Buddhismus sich im Tarimbecken zu verbreiten begann, konnte er schon auf eine rund fünfhundertjährige Vergangenheit zurückblicken. Ursprünglich war der Buddhismus als eine egalitäre Reaktion gegen die starre hinduistische Vierklassengesellschaft und deren formalistische Rituale zu verstehen. Im Hinduismus war es für den Gläubigen nur durch Vermittlung der Brahmanen und der von ihnen festgelegten Rituale möglich, dem irdischen Elend zu entfliehen, bzw. mit dem Göttlichen in Kontakt zu treten. Der Buddhismus zeigte nun mit dem »Achtfachen Pfad« eine Lösung aus der irdischen Notlage auf. Die Erkenntnis dazu bildeten die »Vier edlen Wahrheiten«. Ihnen zufolge sei alles Leben leidvolle Vergänglichkeit, zweitens habe das Leiden seinen Ursprung in der Unwissenheit und im Verlangen nach Dasein, drittens könne die Erlösung aus dem ewigen Kreislauf von Leben und Tod durch die Überwindung eben dieser unwissenden Begierde gewonnen werden, was sich viertens durch die Befolgung des »Achtfachen Pfades« erreichen ließe.

Diese neue Lehre zog die breiten Bevölkerungsschichten an, weil sie sich grundsätzlich an alle Menschen, unabhängig ihrer Kastenzugehörigkeit wandte und es in ihr, jedenfalls in ihrer ursprünglichen Form, keiner vermittelnden Instanz zwischen dem Menschen und der »Höchsten Wirklichkeit« bedurfte. Damit stand die Möglichkeit der Erlösung aus dem leidbringenden Kreislauf der Wiedergeburten prinzipiell jedem Menschen offen. Allerdings blieb der Buddhist in seinem Ringen um Erlösung aus den Welten der Begierden und des Leidens grundsätzlich allein und konnte nicht auf überirdische Hilfe hoffen. Diese Anschauung, Hinayana oder »Kleines Fahrzeug« genannt, die als »Weg zur eigenen Erlösung« gekennzeichnet werden kann, blieb im vorchristlichen Zeitalter vorherrschend.

Ab der Jahrtausendwende entwickelte sich in Indien insofern eine mildere Form des Buddhismus, als die Gläubigen die Hilfe der Bodhisattva in Anspruch nehmen konnten. Danach verzichten jene, die durch die strikte Befolgung des »Achtfachen Pfades« den Austritt aus der Gesetzmäßigkeit der Wiedergeburten, dem Samsara, erreicht haben, auf die Seligkeit des Nirwanas, um als Bodhisattva den Gläubigen auf ihrem Weg zum Heil zu helfen. Diese Lehre, die mit der Figur des altruistischen Bodhisattva wieder einen Mittler zwischen der Absolutheit Buddhas und den nach Erlösung strebenden Menschen schuf, ist als Mahayana, »Großes Fahrzeug«, bekannt.

Der Mahayana-Buddhismus stellte nicht nur an die Laien weniger hohe Ansprüche und war damit zugänglicher, sondern bot auch die Möglichkeit, Gottheiten anderer Glaubensbekenntnisse, etwa aus dem hinduistischen Pantheon, als Bodhisattva oder als Beschützerfiguren zu integrieren. Unter der Tang-Dynastie entwickelte sich im 8. Jahrhundert zudem eine Strömung, die die Gestalt des Kaisers in den Kreis der buddhistischen Beschützer einbezog. Sie interpretierte das Gesetz Buddhas als die Vollendung des kaiserlichen Gesetzes, das den Frieden zwischen Himmel und Erde sichert. Diese Lehre ist eine Synthese von buddhistischem und konfuzianistischem Gedankengut und trug zur Förderung des Buddhismus durch die Tang-Kaiser bei.[1]

Daraus sollte sich später der tibetisch-lamaistische Buddhismus mit seinem überaus reichhaltigen Pantheon entwickeln, womit sich der Kreis zurück zum Hinduismus mit seinen Heerscharen von Gottheiten, Ritualen und einem vermittelnden Klerus sozusagen wieder schloß.

Im Mahayana-Buddhismus gab es auch Platz für die Vorstellung eines Paradieses, in dem fromme und tugendhafte Gläubige einen Ort der Seligkeit finden würden, auch wenn dieses Paradies lediglich ein Zwischenstadium auf dem Weg zum Nirwana bedeutete. Diese Aussicht war für die Völker an der Südlichen Seidenstraße und in China offenbar attraktiver als die strenge Hinayana-Anschauung vom Auslöschen jeder Individualität nach der erfolgreichen Überwindung des Gesetzes der Wiedergeburten. Es läßt sich auch nachvollziehen, daß der Glaube an mitleidige Bodhisattvas, die den Reisenden auf seinem gefährlichen Weg beschützen können, den harten Lebensumständen an der Südlichen Seidenstraße besonders entgegenkam.

Der Buddhismus verdankt seinen raschen Vorstoß nach China der Seidenstraße, wovon die bis heute erhaltenen Fresken und Statuen ein eindrucksvolles Zeugnis ablegen. Der Hinayana-Buddhismus setzte sich vor allem entlang der Nördlichen Seidenstraße durch und hinterließ als wichtigste Zeugnisse u. a. die Höhlentempel von Kumtura und Kizil bei Kuqa, wobei letztere einen deutlichen indischen Einfluß aufweisen. Dagegen dominierte an der Südlichen Seidenstraße sowie in der Oase von Turfan der Mahayana-Buddhismus. Von seiner Gegenwart zeugen bedeutende Funde, wie z. B. die Statuen aus Rawak sowie Malereien aus der Oase Khotan, aus Dandan Oilik, Miran und Karadong.

Der Buddhismus verbreitete sich im Tarimbecken aller Wahrscheinlichkeit nach frühestens Mitte des 1. Jahrhunderts n. Chr. durch indische Händler, die nach Khotan und Yarkand an der Südlichen Seidenstraße zogen. Vermutlich brachten diese Kaufleute nicht nur buddhistische, sondern auch hinduistische Kulturelemente mit sich, wie die Malereien der Oase Khotan belegen. Wahrscheinlich ist der Buddhismus wenige Jahrzehnte später in seiner Hinayana-Ausprägung durch den Kontakt mit den Yüeh-chih in das Gebiet von Kashgar gelangt. Diese hielten Baktrien besetzt und hatten erst kurz zuvor das Kushan-Reich gegründet. Eine chinesische Quelle aus dem 3. Jahrhundert berichtet, daß die Yüeh-chih als erste den Buddhismus am Kaiserhof im Jahr 2 v. Chr. bekannt machten, als sie einem chinesischen Botschafter buddhistische Schriften übergaben.[2] Den Annalen der Späten Han-Dynastie zufolge waren die Inder Dharmaraksa und Kasyapa Matanga die ersten buddhistischne Mönche, die sich auf Einladung des Kaisers Ming Ti 67 n. Chr. in China aufhielten.[3] Nach der Legende soll der Kaiser von einem goldenen Mann geträumt haben, der von seinen Beratern als Buddha gedeutet wurde. Daraufhin habe er eine Delegation nach Indien geschickt, die mit den beiden indischen Mönchen zurückkehrte. Wahrscheinlich existierte schon zu diesem Zeitpunkt eine kleine buddhistische Gemeinschaft in der kaiserlichen Hauptstadt Luoyang.[4]

Der nächste namentlich bekannte buddhistische Missionar war An Shi Kao, ein zum Mönchtum bekehrter ehemaliger persischer Prinz. Er reiste 148 n. Chr. von Ostiran aus über die Seidenstraße nach Luoyang, wo er sich bis zu seinem Tod im Jahr 170 der Übersetzung von Texten widmete.[5] Unter den vielen parthischen, sogdischen und indischen Mönchen aus dem Kushan-Reich verdient vor allem der berühmte Kumarajiva Erwähnung. Er entstammte einer reichen, in Kuqa ansäßigen indischen Familie, hatte in Kaschmir studiert, lehrte dann in Kashgar und Kuqa den Mahayana-Buddhismus und übersetzte Sanskrittexte ins Chinesische. Kumarajiva lebte ab 402 oder 403 n. Chr. in der Hauptstadt Chang'an, wo er 413 als hochgeachteter Lehrmeister verstarb.

Mit diesen fremdländischen buddhistischen Missionaren kamen auch nicht-chinesische Kulturelemente ins Tarimbecken, von denen die iranischen und die hellenistischen Einflüsse die bedeutendsten Spuren hinterließen. Diese Gleichzeitigkeit von religiöser und ikonographischer Verbreitung erklärt sich unter anderem dadurch, daß die Wandermönche häufig in Begleitung von Malern und wahrscheinlich auch von Handwerkern reisten, die Plastiken herstellten. In Miran ist sogar der Name eines solchen Wandermalers überliefert, denn auf den Fresken des Tempels V findet sich eine Kharoshthi-Inschrift aus dem 3. Jahrhundert n. Chr., die besagt: »Dieses Fresko ist das Werk von Tita, der dafür 3000 Bhammakas bekam.«[6] Aurel Steins Deutung des Namens »Tita« mit »Titus« ist um so einleuchtender, als die Malereien offensichtliche hellenistisch-römische Stilelemente aufweisen.

Während dieser Wandermaler Titus wahrscheinlich aus dem östlichen Mittelmeerraum stammte, lassen sich die meisten hellenistisch anmutenden Stilelemente, die im Tarimbecken auftreten, mit der Gandhara-Kunst in Verbindung bringen. Von dieser allgemeinen Feststellung sind die Direktimporte aus dem Westen, wie sie Stein in Loulan ausgrub, selbstverständlich ausgenommen.

Die Impulse zur Gandhara-Kunst gingen vom hellenistischen Königreich Baktrien aus, wo schon die Könige Demetrios I. (200–185 v. Chr.) und Menandros (165–130 v. Chr.) dem Buddhismus freundlich gesinnt gewesen sein sollen.[7] Der Einflußbereich von König Demetrios soll bis nach Khotan gereicht haben. Die eigentliche Gandhara-Kunst hatte ihre Blütezeit in den ersten zwei Jahrhunderten unserer Zeitrechnung im nördlichen Gebiet des Kushan-Reiches, also im heutigen Ostafghanistan und in Nordpakistan. Sie läßt sich am ehesten als die bildliche oder figürliche Äußerung buddhistischer Glaubensinhalte in einer hellenistisch anmutenden Form definieren. Die Begegnung des Buddhismus mit griechischen Kulturelementen veränderte die buddhistische Kunst wesentlich. Diese vermied anfänglich die bildliche Darstellung des Buddha und symbolisierte ihn lediglich durch gewisse Attribute aus seinem Leben, so zum Beispiel durch den »Bodhi-Baum« der Erleuchtung, durch seinen Fußabdruck, durch das Rad der Lehre oder durch die Stupa als Zeichen seines Einganges in das Nirwana. Erst unter den Kushan wurde der Buddha durch hellenistischen Einfluß auch körperlich dargestellt. Damit wurde auch eine Hinwendung des Buddhismus zur Welt, zum Diesseitigen, ausgedrückt. Die von Aurel Stein ausgegrabenen Statuen des Klosters von Rawak sowie die Malereien von Miran stellen wohl die schönsten Beispiele gandharischer Kunst an der Südlichen Seidenstraße dar, deren Einfluß sich bis nach Loulan erstreckte.

Nestorianische Christen im Reich der Mitte

Kaum jemandem ist heute noch bekannt, daß es einst neben der Westkirche unter der Führung des Papstes ein von Rom und auch von Konstantinopel unabhängiges Patriarchat gab, dessen Autorität sich über einen erheblich größeren Teil der damals bekannten Welt erstreckte, als die uns vertraute Westkirche für sich beanspruchte. Es handelt sich um das nestorianische Patriarchat von Seleukeia-Ktesiphon mit Sitz in Bagdad, das von der levantinischen Küste am östlichen Mittelmeer die alte Seidenstraße entlang bis nach Peking reichte.

Die nestorianische Kirche, die sich 424 mit Rom als gleichberechtigt erklärte, berief sich auf das Gedankengut des Patriarchen von Konstantinopel, Nestorius, der im Jahr 431 beim Konzil von Ephesus exkommuniziert wurde. Die nestorianische Lehre hob sich von der römischen Auslegung dadurch ab, daß sie die Menschhaftigkeit von Christus betonte und die Bezeichnung Marias als »Theotokos«, als »Mutter Gottes«, als »Gottesgebärerin«, ablehnte. Damit setzte sich die

Buddha-Bronze aus dem 7. oder 8. Jahrhundert. Die Statue mutet indisch an und wurde entweder aus Kaschmir eingeführt und in Khotan gestiftet oder von indischen Künstlern in Khotan hergestellt. Die Inschrift auf dem Sockel besagt, daß die Figur von der Gattin eines Heerführers gespendet wurde, der den iranischen Titel *spalapati* trug.

diophysitische nestorianische Kirche nicht nur in scharfen Widerspruch zu den koptischen Monophysiten, den sogenannten Jakobiten, sondern auch zur römischen Lehre. Infolge dieser Auseinandersetzung entstand die nestorianische Kirche, die sich bis ins 14. Jahrhundert sowohl in Mesopotamien als auch in China halten konnte.

Die europäische Renaissance verdankt den Zugang zum klassisch-griechischen Gedankengut der Kirche des Orients, denn sie war es, die es an die Araber weitergab. Letztere haben dann das Wissen der griechischen Philosophen und Ärzte nach Europa vermittelt.

Bemerkenswert ist, daß Marco Polo mehrmals nestorianische Gemeinschaften erwähnt, und zwar an der Südlichen Seidenstraße, in Ningxia, in der Provinz Sichuan, in der Region von Nanjing und Yünnan. Er berichtet auch, daß Prinz Nayan, einer der gefährlichsten Gegner des Kubilai Khan, Nestorianer war. Auch heute noch existieren nestorianische Gemeinden im Irak.

Wann der Nestorianismus nach Zentralasien und nach China vorstieß, läßt sich heute nicht genau feststellen. Als wahrscheinlichstes Datum gilt die Mitte des 5. Jahrhunderts, wobei sich das nestorianische Christentum vor allem entlang der Nördlichen Seidenstraße in Turfan, Cumul und Dunhuang ausbreiten konnte. Die bedeutendsten nestorianischen Funde stammen aus den großen Oasen von Turfan und Dunhuang, wo zahlreiche Handschriften entdeckt wurden, so auch zweisprachige Texte in syrischer und sogdischer Sprache. Es gab aber auch nestorianische Gemeinden an der Südlichen Seidenstraße, nämlich in Yarkand und Khotan, von denen einige noch zu Marco Polos Zeiten bestanden. Der Fund eines nestorianischen Kreuzes durch Grenard im Jahr 1891 in Khotan ist ein weiterer Hinweis für die Existenz von Nestorianern an der Südlichen Seidenstraße.

Das wohl berühmteste erhaltene Zeugnis des chinesischen nestorianischen Christentums steht heute in Xian, der ehemaligen Reichshauptstadt Chang'an. Es handelt sich um eine große Stele, die 1625 (oder 1623) gefunden wurde und in chinesischer und syrischer Sprache beschrieben ist. Die Stele aus dem Jahr 781,

Links: Vor 20 Jahren noch undenkbar: Gläubige Muslime folgen in der großen Moschee von Yarkand ungehindert den fünf täglich vorgeschriebenen Gebeten.

Rechte Seite: Nestorianische Steinstele aus Xian mit dem unverwechselbaren Siegeskreuz. Die Stele enthält 70 syrische Wörter und 1756 chinesische Schriftzeichen, die vom wohlwollenden Empfang des Priesters Alopen durch Kaiser Tai Zong im Jahr 635 berichten. Die großen Zeichen unterhalb des Kreuzes haben folgende Bedeutung: »Ein Denkmal zur Erinnerung an die Verbreitung der leuchtenden Religion in China«.

an deren oberem Ende man das nestorianische Siegeskreuz erkennt, enthält den Text eines Erlasses des Tang-Kaisers Tai Zong. Dieser hatte befohlen, »daß diese Lehre in seinem Palast übersetzt werde und da er sah, daß dieses Gesetz wahr sei, befahl er mit Macht, daß es durch sein Reich verbreitet werden sollte.«[8] Man stelle sich vor, der allmächtige Herrscher Chinas empfiehlt seinem Volk ein christliches Glaubensbekenntnis! Der Text der Stele berichtet sodann vom nestorianischen Priester Alopen, der 635, mit »Schriften und Bildern« versehen, nach Chang'an kam. Nach einem Empfang beim Kaiser soll dieser den Bau eines besonderen Klosters befohlen haben.

Diese für die damaligen europäischen Verhältnisse unvorstellbare Toleranz nahm zwischen den Jahren 843 und 845 ein jähes Ende, als Kaiser Wu Zong die Schuld an der schwindenden staatlichen Autorität in China den fremden Religionen gab und sämtliche buddhistischen, manichäischen und nestorianischen Geistlichen zur sofortigen Rückkehr in den »steuerzahlenden Laienstand« aufforderte und die Verstaatlichung sämtlicher Güter der drei nichtchinesischen Religionen anordnete.

Schutz für die Manichäer an der Seidenstraße

Die dritte der damaligen Weltreligionen, die über die Seidenstraße China erreicht hatte, war der Manichäismus. Er war zunächst von diesem fremdenfeindlichen Edikt weniger betroffen als die Nestorianer, da die manichäischen Uiguren die Tibeter um 860 als dominierende Macht des Tarimbeckens ablösten und ein eigenes Reich gründeten. Deshalb stammen die meisten manichäischen Kunstrelikte aus der Oase Turfan. Die Uiguren waren anläßlich der Plünderung der kaiserlichen Hauptstadt Luoyang im Jahr 762 mit manichäischen Mönchen in Kontakt getreten und danach zu dieser dualistischen Religion persischen Ursprungs übergetreten. Doch die Uiguren wechselten schon im 10. Jahrhundert zum Buddhismus über, so daß der Manichäismus praktisch zum Erlöschen kam. Deshalb sind die manichäischen Schriftrollen, die Aurel Stein zu Beginn unseres Jahrhunderts in Dunhuang fand, von unschätzbarem Wert für die Rekonstruktion der Geschichte des Manichäismus in China.

Die Ausdehnung des Manichäismus bis nach China war weniger das Ergebnis einer bewußten Missionierung als vielmehr das Resultat der Flucht vor den Verfolgungen in seiner persischen Heimat. Dort hatte man den Religionsgründer Mani um 274 oder 277 n. Chr. gefoltert und gekreuzigt und Zehntausende seiner Anhänger hingerichtet. Während eine Minderheit in den Westen floh und dort ebenfalls als Häretiker verfolgt wurde, unter anderem von Augustinus, der selbst neun Jahre lang (373–382) manichäisches Gedankengut verbreitet hatte, wandte sich die große Mehrheit der Anhänger nach Osten.

Daß sich der Manichäismus mit seiner merkwürdigen Vermischung von zoroastrischen und christlichen Elementen, abgesehen von der kurzlebigen Bekehrung der Uiguren, nie zu einer breit verankerten Religion entwickeln konnte, erstaunt nicht in Anbetracht seines unüberwindlichen Dualismus von Licht und Dunkelheit, zwischen »Auserwählten« und »Zuhörern« und seiner letztlich grundsätzlichen Lebensverneinung. Die manichäische Askese war praktisch un-

durchführbar, und der unversöhnliche Gegensatz zwischen Geist und Materie widersprach sowohl der christlichen Lehre als auch dem chinesischen Yin-Yang-Prinzip, demzufolge das Ziel im Ausgleich und nicht in der Zerstörung des einen Prinzips durch das andere besteht.

Der Islam im Gefolge der arabischen Eroberer

Die erste Welle des arabischen Vorstoßes nach Osten hatte schon zu Beginn des 8. Jahrhunderts das Gebiet Samarkands erreicht und gipfelte 751 mit dem arabischen Sieg bei Talas, im heutigen Kirgisien gelegen, als das kaiserliche Heer Chinas vernichtend geschlagen wurde. Die einzige direkte militärische Konfrontation zwischen den zwei expandierenden östlichen Großmächten brachte nicht nur den chinesischen Vormarsch nach Westen zum Stillstand, sondern bildete auch den Auftakt zur allmählichen Islamisierung des Tarimbeckens.

Während der nächsten Jahrhunderte drang der Islam ins Tarimbecken vor und erreichte, nach der Verdrängung der toleranten manichäischen Uiguren Turfans, in der ersten Hälfte des 15. Jahrhunderts Cumul, das heutige Hami. Hier versandete der islamische Vormarsch buchstäblich in der Wüste Gobi, so daß die buddhistischen Kunstwerke Dunhuangs von den bilderfeindlichen Muslimen verschont blieben.

Während sich der Islam an der Nördlichen Seidenstraße nur langsam ausbreiten konnte, drang er auf der südlichen Route trotz des starken Widerstands des buddhistischen Königreichs von Khotan rascher vor. So gelang es der Karachaniden-Dynastie Kashgars, Khotan zwischen 982 und 1000 zu erobern, wodurch die buddhistischen Klöster die herrschaftliche Unterstützung der Fürsten von Khotan verloren.

Der Islam setzte sich im Tarimbecken nicht nur mit dem Schwert durch, sondern zeichnete sich auch durch ungewöhnliche Flexibilität aus, indem nichtmuslimische Bräuche und Heiligtümer integriert bzw. übernommen wurden. Dazu seien zwei Beispiele genannt.

In einem Vorort Kashgars steht das Abbakh Hodscha-Mausoleum, die letzte Ruhestätte für einen als Heiligen verehrten Herrscher Kashgars aus der zweiten Hälfte des 17. Jahrhunderts. In dieser Anlage ist der dem Mausoleum benachbarte Gebetsraum insofern bemerkenswert, als auf den Holzsäulen das hinduistische Swastika-Symbol mehrfach eingeritzt ist.

Rund 60 km südlich der antiken Oase Niya befindet sich der Wallfahrtsort Imam Jafar Sadik, auch »Mekka Turkestans« genannt. In diesem Grab werden die sterblichen Überreste des Imam Jafar verehrt, der angeblich ein Nachfahre in der fünften Generation des Propheten Mohammed war. Bei dieser Grabanlage fallen besonders die an den Eingangstoren aufgehängten Tierfelle und Pferdeschwänze auf. Diese sind abgewandelte Formen der früheren Tieropferrituale. Dazu flattern im Wind unzählige, mit heiligen Sprüchen bedruckte Stoffe und Fähnchen am Eingang des Mausoleums, was stark an die tibetischen Gebetsfahnen erinnert.

Der Islam konnte sich im Gebiet des Tarimbeckens bis heute behaupten, und zwar trotz der Herrschaft der islamfeindlichen Kara-Khitai-Dynastie aus dem 12. Jahrhundert und trotz der Rückeroberung des östlichen Turkestans durch Kaiser Qienlong in den Jahren 1756 bis 1759 und der chinesischen Kulturrevolution der 60er Jahre. Seine ungebrochene Anziehungskraft als Brennpunkt nationalistischer Sehnsüchte zeigte sich beispielsweise in den Dunganen-Aufständen unter Yakub Beg (1863–1877) und Ma-Chun-Yin (1931–1935).

Die Überlieferung vom letzten Sieg des buddhistischen Königreichs Khotan über die islamischen Invasoren gegen Ende des ersten Jahrtausends n. Chr. ähnelt auffallend einer alten lokalen Legende, die von Aurel Stein festgehalten wird.[9] Danach sollen sich nachts Soldaten des belagerten Khotans in Hunde verwandelt und die Harnische der belagernden muslimischen Reitertruppen zerbissen haben, so daß es den khotanesischen Verteidigern am nächsten Tag gelang, den feindlichen Belagerungsring zu sprengen.
Aurel Stein wies nach, daß diese Geschichte auf eine antike Legende zurückgeht, die von Xuang Zang erzählt wurde. Letzerer berichtet, daß Khotan einst von den Xiongnu belagert wurde und kurz vor der Kapitulation stand. Da erschien dem Herrscher Khotans der König der Ratten im Traum und versprach ihm Hilfe. Diese bestand darin, daß die Rattenarmee das Lager der Hunnen überfiel und die Sehnen ihrer Pfeilbogen und die Harnasse wegfraß, worauf die khotanesischen Truppen die wehrlosen Hunnen niedermetzeln konnten.

Tongefäß aus Yotkan, dem antiken Khotan
Dieses Trinkgefäß aus der Zeit der Tang-Dynastie besteht aus dem Kopf eines Mannes und ähnelt einem griechischen Rhython.

IV. Die Suche nach den versunkenen Städten

••• AUS DEM REISETAGEBUCH •••

Eine erste Überraschung erlebte ich auf dem Flugplatz der Provinzhauptstadt Ürümqi. Wie vor 10 Jahren war ich von Beijing hierher geflogen, um dann mit einer anderen Maschine nach Kashgar, dem Ausgangsort der Expedition, zu gelangen. Auf dem inzwischen ausgebauten Flughafen steht nicht mehr eine alte Propellermaschine bereit, sondern ein moderner Jet – allerdings mit dem sowjetischen AEROFLOT-Hoheitszeichen beschriftet.

Bin ich etwa daran, ein falsches Flugzeug in Richtung ehemalige Sowjetunion zu besteigen? Keineswegs, die Provinz Xinjiang hat kurzfristig diese Maschine samt Besatzung von der Kasachischen Republik gemietet! Ein leitender Angestellter von der jungen »Xinjiang Airways« erklärt diese Ungereimtheit wie folgt: »Kasachstan ist zu arm, um den Treibstoff für die Flugzeuge ihrer Luftfahrtgesellschaft zu bezahlen, und wir in Xinjiang sind vorläufig zu arm, um neue Flugzeuge zu kaufen; deshalb mieten wir die Maschinen von Kasachstan.« In dieser Aussage klingt nicht nur Stolz über den eigenen wirtschaftlichen Aufschwung, sondern auch Verachtung für den ehemaligen sowjetischen »großen Bruder«, der noch vor 30 Jahren beim Machtkampf zwischen Mao und Chruschtschow versucht hatte, China wirtschaftlich unter Druck zu setzen.

Die zweite Überraschung erlebe ich in Kashgar, als wir zum Hotel fahren. Bei meiner ersten Reise 1985 hatte ich in der ehemaligen russischen Botschaft übernachtet, wo um die Jahrhundertwende der allmächtige Botschafter Nikolai Petrowskij residierte. Heute ging es zum Chini-Bagh Hotel, das sich auf dem Gelände der ehemaligen britischen Botschaft befindet – ein Wechsel von historischer Reminiszenz. Denn hier wohnte 28 Jahre lang Petrowskijs Gegenspieler, der britische Botschafter Sir George Macartney, dessen Gastfreundschaft Reisende wie Forscher gleichermaßen schätzten. Dazu zählen so berühmte Namen wie Sven Hedin, Sir Aurel Stein, Albert von Le Coq und Emil Trinkler sowie Walter Bosshard. Beide Botschafter waren während des damaligen kalten Krieges zwischen dem russischen Zarenreich und der britischen Krone, in dem »die Sonne nie unterging«, wichtige Figuren auf dem weltpolitischen Schachbrett. Bei diesem sogenannten »Great Game« ging es nicht nur um politischen Einfluß, sondern ebenso sehr um den Zugang zum zentralasiatischen und damit zum chinesischen Markt für russische bzw. britisch-indische Billigwaren. Während der russische Vertreter bis zu Beginn des 20. Jahrhunderts die Oberhand behielt und als ungekrönter Herrscher Ostturkestans galt, änderte sich die Lage schlagartig, als die europäische Großmacht Rußland 1905 von der aufstrebenden Macht Japan ebenso überraschend wie vernichtend geschlagen wurde. Von da an sollte der britische Einfluß bis zu Beginn der 30er Jahre unangefochten bleiben.

Eine bedeutsame Entwicklung zeigt sich heute am selbstbewußteren Auftreten des Islams. Erstens werden die Gebete in der Id Khan-Moschee aus dem 15. Jahrhundert wieder bedeutend besser besucht, und zweitens ist der erhöhte Anteil verschleierter Frauen auf den Straßen Kashgars besonders auffällig.

Doch während ich die Erlebnisse der früheren Forscher Revue passieren lasse, gilt es, wichtige Einkäufe für die Expedition zu tätigen. Dazu gehören nicht nur 20 kg Kohl, 25 kg Nudeln, zwei Fässer voller Äpfel, 150 Bierdosen sowie 200 Mineralwasserflaschen, sondern auch 1000 l Dieselkraftstoff. Später werden in Khotan zusätzlich 500 l Wasser sowie zwei Hühner und zwei fette Schafe als frischer Fleischvorrat dazukommen.

Nach einem hektischen Einkaufstag verlassen wir das Chini-Bagh Hotel und nehmen die 500 km lange Fahrt nach Khotan in Angriff •••

Kashgar – Drehscheibe des Handels an der Seidenstraße

Kashgar, das ehemalige Shule, war aufgrund seiner geographischen Lage von jeher ein bedeutender Verkehrsknotenpunkt. Einerseits lag es am westlichen Ende der Wüste Takla-Makan, anderseits gehörte es zur Region, wo der Pamir, der Hindukusch und das Kunlun-Gebirge zusammenstoßen. Hier trafen nicht nur die verschiedenen Seidenrouten zusammen, welche durch Ostturkestan führten, vielmehr beherrschte Kashgar die Fortsetzung der Seidenstraße nach Persien und Indien. Wegen seiner bedeutenden strategischen Lage galt Kashgar noch während des britisch-russischen kalten Krieges um die letzte Jahrhundertwende als eigentliches »Nachrichten-Ohr«, wo die Meldungen und Gerüchte aus China »abgehört« werden konnten.

Die Stadt kam während der frühen Han-Dynastie (202 v. Chr.–9 n. Chr) unter die Oberhoheit Chinas, gewann dann nach den Wirren, die der Usurpator Wang auslöste, erneut ihre Unabhängigkeit und wurde um 75 n. Chr. durch den Feldherrn Pan Ch'ao wieder dem Kaiserreich angegliedert. Nach einer wechselvollen Geschichte, die zwischen einer lokalen Unabhängigkeit und der Anerkennung fremder Mächte wechselte, fügte sich Kashgar zu Beginn des 7. Jahrhunderts der Autorität der Tang, geriet jedoch von 670 bis 692 oder 694 unter tibetische Herrschaft. Die nachfolgende chinesische Rückeroberung Kashgars blieb nur von kurzer Dauer, da die kaiserlichen Truppen 751 n. Chr. beim nördlich von Kashgar gelegenen Fluß Talas durch die Araber eine schwere Niederlage hinnehmen mußten. Auch wenn die »Vier kaiserlichen Garnisonen« ihren Einfluß noch einige Jahrzehnte lang aufrechterhalten konnten, fiel Kashgar zu Beginn des 10. Jahrhunderts an die türkische islamische Karachaniden-Dynastie, die nicht nur westwärts bis nach Buchara expandierte, sondern um die Jahrtausendwende auch das buddhistische Königreich Khotan eroberte. Diese Kriege entlang der Südlichen Seidenstraße beschleunigten die Verlagerung des Handels auf den Seeweg.

Kashgar geriet später, beginnend mit dem 16. Jahrhundert, unter die Herrschaft religiöser Führer, Hodscha genannt. Im Jahr 1759 entschied sich das Schicksal der Stadt, als der große Mandschu-Kaiser Chienglong dieses Gebiet 1000 Jahre nach der chinesischen Niederlage bei Talas wieder dem chinesischen Reich einverleibte. Abgesehen von der kurzlebigen Unabhängigkeit unter dem Abenteurer Jakub Beg, der Kashgar von 1865 bis 1877 zur Hauptstadt seines Reiches von Ostturkestan machte, und den politischen Wirren in den 30er Jahren des 20. Jahrhunderts, blieb Kashgar bis heute ein Teil Chinas.

Das älteste islamische Bauwerk Kashgars, dessen Bevölkerung heute zu rund 80 Prozent aus Uiguren besteht, ist die 1442 erbaute Id Khan-Moschee, die als die größte Moschee Chinas gilt. Hier füllen die Gläubigen beim Freitagsgebet neuerdings wieder den weiten Innenhof und zeugen damit vom Wiedererstarken des Islams in Xinjiang. Vor dem Iwan, dem aus gelben Ziegelsteinen erbauten Hauptportal, herrscht seit Jahrhunderten ein emsiges Treiben: Händler bieten ihre verschiedenen Waren an, verschleierte Frauen tätigen ihre Einkäufe, Männer sitzen herum und erzählen sich unendliche Geschichten. Unmittelbar neben der Moschee erfüllen Wohlgerüche und Düfte die Luft, denn an der Nordseite des großen Platzes reihen sich unzählige kleine Restaurants oder Imbißbuden aneinander.

Das berühmteste islamische Heiligtum Kashgars, das Abbakh Hodscha-Mausoleum, liegt in einem östlichen Vorort. Es wurde von Abbakh Hodscha, dem 1693 verstorbenen Herrscher Kashgars, erbaut, dessen Einfluß sich auch über Aksu, Korla und Khotan ausdehnte. Das Mausoleum erlangte besondere Bekanntheit durch das Grab der Enkelin Abbakh Hodschas, die unter dem Namen »Duftende Konkubine« bekannt ist. Diese Prinzessin wurde im 18. Jahrhundert als Kriegsgefangene an den Hof des Mandschu-Kaisers Chienglong als kaiserliche Konkubine gebracht, nachdem die siegreichen chinesischen Truppen ihren Ehemann umgebracht hatten. Deshalb hegte sie für den Kaiser nur Haßgefühle und versuchte ihn mehrmals zu ermorden, bis die Kaiserinmutter sie erdrosseln ließ. Ihre Leiche wurde später nach Kashgar überführt und im Mausoleum ihres Großvaters beigesetzt.

Noch heute glänzen die blauen und grünen Ziegel der Hauptfassade und der großen Kuppel im Sonnenschein, während die benachbarte Gebetshalle mit ihrem Vorbau aus Holz auf den ersten Blick vergleichsweise karg wirkt. Doch beim Nähertreten entdeckt man rasch die schönen Malereien auf den Pfeilern und an der Holzdecke. Neben Blumenmotiven und Landschaftsbildern findet der Betrachter überraschenderweise auch ein antikes buddhistisches bzw. hinduistisches Symbol, nämlich das Swastika-Zeichen, das das Sonnenrad und die Unendlichkeit verkörpert.

Kasghar war nicht nur Treffpunkt für die Handelskarawanen, von hier aus drangen auch westliche Reisende und Forscher nach Osten vor, um die Seidenstraße zu erforschen.

Der erste und wohl berühmteste westliche Reisende war Marco Polo, der sich 1273 in Kashgar aufhielt und dessen Reisebericht uns erhalten ist. Dem Venezianer fielen nicht nur die »wunderbaren Gärten und Rebberge sowie die große Menge an Baumwolle« auf, sondern auch die zahlreichen nestorianischen Christen, welche »ihre eigenen Kirchen haben«.[1] Als nächster besuchte wahrscheinlich der auf den Azoren geborene Bento de Goes

Den Lebensweg des 1865 in Stockholm geborenen **Sven Hedin** prägten zwei Eigenschaften: erstens seine unbändige Neugier für das Unbekannte sowie eine entsprechende Abenteuerlust und zweitens seine Bewunderung für außergewöhnliche Persönlichkeiten. Schon als Zwölfjähriger interessierte sich Hedin vor allem für die Reiseberichte von Livingstone und Stanley und die utopischen Abenteuerromane von Jules Verne. Das Schlüsselerlebnis, das jedoch Hedins weiteres Leben bestimmte, ereignete sich 1880. Dem berühmten schwedischen Polarforscher Nordenskiöld wurde in Stockholm ein triumphaler Empfang bereitet, nachdem er die Nordost-Durchfahrt von Spitzbergen zur Mündung des Jenissei und weiter bis nach Japan geschafft hatte. Der damals 15jährige Hedin beschreibt seine Gefühle wie folgt: »Am 24. April 1880 lief die ›Vega‹ [Nordenskiölds Schiff] in Stockholm ein. Die ganze Stadt war illuminiert ... Mitten in diesem Lichtmeer glitt das berühmte Schiff in den Hafen. Mit meinen Eltern und Geschwistern stand ich auf den Bergen von Södermalm, von wo wir eine beherrschende Aussicht hatten. Mein ganzes Leben werde ich an diesen Tag zurückdenken; er wurde entscheidend für meinen künftigen Weg. Von Kais, Straßen, Fenstern und Dächern dröhnte donnernder Jubel. ›So will ich auch heimkommen‹, dachte ich.«[2]

Schon als Gymnasiast zeichnete Hedin mit Begeisterung Landkarten, und nach bestandenem Abitur stellte das Schicksal im Jahr 1885 sozusagen die Weichen seiner künftigen Laufbahn, indem er eine Einladung nach Baku ans Kaspische Meer erhielt. Hier suchte nämlich ein schwedischer Ingenieur, der auf den Erdölfeldern Alfred Nobels arbeitete, für ein halbes Jahr einen Hauslehrer für seinen Sohn. Hedin benutzte diese Gelegenheit und lernte nicht nur Russisch und Persisch, sondern ritt auch von Baku über Teheran nach Südpersien und Bagdad.

Schon wenige Jahre später lenkte das Geschick Hedins Lebensweg endgültig nach Zentralasien: König Oskar II. von Schweden hatte 1890 beschlossen, dem Schah von Persien den Seraphim-Orden zu verleihen. Die schwedischen Gesandten benötigten aber einen Dolmetscher für Persisch. Aufgrund des positiven Echos, das Hedins erstes Buch über seine Persienreise ausgelöst hatte, wurde er mit dieser Aufgabe betraut und zum Vizekonsul befördert. Im Anschluß an die offiziellen Zeremonien in Teheran unternahm Hedin seine erste Reise nach Zentralasien, die ihn nach Buchara, Samarkand und Kashgar führte. Damit wurde Hedin nicht zum Polarfahrer, sondern zum »Wüstenfahrer«.

Kashgar, als er sich 1603–04 fast ein Jahr in Yarkand, der damaligen Hauptstadt des Königsreichs Kashgar, aufhielt. De Goes hatte sich bei der herrschenden königlichen Familie bestens eingeführt, denn er hatte in Kabul der Fürstin Aga Hanem, der Schwester des Königs von Kashgar und zugleich Mutter des Königs von Khotan, aus einer finanziellen Notlage geholfen, als sie sich auf der Rückreise ihrer Pilgerfahrt nach Mekka befand.[3]

Fast unbekannt blieb der Bericht des russischen Soldaten Efremov, der 1781 auf seiner Flucht aus einer siebenjährigen Gefangenschaft in Buchara nach Kashgar und später bis Delhi gelangte.

Der Deutsche Adolf Schlaginweit war mehr als 70 Jahre später weniger glücklich als der russische Flüchtling, denn er wurde 1857 vom Hodscha-Rebellen Wali Khan kurzerhand enthauptet, als er verächtlich bemerkte, daß die drei Monate dauernde Belagerung Kashgars bei Einsatz deutscher Truppen auf 3 Tage verkürzt worden wäre.

Der erste Brite, der bis nach Yarkand und Kashgar vorstieß, war Robert Shaw. Er wurde 1869 fast drei Monate lang vom Tyrannen Yakub Beg in Kashgar festgehalten, der die Unterstützung des Osmanischen Reiches genoß. Dieser lange Hausarrest hielt Shaw jedoch nicht ab, sich schon im folgenden Jahr der offiziellen Forsyth-Mission nach Kashgar anzuschließen.

Buchstäblich auf Shaws Fersen folgte der Abenteurer Hayward, der wenige Tage nach Shaw in Yarkand bzw. Kashgar eintraf. Da Hayward allein reiste, erregte er besonders großen Argwohn und wurde in beiden Städten unter strengen Hausarrest gestellt. Obwohl sich Shaw und Hayward gleichzeitig in diesen zwei Städten aufhielten, war es ihnen nicht erlaubt, miteinander Kontakt aufzunehmen.

Kashgar muß eine unerklärliche Anziehungskraft ausgeübt haben, denn auch in den folgenden Jahren lockte es manch kühne Forscher und Abenteurer zu einem Besuch. Die berühmtesten »Kashgar-Pilger« waren wohl die Briten Ney Elias (1880), Francis Younghusband (1887) und Sir Aurel Stein, der zwischen 1900 und 1931 Kashgar jeweils auf seinen vier Expeditionen besuchte.

Erwähnenswert sind auch der Russe Kuropatkin, der Kashgar auf einer offiziellen Mission schon 1876 besuchte, ferner der spätere Feldmarschall und Präsident Finnlands, Mannerheim (1906), sowie die beiden deutschen Erforscher der nördlichen Seidenstraße, Grünwedel und von Le Coq. Als bekanntester neuzeitlicher Forscher gilt aber der Schwede Sven Hedin, der als Student Kashgar 1890 zum erstenmal erreichte.

Die Straße von Kashgar nach Khotan wird über weite Strecken zu beiden Seiten von einer dichten Reihe hoher Pappeln gesäumt, die den Eindruck einer unendlichen Allee vermitteln. Diese Bäume entziehen nicht nur die weiten Baumwollfelder dem Blick der Reisenden, sondern sie schützen vor allem vor mitunter stürmischem Wind. Die Straße wird fast ausnahmslos von Pferdefuhrwerken, Fußgängern und spielenden Kindern beherrscht, die nur sehr spät und unwillig den seltenen Motorfahrzeugen ausweichen.

Rund 200 km südlich von Kashgar bietet sich Yarkand als kurzer Rastort an. Der Reichtum der Stadt, auch Shache genannt, beruhte auf dem regen Handel mit Indien. Die wichtigsten Importgüter aus Indien waren Tee und Opium, während aus China Edelsteine, Seide und Pelze ausgeführt wurden. Heute wirkt Yarkand wie eine kleine, verschlafene Provinzstadt, in der Pferdekarren das Straßenbild dominieren.

Die nach Khotan führende Straße streift weiter östlich die Pialma-Oase, wo Trinkler und Bosshard den heute praktisch verschwundenen Stupa von Kara-Kir-Tim besuchten, und erreicht nach rund 300 km ab Yarkand die bedeutende Stadt Khotan.

Schwer schleppt dieser alte Uigure an seiner Last auf der Straße zwischen Kashgar und Yarkand.

Diese Seite und folgende Doppelseite: Im äußersten Westen der Provinz Xinjiang liegt die über 2000 Jahre alte Stadt Kashgar. Sie gehörte einst zu den frühesten buddhistischen Fürstentümern des Tarimbeckens. Später blühte in Kashgar eine kleine christlich-nestorianische Gemeinde, von der Marco Polo noch Ende des 13. Jahrhunderts berichtete. Seit dem 10. Jahrhundert dominiert in Kashgar der Islam sunnitischer Prägung. Davon zeugt die 1442 erbaute Id Khan-Moschee, die größte ihrer Art in China.

In Kashgar befinden sich die Han-Chinesen in deutlicher Minderheit, denn rund 80 Prozent der Bevölkerung sind Uiguren türkisch-mongolischer Abstammung.

Der Innenhof der Id Khan-Moschee in Kashgar soll 10000 Gläubigen Platz zum Gebet bieten.

Abbakh Hodscha, der Herrscher Kashgars, erbaute gegen Ende des 17. Jahrhunderts das nach ihm benannte Mausoleum. Hier wurden seine Nachkommen beigesetzt,

darunter seine berühmte Enkelin, die »Duftende Konkubine« des Mandschu-Kaisers Chienglong. Das Mausoleum gilt als bedeutender Pilgerort und wird vor allem von Frauen besucht, die sich eine glückliche Geburt wünschen. In der angrenzenden Gebetshalle fallen die bunt bemalten Holzpfeiler auf, insbesondere die Integrierung des antiken hinduistischen bzw. buddhistischen Swastika-Zeichens in ein islamisches Gotteshaus.

Auf dem großen Marktplatz von Kashgar herrscht lebhaftes Treiben: verschleierte Frauen sind zu einem Einkaufsbummel unterwegs, Händler bieten billigen Schmuck an, und für nur wenige Pfennige bekommt man beim Straßenfrisör den gewünschten Haarschnitt. Der russische Einfluß vom Beginn unseres Jahrhunderts ist heute noch an der Architektur der älteren Häuser zu erkennen (oben links). Rechts: Das Gebirge Kunlun schirmt im Süden das Tarimbecken vom feuchten Monsun ab und trägt auf diese Weise entscheidend zum extrem trockenen Klima in der Provinz Xinjiang bei.

Oben und rechts: Dank des Handels mit Indien übertraf Yarkand noch zu Beginn unseres Jahrhunderts die Stadt Kashgar an Bedeutung. Selbst heute beherrschen Pferdefuhrwerke das Straßenbild.
Links: Wie in Kashgar ist auch in Yarkand das Wiedererwachen des Islam unübersehbar.

V. Das Königreich Khotan und der Stupa von Rawak

••• AUS DEM REISETAGEBUCH •••

Der Tagesausflug zum Stupa von Rawak 40 km nordöstlich von Khotan gibt uns Gelegenheit, unsere Wüstentauglichkeit zu testen, bevor wir zu den Exkursionen nach Niya und Loulan aufbrechen. Wir kommen nach einer kurzen Fahrt an den Rand der Wüste Takla-Makan, deren Sanddünen in der warmen Herbstsonne goldfarben schimmern und die Horizontlinie wellenförmig erscheinen lassen.

Während unsere chinesischen Kollegen eine Mahlzeit für die Mittagsrast zubereiten, nehmen Jean-Daniel und ich unsere zwei wichtigsten Orientierungshilfen hervor. Dies sind mehrere Fotokopien der alten Karten von Aurel Stein und ein GPS-Gerät. Dieses Gerät, kaum größer als ein Zigarettenpäckchen, empfängt die Positionierungssignale der Satelliten – daher der Name Global Positioning System –, die in regelmäßigen Abständen im Weltall »stationiert« sind, und vermag dadurch den Breiten- und Längengrad des jeweiligen Standpunktes exakt anzugeben. Wir halten unseren Ausgangspunkt mit dem GPS fest, vergleichen diesen mit unserem Ziel Rawak auf der Karte und bestimmen mit dem Kompaß die Marschrichtung. Obwohl der Direktor des Museums von Khotan den Weg zum Stupa kennt, bitten wir ihn, hinter uns zu bleiben, damit wir unsere Navigationskenntnisse ausprobieren können. Damit setzen wir uns selbst unter Druck, denn wir wollen vor der uns noch wenig vertrauten chinesischen Mannschaft »das Gesicht nicht verlieren«. Doch es klappt.

Nach einem gut zweistündigen Marsch zeichnet sich am Horizont die Silhouette des Stupas ab. Jean-Daniel und ich atmen jetzt erleichtert auf, denn wir haben nicht nur die selbstauferlegte Prüfung bestanden, sondern auch das Vertrauen des chinesischen Teams im Hinblick auf die kommenden schwierigen Orientierungsaufgaben in Niya und Loulan gewonnen •••

Das antike Khotan, damals Yotkan genannt, liegt 10 km westlich von der heutigen Stadt Khotan entfernt. Die Ehre, als erster von Yotkan berichtet zu haben, gebührt dem indischen Spion Mohamed-i-Hamid, der als »Pundit«, also als Gelehrter verkleidet, 1863 von Ladakh aus nach Khotan aufgebrochen war, um im geheimen das Land zu vermessen und zu kartographieren. Anläßlich dieser einjährigen Erkundungsreise berichtete er von antiken Städten, welche in der Nähe Khotans »von der Wüste verschluckt worden seien«, und er erwähnte, daß Einheimische aus diesen verborgenen Städten häufig alte Gegenstände ausgruben.

Das Tagebuch des auf der Rückreise verstorbenen Pundits inspirierte 1865 den Landvermesser William Johnson, eine Einladung des Khans von Khotan anzunehmen. Seine Erzählungen von »vier Pfund schweren Goldmünzen« und von »im Sand begrabenen Städten« klangen zu phantastisch, als daß sie die damaligen Archäologen zu weiterer Erforschung hätten anspornen können, obwohl auch Hayward in seinem 1870 erschienenen Reisebericht über vom Sand zugedeckte Städte berichtete.

Außerdem galt zu dieser Zeit das Augenmerk der Fachwelt den reichen Funden in Griechenland, Ägypten und Mesopotamien, Gebiete, die weniger gefährlich waren als das unberechenbare Turkestan. Schließlich gingen die damaligen Fachleute von der Annahme aus, daß sich im Tarimbecken »lediglich« islamische Ruinen finden ließen. Als erster identifizierte der Franzose Grenard im Jahr 1891 Yotkan als das antike Khotan.

Die ersten Funde: die Bower-Manuskripte

Den spektakulären Wandel der Ansichten in der Fachwelt löste das Auffinden der sogenannten »Bower-Manuskripte« aus.

Diese Entdeckung geht auf den britischen Leutnant Hamilton Bower zurück. Dieser jagte 1890 den Mörder des britischen Forschers Andrew Dalgleish, der 1885 zusammen mit A. D. Carey die Wüste Takla-Makan von Khotan bis zum Tarim durchquert, danach den Tarim erforscht hatte und 1888 von einem Afghanen aus Yarkand ermordet worden war. Während Bowers Agenten den Mörder in Samarkand stellten, erwarb Bower in Kuqa ein antikes Buch aus Birkenrindenblättern, das er nach Indien schickte.

Der berühmte britische Philologe Rudolf Hoernle entzifferte den Text als in der Brahmi-Schrift geschriebenes Sanskrit und datierte ihn auf das 5. Jahrhundert n. Chr. Dieser Fund schlug in der damaligen Fachwelt wie eine Bombe ein, denn damit war zum erstenmal der Einfluß Indiens im vorislamischen Tarimbecken bewiesen.

Bald darauf wurden dem russischen Konsul in Kashgar ähnliche Manuskripte, die wahrscheinlich ebenfalls aus Kuqa stammten, zum Kauf angeboten, worauf Hoernle die indische Regierung überzeugte, ihren Vertreter in Kashgar, George Macartney, ebenfalls mit dem Kauf solcher mysteriösen Dokumente zu beauftragen. Als in Ostturkestan bekannt wurde, daß Macartney alte Manuskripte zu guten Preisen aufkaufen würde, sah sich der britische Konsul bald mit einer Flut von Angeboten konfrontiert.

Während Hoernle mit der Entzifferung der immer schwerer lesbaren Manuskripte rang, tauchte im Nachlaß des 1894 in Tibet ermordeten französischen Forschers Jules Dutreuil de Rhins ein auf Birkenrinde beschriebenes Manuskript auf, das wahrscheinlich aus Khotan stammte, da es hier 1892 erworben worden war. Bemerkenswert an diesem Text war die Tatsache, daß er in der nordindischen Prakrit-Sprache verfaßt war, dabei jedoch die Schriftzeichen der Kharoshthi-Schrift verwendet wurden. Damit wurde ein zweiter, unabhängiger Beweis für den buddhistischen Einfluß an der antiken Seidenstraße erbracht. Spätere Forschungen ergaben, daß für religiöse Texte mehrheitlich Sanskrit, für administrative Dokumente Kharoshthi verwendet wurde. Doch bevor es 1900 Aurel Stein gelang, den Knäuel wilder Spekulationen zu entwirren, welchen die Flut der von Macartney erworbenen Manuskripte bewirkt hatte, war Sven Hedin in Khotan aufgetaucht und hatte dabei Yotkan, das er Borasan nannte, im Januar 1896 flüchtig erkundet.

Erste Ausgrabungen in Yotkan

Zur Zeit von Hedins Besuch war Yotkan seit Jahrhunderten dem Erdboden gleichgemacht worden. Heute zeugen einzig dürftige Tonscherben im nahe gelegenen Bach von der Existenz Yotkans. Jedenfalls gelang es Hedin, eine Sammlung von Terrakotta-Figuren zu erwerben, welche bei Yotkan ausgegraben worden waren. Die Stücke stellen Buddha, Männer und Frauen, zweihöckerige baktrische Kamele, sowie Pferde und Greifvögel dar und befinden sich heute im »Folkens Museum« in Stockholm. Auch wenn Hedin kein Archäologe war, so erkannte er doch richtig, daß viele seiner Neuerwerbungen »der gräco-buddhistischen oder indo-hellenistischen Kunst« angehörten.[1] Dazu kamen Glasvasen, Bronzefiguren und ein höchst interessanter, münzförmiger christlicher Anhängerschmuck, auf dessen Vorderseite ein das Kreuz anbetender Mönch abgebildet ist, während die Rückseite die heilige Irene darstellt.

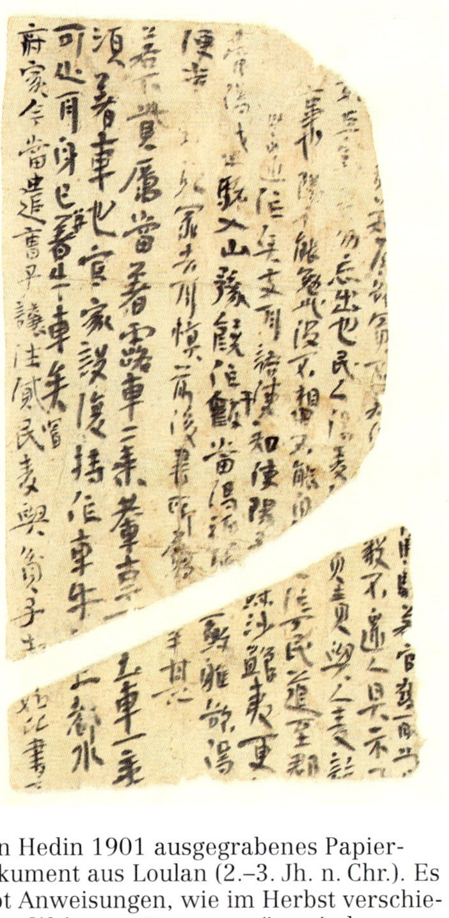

Von Hedin 1901 ausgegrabenes Papierdokument aus Loulan (2.–3. Jh. n. Chr.). Es gibt Anweisungen, wie im Herbst verschiedene Weizensorten auszusäen sind.

Steins Ausgrabungen in Yotkan im Jahre 1900 bestätigten die Hypothesen Hedins, wonach das Königreich Khotan als multikulturelle Drehscheibe wirkte. Seine Ausgrabungen brachten bald Kunstwerke mit indischem, hellenistisch-buddhistischem und persischem Einfluß zutage. Es handelte sich dabei um Buddha- und Bodhisattvastatuen mit klarem Gandhara-Einfluß oder Textilien mit eindeutig hellenistischen Motiven, wie etwa ein Reiterbeinschutz aus der Späten Han-Dynastie, auf welchem ein Zentaur abgebildet ist. Dieser aufschlußreiche Fund wurde im nahe gelegenen Domoko gemacht, das ebenfalls zum Königreich Khotan gehörte.

Einen weiteren aufschlußreichen Hinweis für die kulturellen Mischformen im Gebiet Khotans liefern die zweisprachigen Kupfermünzen aus der Späten Han-Dynastie, bei welchen die eine Seite indische Kharoshthi-Zeichen aufweist, während die Rückseite den Wert in chinesischen Zeichen angibt. Daraus läßt sich sowohl die Verwurzelung Khotans in der nordindischen Kultur als auch die Anerkennung der chinesischen Oberhoheit ableiten.

Diese indo-chinesische Mischkultur bewog Aurel Stein, für die Bezeichnung der Südlichen Seidenstraße auf den Ausdruck »Serindia« des byzantinischen Historikers Prokop zurückzugreifen. Stein war überzeugt, daß die nordindische Prakritsprache während der ersten Hälfte des ersten Jahrtausends als offizielle Verwaltungssprache diente.

Für die nachfolgende Erforschung der Südlichen Seidenstraße waren die Volkserzählungen, die Hedin in Khotan hörte, entscheidend. Denn diese berichten von der bereits erwähnten Sodom und Gomorra-ähnlichen Legende, wonach einst wohlhabende Städte von Sandstürmen begraben worden wären. Diese fernen Ruinenstädte zogen einheimische Schatzgräber an, die hier ihr Finderglück versuchten, sich aber dabei oft verirrten und ihren Rückweg nicht mehr fanden. Diese Erzählungen beflügelten Hedin, in die Wüste Takla-Makan zurückzukehren und nach diesen »Geisterstädten« zu suchen. Hedin schreibt in seiner Autobiographie: »Wohin wir kamen, hörten wir von der Wüste Takla-Makan erzählen, die unser Ziel war. Man sprach von einer alten Stadt Takla-Makan [dem antiken Dandan Oilik – Anm. des Autors], die mitten in der Wüste im Sand begraben sei; aber zwischen den Ruinen von Türmen, Mauern und Häusern lägen Goldbarren und Silberklumpen offen herum. Wenn eine Karawane dorthin komme, ... würden ihre Führer verhext und gingen im Kreis, bis sie umfielen. Ist es da zu verwundern, daß es mich, trotz der unglücklichen Wüstenfahrt im letzten Jahr, unwiderstehlich lockte, in das geheimnisvolle Land unter dem ewigen Sand einzudringen!«[2] Der Entdeckungswille Hedins wurde diesmal von Erfolg gekrönt, denn er fand zwei bedeutende antike Siedlungen, nämlich Dandan Oilik und Karadong.[3] Wenige Jahre nach Hedin bewogen diese Erzählungen auch Aurel Stein, die mysteriösen Städte aufzusuchen.

Die Fälschungen des Islam Akhun

In der Zeit, da Hedin zwischen 1895 und 1897 die ersten Geheimnisse der Südlichen Seidenstraße zu lüften begann, nahm die Zahl antiker Manuskripte ständig zu, die Macartney, der englische Konsul in Kashgar, erwarb. Gleichzeitig

Vorangehende Seite: Auf dem Markt von Khotan zeigt sich der verstärkte Einfluß des Islam auch dadurch, daß Frauen immer häufiger verschleiert gehen. Das uigurische Fladenbrot, Nan genannt, wird in einem unterirdischen Ofen gebacken.

Rechts: Wandteppich aus Wolle, gefunden in der Oase Domoko nahe bei Khotan. Der Zentaur, der die Flöte spielt, ist ein eindeutiges hellenistisches Motiv. Das 59 x 48 cm große Webstück stammt wahrscheinlich aus Baktrien und datiert aus dem 1. Jh. v. Chr. bis 1. Jh. n. Chr. Solche Teppiche wurden häufig von den sakischen Reitern zerschnitten und zu Gamaschen genäht.

gelangten Funde des Islam Akhun – so hieß der wichtigste Lieferant antiker Manuskripte – auch in die großen öffentlichen Museen von St. Petersburg, London und Paris. Hoernle war schon bald nicht mehr in der Lage, diese Birkenrinden-Manuskripte zu entziffern. Zunächst waren die Brahmi-Schriftzeichen noch vertraut, die Sprache jedoch unbekannt, doch bald stellten sich auch die Schriftzeichen selbst als unverständlich heraus. Während Professor Hoernle sich verzweifelt um Übersetzungen und Deutungen bemühte und entsprechend voluminöse wissenschaftliche Abhandlungen herausgab, schöpfte der in Ungarn geborene Philologe und Orientalist Marc Aurel Stein, der die britische Staatsbürgerschaft angenommen hatte und an der Universität von Lahore angestellt war, den Verdacht, daß diese nicht entzifferbaren Manuskripte Fälschungen sein könnten. Schon 1898 hatte Islam Akhun kläglich versagt, als der britische Offizier Deasy ihn aufgefordert hatte, ihm einen der Fundorte der mysteriösen Dokumente zu zeigen. Zur Strafe war Akhun zu einem einmonatigen Tragen des »Kangs« verurteilt worden, eines schweren Holzkragens mit quadratmetergroßer Oberfläche. Von Hedins Buch *Durch Asien* angespornt, beschloß Stein, eine eigene Expedition zu organisieren, um an Ort und Stelle sowohl die Authentizität der »Hoernle-Manuskripte« zu überprüfen, als auch Hedins »Geisterstädte« eingehend zu erforschen.

Es entbehrt nicht der Ironie, daß Sir Aurel Stein in seinem Vorhaben nicht nur vom britischen Vizekönig Curzon unterstützt wurde, sondern auch von Professor Hoernle selbst, dessen wissenschaftliche Autorität er durch seine späteren Funde zerstörte. Im Mai 1900 brach Stein zu seiner ersten Turkestan-Expedition nach Gilgit und Kashgar auf. Diese einjährige Expedition erwies sich tatsächlich als voller Erfolg, denn es gelang ihm erstens, den Spuren Hedins folgend, ergebnisreiche Ausgrabungen in Yotkan, Dandan Oilik, Karadong und Endere durchzuführen und darüber hinaus die Oase Domoko, den großen Stupa von Rawak und die ausgedehnte Siedlung von Niya zu entdecken.

Nach seiner Ankunft in der Oase Guma, die zwischen Kashgar und Khotan liegt, begann Stein die Einheimischen nach verborgenen Ruinen zu befragen, da der von Guma abwesende Schatzsucher Akhun dieses Gebiet als den hauptsächlichen Fundort seiner Manuskripte angegeben hatte. Seine Nachforschungen blieben jedoch erfolglos. Die nächsten Monate widmete Stein der Entdeckung und Ausgrabung verschiedener Städte in der Wüste Takla-Makan. Bevor er im Frühjahr 1901 Khotan in Richtung Kashgar verließ, überzeugte er den Amban Pan Darin, zu welchem er, wie Hedin, ein enges Vertrauensverhältnis entwickelt hatte, Islam Akhun zwecks einer direkten Gegenüberstellung nach Khotan bringen zu lassen. Die zweitägige Befragung des listigen Uiguren durch Aurel Stein war höchst aufschlußreich, denn sie bestätigte Steins Verdacht, daß die meisten Hoernle-Manuskripte nichts anderes waren als die mehr oder weniger geschickten Fälschungen eines geschäftstüchtigen Einheimischen. Islam Akhun hatte zwei Tage lang jede Schuld von sich gewiesen, doch als Stein ihm einen detaillierten Bericht Hoernles zeigte, in dem all seine Lügen und Phantasiegeschichten über die jeweiligen Fundorte der Manuskripte abgedruckt waren, konnte er seine Rolle nicht mehr verbergen und begann, sogar mit offensichtlichem Stolz, die Herkunft der geheimnisvollen Dokumente darzulegen.

Stein war über seinen Erfolg, den Fälscher der »Hoernle-Manuskripte« entlarvt zu haben, so befriedigt, daß er den Amban Pan Darin bat, auf eine Bestrafung Islam Akhuns zu verzichten. Er bemühte sich auch, dem schon etwas älteren Hoernle möglichst schonend beizubringen, daß er auf einen schlauen Uiguren hereingefallen war. Erstaunlicherweise »rehabilitierte« sich Hoernle ein paar Jahre später, als es ihm gelang, mehrere mit Brahmi-Zeichen verfaßte Schriftdokumente, die Stein in der Khotan Oase gefunden hatte, korrekt zu entziffern und der Sprache, welche er Alt-Khotanesisch nannte, ihren persischen Ursprung nachwies.

Die Oasenstadt Khotan diente praktisch allen Forschern der Südlichen Seidenstraße als willkommene Raststätte und war auch der Ausgangspunkt für Steins Entdeckung des Stupas von Rawak. Stein hatte auf seiner erfolgreichen ersten Expedition ins Gebiet des Tarimbeckens zwischen November 1900 und März 1901 schon erste Ausgrabungen in Yotkan unternommen, Dandan Oilik, Karadong und Endere besucht und sogar die große Oasenstadt Niya entdeckt, als er am 7. April Khotan in nordöstlicher Richtung verließ. Seine Karawane wurde vom lokalen Schatzgräber Turdi angeführt, der versprochen hatte, ihn nach Rawak, was sich als »hohes Haus« übersetzen läßt, zu führen. Stein erreichte am 11. April 1901 eines der auffälligsten Bauwerke der Südlichen Seidenstraße: den großen Stupa von Rawak.

Rawak – ein Wunder gräko-buddhistischer Kunst

Der dreistufige, heute rund 10 Meter hohe Stupa wird von einem zylinderförmigen Gebäude gekrönt, das früher von einer heute zusammengebrochenen Kuppel abgeschlossen wurde. Von jeder Himmelsrichtung aus führten Treppen zum obersten Raum. Der Stupa, den eine 4 Meter hohe und 50 x 45 Meter lange rechteckige Umfassungsmauer umgibt, kann als dreidimensionales Mandala gedeutet werden.

Als Stein Rawak erreichte, waren die nördlichen Teile der Umfassungsmauer unter bis zu 7 Meter hohen Sanddünen

Die Fälschungen des **Islam Akhun** waren nur das Ergebnis der übermäßigen Nachfrage an alten Manuskripten, die in Kashgar durch Europäer ausgelöst worden war und die durch die seltenen und zufälligen echten Funde in der Wüste nicht befriedigt werden konnte. Diese Nachfrage wurde durch die britisch-russische Rivalität zusätzlich künstlich angeheizt. So hatte Akhun zunächst begonnen, Brahmi-Zeichen originalgetreu nachzuahmen. In einer zweiten Stufe stellte er Mitarbeiter an, um diese Zeichen weiter zu kopieren, in einer dritten Phase spornte er seine Angestellten dazu an, eigene Schrift-

zeichen zu erfinden, und in der letzten, vierten »Entwicklungsstufe« eröffnete er eine kleine Fabrik, wo die »antiken« Manuskripte auf neu geschnitzten Holzblöcken buchstäblich serienmäßig gedruckt wurden. Um diese »Manuskripte« möglichst alt erscheinen zu lassen, ließ er sie jeweils kurz über einem stark rauchenden Feuer aufhängen und danach in Sand eingraben. Und genau über diese Fälschungen eines mehr oder weniger analphabetischen, doch gerissenen Uiguren hatte der führende Philologe Großbritanniens wissenschaftliche Werke verfaßt! Noch heute lagern die Fälschungen im Depot des British Museum.

begraben, doch er stieß schon bei seiner ersten Erkundung an der Südseite der Mauer auf Fragmente großer Tonköpfe – ein Hinweis darauf, daß Schatzsucher hier gegraben hatten. Zudem waren an der südwestlichen Ecke der Umfangsmauer Reste einer zweiten Mauer erkennbar. Stein zögerte keinen Augenblick, und er schickte einen seiner Kameltreiber zurück zur Khotan-Oase, um Arbeiter für die anstehenden Ausgrabungen anzuheuern. Gleichzeitig veranlaßte er, daß in der Nähe des Stupas ein Brunnen gegraben wurde.

Stein gelang es, sowohl an der Innenwie auch an der Außenseite der südlichen Umfassungsmauer insgesamt 91 große Stuckstatuen auszugraben, die auf ihrer Rückseite mit der Mauer verbunden waren. Die Anreihung der großen, frontal auf den Gläubigen herabschauenden Statuen muß damals überaus eindrucksvoll gewesen sein. Malspuren wiesen darauf hin, daß die fast 500 meist überlebensgroßen Buddha- und Bodhisattva-Statuen ursprünglich rot bemalt waren. Zwischen den Kolossalstatuen plaziert, dekorierten zusätzlich kleinere Figuren die Umfassungsmauer.

Infolge der äußerst brüchigen Stuckstatuen gestalteten sich die Ausgrabungsarbeiten außerordentlich schwierig. Ursprünglich wurden die Statuen innen durch ein Holzgerüst und Strohballen gestützt. In Rawak herrscht eine für eine Wüste relativ hohe Bodenfeuchtigkeit, und noch heute deuten Schilfstauden, die sich weniger als eine Marschstunde von Rawak entfernt befinden, auf das nahe Grundwasser hin. Dies bewirkte, daß das innere Holzskelett im Lauf der Jahrhunderte vermoderte und die Stuckstatuen entweder unter ihrem eigenen Gewicht zusammenbrachen oder nur dank des schützenden Sandes nicht zerfielen. Als nun Stein und mehr als 20 Jahre später Trinkler und Bosshard die Statuen auszugraben begannen und damit die schützenden Sandmauern entfernten, lösten sich mehrere der schweren Tonköpfe vom Rumpf und fielen zu Boden; zum Teil brachen auch ganze Statuen zusammen. Sowohl Stein als auch Bosshard halfen sich damit, daß sie die Statuen nur zum Zweck fotografischer Aufnahmen ausgruben und dabei die Köpfe mit Stricken sicherten, worauf sie die Statuen sogleich wieder mit Sand zudecken ließen.

Besonders auffallend an den Stuckstatuen ist die Gestaltung ihres Faltengewandes, das häufig die rechte Schulter freiläßt und auf einen eindeutigen Gandhara-Einfluß verweist. Das Gesicht mit den halb geschlossenen Augen ist leicht nach vorne gebeugt und wird bei einigen Statuen von einem wolkenförmigen Nimbus umgeben. An diesen Gesichtern ist der stereotype Ausdruck unübersehbar, ein Umstand, der sich dadurch erklärt, daß die Köpfe der Statuen sozusagen serienmäßig in festen Formen hergestellt wurden.

Aurel Stein, der sich mitunter vom Reisebericht des Mönchs Xuang Zang leiten ließ, war daher besonders erfreut, als er bei einer Statue die Überreste kleiner, äußerst feiner Goldplättchen fand. War das nicht ein Anklang an einen alten Brauch, der von Xuang Zang beschrieben wurde, wonach Gläubige einer Budhastatue, der heilende Kräfte zugeschrieben werden, Goldfolien auf diejenige Körperstelle aufklebten, die ihrem Leiden entsprachen?[4] Diesen Brauch konnte der Autor noch vor kurzem mehrmals in Burma beobachten. Ein ähnlicher, sogar in China heute noch anzutreffender Brauch besteht darin, Münzen auf den Leib heiliger Statuen zu kleben. Stein fand solche Münzen aus der Han-Dynastie, was ihn bewog, die Blütezeit des Stupas von Rawak in die Zeit zwischen dem 2. und 3. Jahrhundert anzusetzen und die Aufgabe des Heiligtums in die Periode zwischen dem 4. und 7. Jahrhundert anzusiedeln.

Zwei von Bosshard im Jahr 1928 fotografierte Wandgemälde haben jedoch Professor Gropp davon überzeugt, daß die Stuckplastiken vermutlich im 6. Jahrhundert entstanden sind. Rawak wurde vor dem 10. Jahrhundert völlig aufgegeben und vom Sand verschüttet, was die Anlage vor den Moslems rettete.

Stein bemühte sich, die wertvollen Stuckstatuen dadurch zu schützen, indem er sie wieder mit Sand zudeckte, nachdem sie nach vielen Jahrhunderten in der Dunkelheit für kurze Zeit das Licht erblickt hatten, was in seinen Augen wie ein Begräbnis anmutete. Dennoch blieb sein Versuch erfolglos. Sein Wunsch, diese imposante Sammlung großer Statuen in einem Museum in Khotan aufzubewahren, ging nicht in Erfüllung.[5]

Als Stein dann im Jahr 1906 nach Rawak zurückkehrte, mußte er entsetzt feststellen, daß einheimische Schatzsucher die Kolossalstatuen der südlichen Ringmauer rücksichtslos zerstört hatten, da sie hofften, in ihrem Inneren Gold zu finden. Stein hielt fest: »Die Mauer, welche ich mit einer ununterbrochenen Reihe von Stuckfiguren, meistens kolossaler Größe, gefunden hatte, offenbarte jetzt lediglich ihre bloße Ziegelwand … Meine Bemühungen, sie genau so wieder zuzugraben, wie ich sie vorgefunden hatte, erwiesen sich leider als vergeblich, und von diesem besonderen Muster Khotanesischer Skulptur bleiben lediglich, so befürchte ich, meine Photographien übrig.«[6]

Als die Forscher Emil Trinkler und Walter Bosshard im Jahr 1928 bei Rawak erneut Ausgrabungen in Angriff nahmen,

Von der 35 km südlich von Khotan gelegenen ehemals bedeutenden Stadt Malikawat und ihren Klöstern zeugen nur noch die Trümmer im Hintergrund. Die gefundenen Tonscherben und Münzen lassen darauf schließen, daß Malikawat während der Han- und der Tang-Dynastie bewohnt war.

Links und oben: Der große Stupa von Rawak ist das besterhaltene buddhistische Heiligtum an der Südlichen Seidenstraße und stammt aus der Zeit zwischen dem 3. und 6. Jahrhundert n. Chr.
Rechts: Orientierung in der Wüste mit Hilfe des GPS und der alten Karten von Sven Hedin und Sir Aurel Stein. Den notwendigen Strom zum Betrieb der großen Videokamera gewinnen wir durch ein großes Solarpanel, das wir abwechslungsweise auf dem Rücken tragen. Auf dem Bild führt J.-D. Carrard, der die Expedition filmisch dokumentiert, die Gruppe.

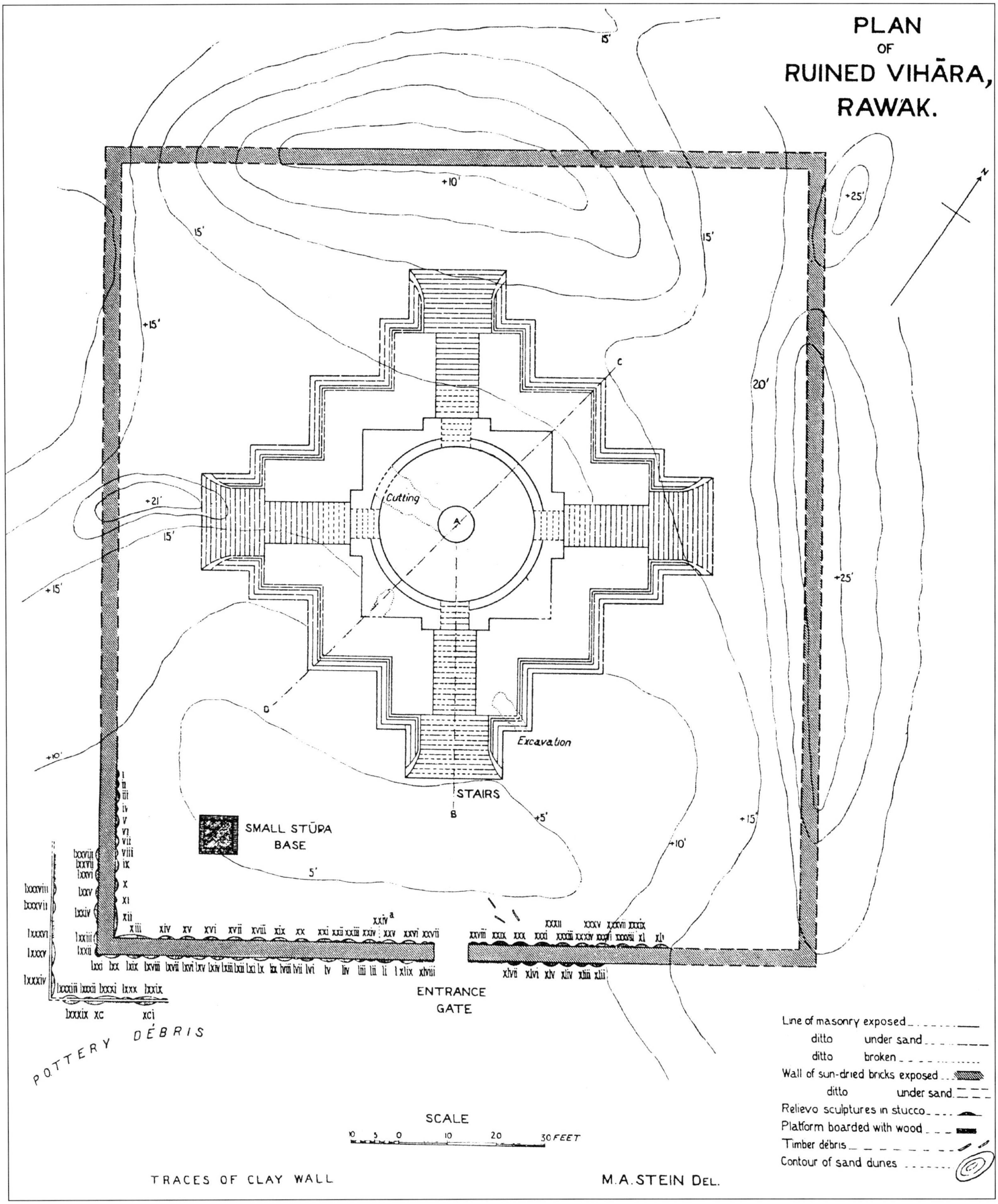
PLAN
OF
RUINED VIHĀRA,
RAWAK.
Cutting
Excavation
STAIRS
SMALL STŪPA
BASE
ENTRANCE
GATE
POTTERY DÉBRIS
SCALE
10 5 0 10 20 30 FEET
Line of masonry exposed
ditto under sand
ditto broken
Wall of sun-dried bricks exposed
ditto under sand
Relievo sculptures in stucco
Platform boarded with wood
Timber débris
Contour of sand dunes
TRACES OF CLAY WALL
M. A. STEIN DEL.

Sowohl Stein als auch Trinkler und Bosshard mußten während den Ausgrabungen die schweren Köpfe der Statuen mit Stricken absichern, da diese nicht mehr durch den Sand abgestützt waren. Nach dem Fotografieren wurden die Statuen wieder mit Sand zugedeckt.

Links: Aurel Stein entdeckte die meisten Tonstatuen entlang der inneren und äußeren südlichen Umfassungsmauer des großen Stupa von Rawak. Der Autor fand 1994 in der nordöstlichen Ecke Bruchstücke rotbemalter Bodhisattva-Statuen.

hatte sich die Topographie infolge der Wanderung der Sanddünen geändert. Die deutsche Trinkler-Expedition hatte das Glück, eine der letzten zu sein, die die Region Takla-Makan vor dem Ausbruch der Dunganenrevolte im Jahr 1931 und dem nachfolgenden Bürgerkrieg erforschen konnte. Sie war 1927 von Srinagar nach Leh aufgebrochen und durchquerte unter schwierigsten Umständen die Hochebene Aksai-Chin nach Yarkand und Kashgar. Nachdem Trinkler, Bosshard und der zur Expedition gehörende Geologe De Terra die Gastfreundschaft des britischen Botschafters Williamson genossen hatten, brachen sie zu ihrer Durchquerung des südlichen Teils der Wüste Takla-Makan auf. Ihre Route verlief allerdings in einem südlichen und damit recht sicheren Abstand von Sven Hedins »Todesroute« von 1895, und sie erreichten im Februar 1928 Khotan.

Von hier aus unternahmen sie Abstecher nach Rawak, Dandan Oilik und zur Festung Mazar Tagh, bis im April 1928 der lokale Machthaber Kashgars jede Fortsetzung der Ausgrabungen, der geologischen Forschungen untersagte, sogar ein Fotografierverbot verhängte und die sofortige Rückkehr der Expedition nach Khotan und Kashgar anordnete.

Es war Bosshards Glück, daß er schon vorher die meisten Fotonegative nach Europa geschickt hatte, denn der Tao-Tai, der Gouverneur Khotans, beschlagnahmte nicht nur Bosshards übriggebliebene Negative, sondern auch die Aquarelle Trinklers. Als Bosshard später diesen unfreundlichen Gesinnungswandel dem Einfluß der großen chinesisch-schwedischen Expedition unter Führung von Sven Hedin zuschrieb, obwohl er zuvor Hedin um Hilfe bei der Ausfuhr der Expeditionsfunde gebeten hatte, führte dies zu einem gehässigen Briefwechsel zwischen dem Schweizer und Hedin. In diesem Zusammenhang beklagte sich Hedin in einem Brief vom 12. April 1929 bei seinem Freund Trinkler über Boss-

Sitzende Buddhafigur zwischen zwei Kolossalstatuen an der Innenseite der südlichen Umfassungsmauer im Stupa von Rawak. Aurel Stein wies darauf hin, daß der Buddha eine individuelle Arbeit darstellt und damit im Gegensatz zur serienmäßigen Produktion der meisten anderen Figuren Rawaks steht. Bemerkenswert ist die große Statue hinter dem sitzenden Buddha, denn ihre große Mandorla ist mit kleinen, stehenden Buddhastatuen gefüllt. Diese kleinen Plastiken lassen die Hypothese zu, daß die große Figur entweder die Allgegenwart des Buddha symbolisiert oder den transzendenten Buddha Vairocana darstellt, wobei alle Buddhas, Bodhisattvas und Gottheiten nichts als Emanationen Vairocanas sind.

Der Einfluß aus Gandhara läßt sich unschwer auch an den Gesichtszügen der großen Statuen von Rawak erkennen.

Trinkler führte 1928 Ausgrabungen an der nördlichen Umfassungsmauer durch (oben), während der Autor 1994 zwei weitere Torsi finden konnte (rechts).

Der 1896 in Bremen geborene Asienforscher **Emil Trinkler** war schon während seiner Schulzeit von Hedins Büchern fasziniert, was in ihm den Wunsch erweckte, selbst Asienforscher zu werden. Statt das florierende Geschäft seines Vaters zu übernehmen, der mit Rohtabak handelte, ging er nach München, um Geographie und Geologie zu studieren. Schon bald nach seiner Promotion über die Geographie Tibets brach er 1923 zu seiner ersten Asienreise nach Afghanistan auf. Doch kaum war Trinkler (hier im Bild) im Herbst 1924 nach Deutschland zurückgekehrt, begann er eine neue Expedition nach Zentralasien vorzubereiten, wobei er während dieser Planungsphase in regelmäßigem Briefkontakt mit Hedin stand. Leider verstarb Trinkler 1931, nur wenige Jahre nach der Rückkehr aus Zentralasien, im Alter von nicht einmal 35 Jahren.
Trinkler begleiteten auf seiner Expedition nach Zentralasien sein Studienkollege Helmut de Terra und **Walter Bosshard**. Der 1892 geborene Schweizer Bosshard war zunächst als Lehrer tätig, lebte dann von 1919 bis 1927 in Sumatra, wo er auf einer Plantage arbeitete und mit Edelsteinen handelte. Nach seiner Rückkehr in die Schweiz ließ er sich zum Fotografen ausbilden und beteiligte sich als solcher an Trinklers Expedition, wobei er auch einen äußerst interessanten Film über den Verlauf der Reise in Ladakh und in der Wüste Takla-Makan drehte. Bosshard lebte später, 1933–39 und 1946–49, in Peking als Fotojournalist.

hard: »Die Verleumdung ist gemein, aber spielt keine große Rolle, da ich hoffe, daß Sie von meiner Überzeugung überzeugt sind und da ich genau dieselben Schwierigkeiten gehabt habe wie Sie.« Schon im Januar 1929 hatte Hedin in einem Brief an Trinkler die noch heute gültige Feststellung gemacht, wonach »man mit den Chinesen alles erreichen kann, aber gegen sie hoffnungslos verloren ist.« Die mangelnde Kompromißbereitschaft sollte 1930–31 die vierte und letzte Expedition von Sir Aurel Stein zu einem Fiasko werden lassen.

Als Trinkler und Bosshard ihre Ausgrabungen bei Rawak begannen, die an der westlichen Umfassungsmauer 39 Statuen zutage brachten, waren die Änderungen seit Steins Besuch auffällig. So notierte Trinkler im unveröffentlichten Manuskript *Die Kunst des Alten Cathay* folgendes über Rawak: »Das Aussehen der Ruinen v. Rawak, die Marc Aurel Stein im Jahre 1901 besucht hatte, hatte sich sehr verändert. Die mächtigen Dünen, die damals gut 3/4 des Areals einschließlich des Turms einnahmen, hatten sich beträchtlich weiter in Richtung O(sten) bewegt.

Der SW Wall, wo Stein einige der besterhaltenen Colossal Statuen des Schreins ausgegraben hatte, war jetzt fast vollständig unter einem Sandwall verborgen.« Heute, fast 70 Jahre nach Bosshards Ausgrabungen, ruhen die verbliebenen Statuen glücklicherweise wieder unter hohen Sanddünen und sind so vor dem Zugriff lokaler Schatzsucher oder fanatischer Muslime geschützt. Als der Autor Rawak im Herbst 1994 besuchte, war allerdings die nordöstliche Ecke der Umfassungsmauer ziemlich freigelegt. An der Innenseite zeugten Stuckscherben von einer kürzlich erfolgten Zerstörung, während er an der Außenseite die Überreste von zwei rot bemalten Statuen ausgraben konnte. Nachdem er sie fotografiert hatte, wurden sie jedoch wieder sorgfältig mit Sand zugedeckt.

Die Köpfe der Statuen von Rawak weisen auf eine serienmäßige Herstellung hin. Sie wurden in Formen von darauf spezialisierten wandernden Künstlern angefertigt. Eine solche Form wird im archäologischen Museum von Khotan aufbewahrt.

Sven Hedin und Aurel Stein in Dandan Oilik und Karadong

Die erfolgreiche Durchquerung der Wüste Takla-Makan im Jahr 1895 und die Entdeckung der antiken Ruinenstädte von Dandan Oilik und Karadong 1896 machten Sven Hedin zum wegweisenden Erforscher dieser Wüste und der Südlichen Seidenstraße. Auch Sir Aurel Stein verdankte seine ersten Anregungen den Reiseberichten Hedins. Dabei wäre Hedins erste Zentralasien-Expedition fast zu seiner letzten geworden, denn er verlor zwei seiner vier Begleiter und sieben seiner acht Kamele infolge Erschöpfung und Wassermangel, und er selbst kam auch nur knapp mit dem Leben davon.

Hedins Todesmarsch

Hedin beschrieb das Ziel seiner kühnen Takla-Makan-Durchquerung wie folgt: »Ich hatte nämlich das Gefühl und einen Glauben, daß mitten in der Wüste, wo keine Menschen zu finden sind und keine Straßen vorhanden sind, daß ich dort die Spuren einer alten Kultur entdecken könnte.«[7] Gleichzeitig wollte Hedin die kartographischen Angaben Prschewalskis aus dem Jahr 1885 überprüfen, wonach sich die Bergkette Mazar Tagh quer durch die Wüste Takla-Makan vom Yarkand Darya bis zum Khotan Darya erstreckt. (»Darya« bedeutet auf Uigurisch Fluß.) Hedin wählte deshalb das nordöstlich von Kashgar am Yarkand Darya gelegene Merket als Ausgangspunkt seiner Expedition. Von hier aus wollte er den 290 km entfernten Khotan Darya, der sich östlich von Merket befindet, in rund 15 Tagen erreichen. Die Durchquerung des Sandmeeres sollte allerdings 26 Tage beanspruchen. Hedin verließ am 10. April 1895 Merket mit einer kleinen Karawane, die acht Kamele, drei Diener und den »Wegführer« Jolltschi umfaßte. Den Aufbruch schildert Hedin wie folgt: Die Kamele »waren schwer beladen, und die Bronzeglocken läuteten feierlich wie zu einem Begräbnis. Die Dorfbewohner ... machten bedenkliche Gesichter. Einen alten Mann hörten wir sagen: Die kommen nie wieder. Ein anderer fügte hinzu: Die Kamele sind zu schwer beladen.«[8]

Es stellte sich bald heraus, daß nicht nur die Kamele zu schwer beladen waren, sondern daß der Führer Jolltschi den Weg auch gar nicht kannte. Das sollte sich bitter rächen. Hedin befahl nämlich bei der letzten Wasserquelle vor der Wüstendurchquerung, für zehn Tage Wasser mitzunehmen, obwohl Jolltschi behauptete, sie seien nur vier Tagesmärsche vom Khotan Darya entfernt. Als Hedin zwei Tage später die Wasserbehälter verdächtig hohl vorkamen, stellte er entsetzt fest, daß der Wasservorrat nur noch für zwei Tage reichte. Jolltschi hatte tatsächlich nur für vier Tage Wasser in die Kanister gefüllt! Es widersprach Hedins unbeugsamen Willen, umzukehren, so daß er den Weitermarsch sowie eine strenge Rationierung des Wassers befahl. 30 Jahre später mußte Hedin jedoch selbstkritisch festhalten: »Es wäre klüger gewesen, in den eigenen Spuren zurückzugehen; dann wäre die Karawane gerettet worden und kein Leben verloren gegangen.«[9] Die von Hedin angeordnete Wasserrationierung hätte wahrscheinlich das Leben aller fünf Männer gerettet, doch

Hedins »Todeslager«, in dem am 1. Mai 1895 zwei seiner Diener vor Durst und an Erschöpfung starben.

schon nach wenigen Tagen stellte sich heraus, daß Jolltschi sogar das wertvolle Wasser gestohlen hatte. Als Jolltschi erneut beim Stehlen des Wassers erwischt wurde, mußte Hedin rasch einschreiten, um zu verhindern, daß die anderen Diener ihn vor Wut töteten. Vom 30. April an verfügte die Karawane über keinen einzigen Tropfen Wasser mehr, und sie befand sich immer noch im Herzen der Sandwüste. Von Verzweiflung getrieben, versuchte Hedin, den Brennspiritus für den Kocher zu trinken, während die Diener das letzte überlebende Schaf schlachteten, um sein Blut zu trinken. Zwei besonders durstige Diener tranken Kamelurin, brachen aber bald unter schrecklichen Krämpfen zusammen. In diesem »Todeslager« starben zwei der vier Diener: der hinterhältige Jolltschi und der alte Mohammed Shah.

Mit letzter Kraft brach Hedin mit den Dienern Kasim und Islam Bai und den wenigen Kamelen nach Osten auf. Die gesamte Ausrüstung der Expedition, die »photographischen Apparate und an die tausend Platten, von denen etwa hundert schon belichtet waren«, wurden zurückgelassen. »Ich aber fühlte jetzt unbändige Lebensfreude und Lebenslust. Ich wollte nicht in der Wüste sterben. Ich war zu jung, ich hatte zu viel zu verlieren und zu viel noch vom Leben zu erwarten. Nie hatte ich den Wert des Lebens so erkannt wie jetzt.«[10]

Doch schon am nächsten Tag blieb Islam Bai mit den letzten Kamelen zurück und legte sich zum Sterben in den Sand. Hedin blieb nichts anderes übrig, als mit Kasim weiter nach Osten zu ziehen. Um der mörderischen Hitze zu entgehen, marschierten die beiden Männer nachts und gruben sich tagsüber bis zum Hals im Sand ein. Dann, am 4. Mai, schien die Rettung nicht mehr fern zu sein, denn Hedin und Kasim stießen auf die Fußpuren zweier Männer – bis Kasim merkte, daß diese Spuren ihre eigenen waren und sie sich im Kreis bewegt hatten. Beide Männer sanken vor Verzweiflung zu Boden. Am nächsten Tag konnte auch Kasim nicht mehr weiter, so daß Hedin allein in Richtung Khotan Darya weiterging. Schon zeichneten sich am Horizont die Silhouetten der Bäume ab, ein sicheres Indiz dafür, daß der rettende Fluß nicht mehr weit sein konnte. Hedin schleppte sich zum Wald, wo ihn, als er das Flußbett erreichte, eine wahrhaft furchtbare Überraschung erwartete: »Aber der Sand [im Flußbett] war ebenso trocken wie auf den Dünen in der Wüste, das Bett war leer und wartete auf die Sommerfluten aus dem Gebirge!«[11]

Hedin kroch nachts weiter durch das ein Kilometer breite, ausgetrocknete Flußbett. Plötzlich hörte er Flügelschläge und das Plätschern von Wasser und stieß gleich danach auf einen kleinen Wassertümpel, der im ausgetrockneten Flußbett übriggeblieben war.

Nachdem Hedin den schlimmsten Durst gelöscht hatte, dachte er an seinen sterbenden Diener, der vor dem Waldrand zurückgeblieben war. Jahre später erzählte Hedin in einem Interview, wie Kasim dennoch gerettet wurde: »Da habe ich Gott für meine Rettung gedankt, habe noch ausgeruht eine Weile und dann meine beiden Stiefel mit Wasser gefüllt und bin dann mit leichteren Schritten zurückgekehrt in meinen Spuren und habe den sterbenden Diener Kasim gefunden und habe ihn gerettet«.[12] Kasim war jedoch zu schwach, um weiter zu gehen, so daß Hedin allein aufbrechen mußte. Nach einem weiteren dreitägigen Marsch traf Hedin auf Schafhirten. Dann, vier Tage später, sah er plötzlich nicht nur Kasim, sondern auch den totgeglaubten Islam Bai herannahen. Beide waren von Kaufleuten gerettet worden, wobei der treue Islam Bai sogar Hedins Tagebuch und Karten bei sich aufbewahrt hatte. Hedin war sich wohl bewußt, daß der gewissenhafte Diener die wissenschaftliche Auswertung der Expedition gerettet hatte: »Islam Bai hatte eine wahre Heldentat ausgeführt. Im Gegensatz zu Kasim und mir hatte er nicht bloß an sich selbst gedacht, sondern auch alles getan, um jene Teile des Gepäcks, die, wie er wußte, am wertvollsten waren, zu retten.«[13]

Hedin entdeckt Dandan Oilik

Obwohl Hedin einen bitteren Mißerfolg einstecken mußte – einerseits hatte sein rücksichtsloser Vorwärtsdrang zwei Menschenleben gefordert und andererseits hatte er keine antike Ruinenstadt gefunden – blieb sein Unternehmungswille ungebrochen. Sobald er Ende Juni 1895 in Kashgar ankam, forderte er aus Schweden neue Vermessungsinstrumente an, denn er war nach wie vor fest entschlossen, als erster die geheimnisvollen Geisterstädte in der Takla-Makan zu entdecken. Der Schwede brach am 14. Januar 1896 in Begleitung des unverwüstlichen Islam Bai zu jener Expedition auf, die als erste die Existenz ehemals blühender Oasenstädte entlang der antiken Seidenstraße nachwies. Die Karawane zog zuerst von Khotan aus nach Norden den Khotan Darya entlang, um nach wenigen Tagen nach Osten in die mörderische Sandwüste abzubiegen. Nach fünf Marschtagen stieß Hedin auf die gesuchte antike Oasenstadt, von den lokalen Führern »Takla-Makan« oder auch »Dandan Oilik« genannt, wobei letzterer Ausdruck mit »Elfenbeinhäuser« übersetzt werden kann.

Hedin erkannte schnell, daß diese Ruinen sich grundlegend von den bisher am Rand der Wüste gefundenen antiken Städten unterschieden. Während letztere aus getrocknetem Lehm bestanden, gab es hier keine Lehmbauten, sondern sämtliche Häuser schienen aus Pappelholz erbaut gewesen zu sein. Überall ragten Holzpfähle aus dem Sandboden hervor und manchmal waren sogar die Wände, die aus mit Lehm überstrichenem Kamisch bzw. dickem Schilf bestanden, ansatzweise erhalten. Obwohl Hedin weder über die Zeit noch über die notwendige Ausrüstung verfügte, um eine gründliche Ausgrabung zu unternehmen, gelangen ihm einige sensationelle Funde.

So entdeckte er die Überreste sowohl langer Pappelalleen, die sich einst durch die Stadt erstreckten, als auch die von Aprikosengärten samt den dazugehörenden künstlichen Bewässerungskanälen. Schwere Mühlsteine, die von fließendem Wasser angetrieben wurden, wiesen ebenfalls auf das Vorhandensein von Bewässerungskanälen hin. Sven Hedin nahm an, daß diese Kanäle einst von einem Seitenarm des östlich gelegenen Keriya Darya gespeist wurden. Stein wies später nach, daß der Keriya Darya nicht bis zur Oase geflossen war, sondern daß diese von einem Zubringerkanal abhängig war.

Für die Erforschung des Tarimbeckens war aber Hedins Nachweis der buddhistischen Kultur in Dandan Oilik noch bedeutsamer, denn diese Funde bestätigten den Wahrheitsgehalt der Beschreibungen des Pilgermönchs Xuang Zang, wonach es in der Wüste verschollene Städte gab.

Hedin hatte tatsächlich Erfolg. Es gelang ihm nicht nur, mehrere kleine Buddha- und Bodhisattvafiguren aus Lehm und Ton auszugraben, sondern er entdeckte auch in den Ruinen zweier Tempel buddhistische Malereien auf weiß getünchten Wänden. Diese stellten sitzende und stehende Buddhas dar, wobei Hedin deren »sehr lange und herabhängenden Ohren« auffielen und er an die »Götterbilder in der buddhistischen Welt« dachte, eine Vermutung, die sich als richtig erwies.

Andere Figuren zeigten Frauen mit nackter Brust oder »ziemlich leicht gekleidete, knieende Frauen, die Hände wie zum Gebet gefaltet.«[14] Andere Darstellungen von »Männern mit schwarzem Vollbart« assoziierte Hedin richtig mit persischen Stilelementen. Steins späterer Fund – eine doppelseitig bemalte Holztafel – sollte den persischen Einfluß in Dandan Oilik bestätigen. Obwohl Hedin kein Archäologe war, hatte er den buddhistischen und persischen Einfluß erkannt und die Existenz einer antiken buddhistischen Kultur im Raum des Tarimbeckens nachgewiesen, die aus einer Epoche vor der arabischen Invasion stammte.

Hedin war überwältigt. Seine Gefühle beschreibt er später im Buch *Durch Asiens Wüsten* wie folgt: »Wer hätte es sich träumen lassen, daß im Innern der Wüste Gobi … Ruinen großer Städte und Spuren einer blühenden Kultur zu finden sind? Und hier stand ich inmitten der Trümmer dieser Häuser, in denen jetzt allein der Sandsturm sein Wesen treibt! Ich stand da wie ein Prinz im verzauberten Walde und hatte die in tausendjähriger Ruhe schlummernde Stadt zu neuem Leben erweckt, indem ich sie dem menschlichen Wissen eroberte.«[15]

Hedin war zu Recht stolz auf die von ihm entdeckte Oasenstadt Dandan Oilik, die bald danach, im Jahr 1900, durch Stein ausgegraben wurde. Diese archäologische Stätte wurde dann 1905 kurz von Huntington und 1928 von Trinkler und Bosshard besucht. Es war Trinklers und Bosshards Pech, daß sie im Frühjahr nach Dandan Oilik aufbrachen, als die Zeit der Sandstürme war. Bosshard wurde von einem solchen Sturm überrascht und irrte vier Stunden im Kreis herum, bevor er das Lager wieder fand. Seit der nur kurzen Ausgrabung der Trinkler-Expedition ruht Dandan Oilik wieder in der Stille der Sandwüste. Jedenfalls gelang es auch 1993 der großen chinesisch-britischen Expedition unter der Leitung von Charles Blackmore nicht, Dandan Oilik mit zwei dreiachsigen Pinzgauer Wüstenfahrzeugen zu erreichen. Allerdings behaupten die Chinesen, im Frühjahr 1996 Dandan Oilik wiederentdeckt zu haben, so daß man mit der Aufnahme wissenschaftlicher Ausgrabungen rechnen kann.
Nach seinem kurzen Aufenthalt in Dandan Oilik zog Hedin weiter ostwärts und erreichte nach wenigen Tagen den zugefrorenen Keriya Darya. Hier erzählten ihm Nomadenhirten von einer weiteren, nahe gelegenen Ruinenstadt namens Karadong, »schwarzer Hügel«. Hedin entdeckte in der Tat diese einstige Siedlung, die allerdings bedeutend kleiner war als Dandan Oilik, und fand spärliche Reste von Pappelholzhäusern und buddhistischen Malereien sowie die Achse eines mit Holzrädern versehenen Wagens.
In Karadong blieb Hedin nur so lange, wie er zum Kartographieren des Geländes benötigte, und überließ die Ausgrabung den Archäologen. Er wandte sich mit seiner Karawane nach Norden und zog, dem Bett des Keriya Darya folgend, durch die Wüste Takla-Makan, bis er auf den Lauf des Tarim stieß. Hier stellte er sich die Aufgabe, das Rätsel des Lop-Nor-Sees und seines Zuflusses, des Tarim, zu lösen.

Stein auf den Spuren Hedins

Als Marc Aurel Stein im Frühjahr 1900 zur ersten Expedition nach Zentralasien aufbrach, war Hedins Buch *Durch Asiens Wüsten* eine seiner wichtigsten Informationsquellen. Er notierte sich nicht nur die Namen der einzelnen Ortschaften, Wüstengebiete, Quellen und der jeweiligen Würdenträger und Führer durch die Wüste, sondern auch dessen Angaben über die klimatischen Verhältnisse, die Kaufpreise von Kamelen und die Notwendigkeit, während der Expedition eiserne Wasserbehälter zu verwenden.
In der nördlich von Khotan gelegenen Siedlung Tawakkel heuerte Stein die beiden Jäger an, die auch Hedin fünf Jahre zuvor den Weg nach Dandan Oilik gewiesen hatten, sowie den erfahrenen Schatzgräber Turdi, der Stein im Verlauf der einjährigen Expedition zu mehreren Ruinen begleitete. Stein erreichte Dandan Oilik am 18. Dezember 1900, wo er bis zum 4. Januar 1901 seine erste große Ausgrabung einer antiken buddhistischen Stadt durchführte. Dabei stieß er auf mehrere Tempel und auf andere religiösen Zwecken dienende Gebäude. Man kann daher annehmen, daß Dandan Oilik einst auch ein buddhistischer Wallfahrtsort war.

Dem fast verdursteten Hedin gelang es mit letzter Anstrengung, den Fluß Khotan Darya zu erreichen. Um seinen sterbenden Diener Kasim zu retten, füllte er seine Stiefel mit Wasser und brachte es so seinem leidenden Gefährten.

Der 1862 in Budapest geborene **Marc Aurel Stein**, ab 1912 Sir Aurel Stein, teilte mit Hedin mehrere Charakterzüge. Er war, wie sein fast gleichaltriger Zeitgenosse entschlossen, »sein« Entdeckungsgebiet als *erster* wissenschaftlich zu erforschen und fühlte sich nur »im Feld« wohl. Auch blieb er wie Hedin Junggeselle. Seine Anstellung an verschiedenen indischen Universitäten war Mittel zum Zweck, um auf den Spuren des von ihm verehrten chinesischen Indienpilgers Xuang Zang die Südliche Seidenstraße von Kashgar bis nach Dunhuang erforschen zu können.

Stein unterschied sich von Hedin insofern, als ihn weder Politik noch Helden interessierten, was ihn vor Verwicklungen in die Fallstricke nationalistischer Interessen bewahrte. Zudem verfügte Stein nicht über Hedins enorme Sprachkenntnisse, der 13 Sprachen beherrschte. Steins fehlende Chinesischkenntnisse sollten sich bei seiner mißglückten vierten Expedition nach Zentralasien schmerzlich bemerkbar machen.

Steins Interesse wurde, wie im Fall Hedins, von einigen Schlüsselerlebnissen in seiner Jugend geprägt. Als erstes sei ein Buch über die Asienfeldzüge Alexanders des Großen erwähnt, das im jungen Stein die Frage weckte, wie weit der griechische Einfluß nach Osten vorgedrungen sei und ob sich im fernen China Spuren griechischer Kultur nachweisen ließen. Zweitens beeindruckte ihn ein Bericht des Ungarn Sándor Körési Csoma über die Reise, die dieser 1820 zu Fuß von Ungarn nach Ladakh unternommen hatte, um dort den Ursprung der ungarischen Sprache zu erforschen. Auch wenn Stein an der Frage nach der Herkunft der ungarischen Sprache nicht sonderlich interessiert war, so lernte er von Csoma doch die Notwendigkeit, wissenschaftliche Nachforschungen vor Ort durchzuführen.

Stein gelang es auf drei erfolgreichen Expeditionen nach Zentralasien zwischen 1900 und 1916, die kulturelle Überlagerung von chinesischen, indi-

schen, persischen und hellenistischen Elementen im Bereich des Tarimbeckens nachzuweisen. Während Hedin durch die Entdeckung Dandan Oiliks, Karadongs und vor allem Loulans die Existenz einer eigenständigen, vorislamischen Kultur entlang der Südlichen Seidenstraße aufzeigen konnte, war es erst Stein vergönnt, die wechselseitige kulturelle Beeinflussung in den geschichtlichen Kontext einzubetten.
Der Gelehrte Stein erfuhr allerdings am Ende seiner wissenschaftlichen Karriere einige schmerzliche Rückschläge. In dieser Hinsicht muß erstens die Aufteilung seiner Sammlung an Kunstgegenständen und Schriftdokumenten zwischen dem heutigen Indischen Nationalmuseum in Delhi und dem British Museum in London genannt werden, was die wissenschaftliche Aufarbeitung massiv erschwerte. Zweitens landeten umfangreiche Teile seiner Sammlung, die England zugesprochen worden waren, in den dem Publikum unzugänglichen Magazinräumen des British Museum. Damit waren viele herausragende Kunstwerke, die Stein dem Grab der Wüste Takla-Makan entrissen hatte, lediglich in die Katakomben des British Museums transferiert worden.

Sir Aurel Stein im Frühjahr 1908 in der Nähe von Khotan. Von links nach rechts: Ibrahim Beg, der Sekretär Chiang Suyeh, Stein mit seinem Hund Dash II., der Koch Jasvant Singh, der Geometer Rai Bahadur Lal Singh und Naik Ram Singh, der kurz darauf einen Gehirnschlag erlitt.

In einem dieser Heiligtümer Dandan Oiliks, »But-khana« genannt, hatte bereits Hedin die ersten Malereien entdeckt. Stein legte nun eine nahezu intakte Innenwand frei, die die Gläubigen gemäß dem alten, aus Indien stammenden Brauch der Pradakshina, bei Festen umwandelten und die mit sitzenden Buddhafiguren übermalt war.
In der Cella eines anderen Tempels kam eine große Stuckfigur des Lokapalas Vaishravanas, des buddhistischen Wächters des Nordens, zum Vorschein, der mit einer schuppenartigen Rüstung bekleidet ist und auf einem am Boden liegenden Zwerg steht, was den Sieg des Buddhismus über den Hinduismus symbolisieren könnte. Die am Boden liegende Figur könnte auch als Yaksha, eine buddhistische Schutzgottheit, interpretiert werden. Unmittelbar daneben erkennt man das Bild einer Frau mit entblößtem Oberkörper, an deren linken Schenkel sich ein kleiner Erote klammert. Weiter links ist ein Reiter auf seinem Pferd erkennbar. Wahrscheinlich symbolisiert die Frau eine göttliche Nagini, was wiederum auf einen indischen Einfluß hinweist. Stein brachte dieses Bild mit einer von Xuang Zang überlieferten Legende in Zusammenhang, wonach die Witwe eines Flußgottes, also eine Nagini, einen Minister Khotans als Ehemann verlangte, um das regelmäßige Fließen des Flusses zu gewährleisten. Daraufhin opferte sich einer der Minister des Königs von Khotan und ritt in den Fluß hinein.[16] Der offensichtlich indische Einfluß ist besonders deutlich bei einer Ganesha-Figur, der Hindugottheit mit dem Elefantenkopf, sowie bei der berühmten, zweiseitig bemalten Holztafel, die auf der einen Seite Schiwa, den Vater Ganeshas, zeigt und auf der anderen Seite den persischen Helden Rustam.

Die Vielfalt der kulturellen Einflüsse, die sich in Dandan Oilik begegneten, äußert sich nicht zuletzt in den verschiedenen Handschriften, die Stein hier fand. Er entdeckte nämlich nicht nur, wie bereits erwähnt, Holztafeln mit chinesischen Schriftzeichen, sondern auch längliche Papierblätter, die mit zwei verschiedenen Varianten indischer Brahmi-Zeichen beschrieben waren: Die gerade Brahmischrift im sogenannten Gupta-Stil enthält einen in Sanskrit verfaßten Text, die kursive Brahmischrift jedoch das vom Persischen abgeleitete Khotanesische.[17] Die verschiedenen Manuskripte erlaubten auch eine präzise Datierung des Zeitpunkts, als Dandan Oilik aufgegeben wurde. Aus ihnen geht hervor, daß die letzten Einwohner die Oase wahrscheinlich um 790 n. Chr. verließen.[18] Dieses Datum stimmt mit dem allgemeinen Rückzug Chinas aus Zentralasien im Jahr 791 überein. Ein Brief, den der chinesische Kommandant Dandan Oiliks an den König Khotans im Jahre 768 richtete, belegt, daß ein Großteil der Bevölkerung die Stadt wegen umherziehenden Räuberbanden verlassen hatte.
Der Zusammenbruch der Autorität der Tang-Dynastie im Tarimbecken sowie die tibetischen Plünderungszüge müssen eine weitere Abwanderung der Bevölkerung bewirkt haben, was wiederum den arbeitsintensiven Unterhalt der Bewässerungsanlagen unmöglich machte. Da Dandan Oilik wie eine isolierte Insel im Wüstenmeer existierte und anders als z. B. Mazar Tagh, Endere oder Miran keine strategische Lage an einer Handelsstraße hatte, zeigten die siegreichen Tibeter kein Interesse an einer Wiederbesiedlung des Ortes.
Nach den erfolgreichen Ausgrabungen in Dandan Oilik begab sich Stein nach Osten und entdeckte Niya und Endere.

Sir Aurel Stein grub 1900 im kleinen Tempel II von Dandan Oilik die Stuckstatue des Vaishravana aus (oben). Der buddhistische »Herr des Nordens« trägt eine Rüstung und steht auf einem Zwerg, vielleicht eine Andeutung für den Sieg des Buddhismus über den Hinduismus. Gleich daneben entsteigt eine Nagini, eine Flußgottheit, einem Teich und blickt auf einen Reiter hinab. Einer Legende zufolge stellt der Reiter einen Minister von Khotan dar, den die Göttin als Ehemann begehrte.
Im benachbarten Heiligtum stand einst in der Mitte eine Stuckstatue auf dem Sockel (rechts).

Rechte Seite: Die 1993 entdeckten Malereien in Karadong bestätigen Hedins Angaben, der schon 1896 Fresken erwähnte. Sie stammen wie jene aus Miran aus dem 3. Jahrhundert n. Chr.

Schon im März 1901 war er wieder beim Keriya Darya und folgte seinem Lauf nach Norden, um Karadong zu besuchen. Diesmal fiel die archäologische Ausbeute im Garnisonsort Karadong eher bescheiden aus.
Die Festung Karadong kontrollierte einst die antike Handelsroute von Khotan bzw. Keriya zur Kuqa-Oase, nördlich des Tarim gelegen. Diese Handelsstraße folgte im wesentlichen dem Keriya Darya, der die Wüste Takla-Makan von Süden nach Norden durchquerte, um in den Tarim zu münden. Da in Karadong lediglich Münzen aus der Späteren Han-Dynastie und keinerlei Relikte aus der Tang-Dynastie gefunden wurden, läßt sich schlußfolgern, daß der Lauf des Keriya schon in der Mitte des ersten Jahrtausends ausgetrocknet und deshalb Karadong verlassen worden war. Die zweite von Stein in Karadong durchgeführte Ausgrabungskampagne fand im Februar 1908 statt und bestärkte ihn in seiner Annahme, daß der Garnisonsort wohl um das 4. Jahrhundert n. Chr. aufgegeben worden war.[19]
Zwei Monate später durchquerte Stein die Wüste Takla-Makan von Süden nach Norden, indem er von Khotan aus dem ausgetrockneten Bett des Khotan Darya folgte, bis er den Tarim und Aksu erreichte. Unterwegs stieß er am 16. April auf die antike tibetische Festung Mazar Tagh, wo er Hunderte von tibetischen Schrifttafeln und Papierdokumenten ausgraben konnte. Deren Übersetzung durch den deutschen Gelehrten A. H. Francke bestätigte Steins Hypothese, wonach diese Festung aus der Zeit der tibetischen Hegemonie über das Südliche Tarimbecken im 8. und 9. Jahrhundert n. Chr. stammte.[20] Da die östlich von Mazar Tagh gelegene Festung Karadong, die vermutlich auch die Verbindung von Keriya nach Kuqa herstellte, schon im 4. Jahrhundert aufgegeben worden war, beherrschte Mazar Tagh die einzige vorhandene direkte Nord-Süd-Verbindung durch die Wüste Takla-Makan.

Neueste Entdeckungen in Karadong

Die 1991 begonnenen Ausgrabungen der antiken Oase Karadong durch ein chinesisch-französisches Team haben sensationelle Funde zutage gebracht und eine Neubeurteilung der Bedeutung Karadongs bewirkt. Erstens fanden die Archäologen im Norden und Westen Karadongs mehrere bisher unbekannte Siedlungen sowie eine Nekropole aus den ersten Jahrhunderten unserer Zeitrechnung. Diese befinden sich in einer Entfernung von 10 bis 30 km von der Festung Karadong. Wahrscheinlich war letztere das Zentrum der besiedelten Oase, die auch über ein ausgeklügeltes Bewässerungssystem verfügte. Diese Entdeckung beweist, daß zwischen dem 2. und 4. Jahrhundert größere Siedlungen im Herzen der Wüste Takla-Makan existieren konnten.
Die zweite Entdeckung wurde gemacht, als chinesische Erdölprospektoren etwa 40 km westlich von Karadong zufällig Zeugnisse aus der Bronzezeit, also etwa aus dem 5. Jahrhundert v. Chr. fanden. Dies zeigt, daß, wie auch in Loulan, der chinesischen Kolonialisierung der Oasenstädte entlang der Südlichen Seidenstraße eine jahrhundertealte Besiedlung durch eine einheimische Bevölkerung vorausgegangen war.
Die dritte Entdeckung in Karadong kann mit Recht als Sensation bezeichnet werden, denn 1993 gelang es den chinesischen und französischen Archäologen, nicht nur in der Umgebung der Festung über 20 kleinere Wohnhäuser freizulegen, sondern in den Überresten zweier kleiner Tempel auch buddhistische Wandmalereien auszugraben. Zwar hatte schon Hedin von schwer beschädigten Malereien in Karadong berichtet,[21] doch Sir Aurel Stein war es nicht gelungen, diese wieder zu finden. Die entdeckten Malereien sind Fragmente eines Frieses, der die innere Seite einer Umwandlungsmauer schmückte. Sie stellen vor allem stehende und sitzende Buddhafiguren dar.
Diese Malereien weisen einen deutlichen indischen Einfluß auf, der auf einen intensiven Kontakt mit dem Kushan-Reich hinweist. Sie lassen sich auf das 3. Jahrhundert n. Chr. datieren und sind damit zeitgleich mit den berühmten Malereien in Miran. Das Auffinden zahlreicher Kharoshthi-Dokumente unterstreicht den nordindischen Einfluß. Die vorläufige Auswertung der Funde scheint Aurel Steins Datierung zu bestätigen, derzufolge der akute Wassermangel das Ende Karadongs im 4. Jahrhundert n. Chr. herbeiführte.

VI. Das versiegelte Archiv der Oase Niya

In der Häusergruppe Niya I fand der britische Forscher Sir Aurel Stein im Januar 1901 die ersten Kharoshthi-Dokumente.

●●● AUS DEM REISETAGEBUCH ●●●

Am 7. November 1994, um 5 Uhr morgens, verlassen wir die kleine Stadt Minfeng, die an der heutigen Südlichen Seidenstraße liegt, um uns so weit wie möglich der antiken Oasenstadt Niya zu nähern, die rund 140 km von Minfeng entfernt ist. Nachdem wir bei einem Militärkontrollpunkt den mißtrauischen Soldaten sämtliche Bewilligungen vorzeigen müssen – zur Sicherheit haben wir unsere Video- und Fotoausrüstungen unter dem Zeltmaterial auf der Lastwagenbrücke versteckt –, können wir den Schlagbaum, der den Zugang zur Wüste versperrt, passieren. Die Piste führt gerade nach Norden und durchquert zunächst ein größeres Sumpfgebiet. Da gilt es, unter keinen Umständen von der Piste abzukommen, denn sonst würde unser schweres Fahrzeug unweigerlich im Morast versinken. Den Weg nicht zu verfehlen ist umso schwieriger, als sich keinerlei Fahrzeugspuren ausfindig machen lassen.

Nach 40 km stoßen wir auf eine Herde halbwilder Kamele, die von ihren Besitzern erst bei Winterbeginn eingefangen werden. Die Anwesenheit der Kamele läßt vermuten, daß in der Nähe Wasser vorhanden sein muß. In der Tat, wir stoßen bald auf den Niya Darya, der einst die Oasenstadt Niya mit Wasser versorgte. Es ist fast unvorstellbar, daß dieser träg dahinfließende Fluß 30 km weiter im Sand versickern wird, denn er hat hier noch eine Breite von 20 Metern und eine maximale Tiefe von 1,5 Metern. Wahrscheinlich führt er im Frühsommer, zur Zeit der Schneeschmelze im Kunlun, mehr Wasser als jetzt.

Nach einer zehnstündigen Fahrt nähern wir uns Mazar, der letzten Ortschaft im Tal des Niya Darya. Das kleine Dorf zählt etwa 100 Familien und ist 80 km von Minfeng und 60 km vom nördlichen Niya entfernt. Daß sich kaum je ein Fahrzeug, geschweige denn ein Fremder hierher verirrt, merken wir schon daran, daß wir im Nu von mindestens 50 Kindern umringt sind, die uns neugierig beäugen. Das Dorf Mazar, was auf Uigurisch »Grab« heißt, verdankt seine Existenz dem benachbarten Wallfahrtsort, wo der islamische Heilige Imam Jafar Sadiq begraben liegt.

Der heutige Imam, Scheich Abd-el-Bakr, ein würdiger älterer Herr, empfängt uns äußerst freundlich und zeigt uns die gesamte Anlage, wo auch andere gute Muslime ihre letzte Ruhestätte gefunden haben. Bei einigen Gräbern fällt auf, daß auf ihnen Felle von Ziegen und Schafen aufgehängt sind; wahrscheinlich wurden die Tiere bei der Beerdigung geopfert, was auf die Fortdauer vorislamischer lokaler Sitten hinweist. Der Pfad zum Mausoleum führt durch mehrere hölzerne Tore, deren Pfosten mitunter kunstvoll gedrechselt sind. Ob die wohl aus der antiken Oasenstadt Niya stammen? Der Imam läßt uns zwei Ungläubige sogar ins Innere des Mausoleums eintreten, kniet dann vor dem Grab nieder und beginnt das Abendgebet zu rezitieren.

Wir übernachteten im Haus eines wohlhabenden Bauern. Das Haus besteht aus einer kleinen Küche und einem einzigen großen Raum, der gleichzeitig als Wohn-, Eß- und Schlafbereich dient. Doch bevor wir einen Rundgang durch das gastfreundliche Dorf unternehmen, laden wir von der Lastwagenbrücke das fette Schaf sowie die zwei Hähne ab – unser Vorrat an frischem Fleisch – und lassen sie zum letztenmal in ihrem Leben grünes Futter genießen. Im Dorf wird überall emsig gearbeitet: junge Frauen sieben auf der Straße die Spreu vom Weizen, während ein kräftiger Bauer mit einem dicken Stock einen Haufen Maiskolben drischt. In einem kleinen, fensterlosen Raum dreht ein Wasserbüffel, dessen Augen mit zwei Blechtellern verdeckt

Oben und rechts Mitte: Vor knapp zwei Jahrtausenden floß der Niya Darya bis zur Stadt Niya; heute versickert er 70 km südlich der antiken Ruinenstadt.
Rechts oben: Mehrere Tage und sogar Wochen kann die Suche nach den Kamelen dauern, die von ihren Besitzern monatelang frei in der Wildnis gelassen werden.

Rechts unten: Im kleinen Dorf Mazar halten zwei Falkner fünf Jagdhabichte, mit welchen sie Hasen und Füchse jagen. Für einen solchen Vogel werden bis zu 300 Yuan, umgerechnet etwa 80 Mark, also ein kleines Vermögen, gezahlt.

sind, endlose Runden, um die Rapsölpresse anzutreiben. Dann reitet uns plötzlich ein Falkner entgegen, der seinen Habicht stolz auf dem rechten Handgelenk trägt. Er hält an und gibt dabei seinem Raubvogel den blutigen Kopf eines Hasens, den er aus einer Satteltasche zieht, zum leckeren Mahl.

Am nächsten Tag heißt es wiederum, sich früh auf den Weg zu machen, denn wir wollen die vor uns liegenden 60 km durch die Sandwüste nach Niya bewältigen. Wir fahren im Schrittempo durch eine öde Sandlandschaft, in der vereinzelt Strünke längst verdorrter Pappeln oder von Tamarisken hervorragen. Es scheint, daß die Vertrocknung der Region noch heute fortschreitet, denn dort, wo Stein vor rund 90 Jahren dichte Tamariskenwälder antraf, durch die seine Kamele nur mit größter Anstrengung geführt werden konnten, entdecken wir nur vereinzelte Baumstrünke. Bei der Fahrt müssen wir einerseits die mittels GPS und Kompaß ermittelte Richtung einhalten, zugleich aber die gefährlichen Sandmulden sorgfältig vermeiden, in denen unser Lkw einsinken würde. Nach einer zwölfstündigen Fahrt zeichnet sich am Horizont die Silhouette von Holzpfählen ab – das müssen die Überreste der ersten Häuser von Niya sein. Tatsächlich können wir schon bald unser Zeltlager inmitten der südlichen Ruinengruppe Niyas aufstellen, am selben Ort, wo sich vor mehr als 90 Jahren das Basislager Aurel Steins befand. Zur Feier unseres ersten größeren Erfolges wird das Schaf geschlachtet und unsere einzige Weinflasche entkorkt. Von diesem Lager aus werden wir in der kommenden Woche das Gebiet Niyas, das sich über 45 km^2 erstreckt, zu Fuß mit Hilfe der alten Karten Steins und des GPS erforschen ●●●

Nachdem Stein die äußerst ergiebigen Ausgrabungen Dandan Oiliks am 3. Januar 1901 abgeschlossen hatte, nahm er die Erforschung Niyas im Angriff, wo ihm eine der spektakulärsten Entdeckungen an der Südlichen Seidenstraße gelingen sollte.

Im südlich von Niya gelegenen Dorf Mazar, auch Kabakasgan genannt, traf der Brite den Schatzsucher Ibrahim, der ein Jahr zuvor in Niya einige beschriebene Holztafeln gefunden hatte. Ibrahim war über seinen Fund so enttäuscht gewesen, daß er die meisten Tafeln fortgeworfen und die verbliebenen seinen Kindern zum Spielen gegeben hatte, die sie jedoch bald zerstörten. Glücklicherweise hatte aber ein anderer Schatzsucher die von Ibrahim weggeworfenen Schriftstücke gesammelt und sie dann Stein verkauft. Als dieser feststellte, daß die Holztafeln mit der seltenen Kharoshthi-Schrift beschrieben waren, die bis dahin im Tarimbecken lediglich durch das Manuskript von Dutremil de Rhins bekannt war, stellte er sofort Ibrahim als Führer an.

Am 28. Januar 1901 erreichte Stein als erster europäischer Forscher Niya und fand schon am ersten Tag in der Ruine N I drei Kharoshthi-Holztafeln. In den nächsten Tagen wurden 82 weitere Schriftdokumente gefunden. Die Kharoshthi-Schrift, die von rechts nach links geschrieben wurde und auf die aramäische Schrift zurückging, enthielt vorwiegend Texte in Prakrit, einer Sprache, die in den letzten vorchristlichen Jahrhunderten im Nordwesten Indiens dominierte.

Die Funde bewiesen die Richtigkeit der Hypothese Steins, wonach die Südliche Seidenstraße einst unter einem starken indischen kulturellen Einfluß stand. Dies war eine Folge sowohl der regelmäßigen Handelskontakte mit Indien als auch der überlieferten indischen Einwanderungswelle im 2. Jahrhundert v. Chr. Vereinzelte Funde von Holztafeln mit indischen Brahmi-Zeichen bestätigen die bedeutende Präsenz indischer Kultur. Diese Überlieferung wird auch von Xuang Zang erwähnt, der berichtet, daß die Region Khotans im 2. Jahrhundert v. Chr. von indischen Einwanderern aus Taxila erobert worden sei.

Die meisten Dokumente bestanden aus einem Paar länglicher Holzstücke, die 20 bis 45 cm lang und auf der glatten Innenseite mit schwarzer Tinte beschriftet waren, und in Ausnahmefällen maßen hölzerne Schriftdokumente sogar bis zu 2 Meter Länge. Auf der vorderen Außenseite der Dokumente befand sich der Name des Empfängers, auf der hinteren der des Absenders. Diese zwei Schriftstücke waren mit einer Schnur zusammengebunden und mit einem darüberliegenden Siegel versehen, der auf diese Weise sicherstellte, daß das Schriftstück von keinem Unbefugten gelesen werden konnte.

Schon nach wenigen weiteren Tagen gelang es Stein, bei der Ruine N XV, rund 3 km nördlich des buddhistischen Stupas, einen weiteren archäologischen Schatz zu entdecken – einen großen antiken Abfallhaufen! Wahrscheinlich hatte sich hier eine amtliche Kanzlei befunden, denn in der fast 2000 Jahre alten Masse verschiedenster Abfälle, die nach Stein immer noch einen widerlichen Gestank ausströmten, fand er während seiner dreitägigen Ausgrabungen nicht weniger als 200 Holztafeln, die mit chinesischen oder Kharoshthi-Schriftzeichen beschrie-

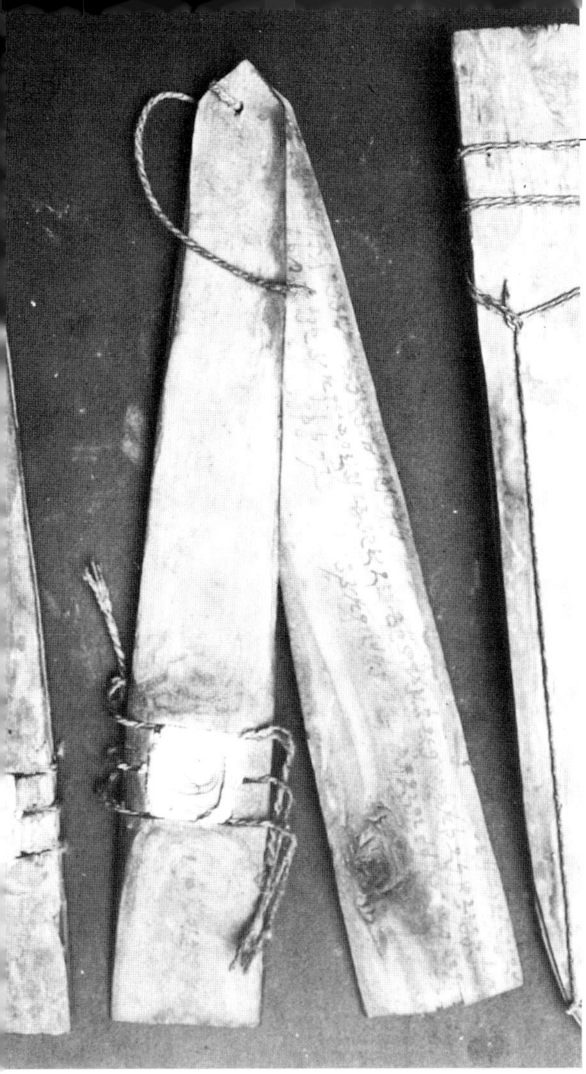

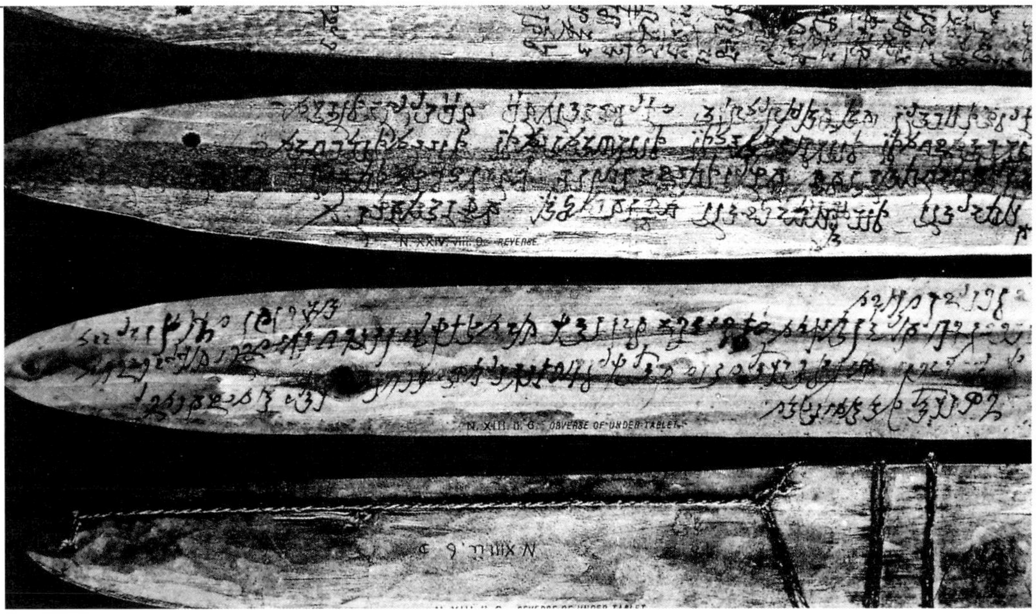

Diese Seiten: Sir Aurel Stein gelang es, in Niya mehrere antike Archive auszugraben, die aus Holztafeln bestanden. Viele dieser Dokumente waren in der seltenen Kharoshthi-Schrift verfaßt, und etliche davon waren sogar noch versiegelt.

ben waren, sowie mehrere lederne Kharoshthi-Dokumente. Letztere waren allesamt offizielle Schriftstücke, denn sie begannen stets mit der formelhaften Einleitung »Seine Majestät, der Herrscher befiehlt schriftlich, daß ...«[1] Diese Lederschriftstücke bildeten somit eine äußerst wertvolle Grundlage für die Rekonstruktion der Geschichte Niyas. Nachdem Stein von den Siegeln der Holzdokumente die Schmutzschicht entfernt hatte, erwartete ihn eine weitere bedeutende Überraschung: die Lehmsiegel zeigten die Gestalt der Pallas Athene, eines Hermes oder eines sitzenden Eros. Dies bewies, daß der hellenistische Kultureinfluß, der übrigens schon in der Oase Khotan feststellbar war, bis nach Niya reichte. Spätere Funde in Miran und Loulan ergaben, daß Spuren der hellenistisch-römischen Kultur sogar bis zur Region Lop-Nor gelangt waren.

In Niya dienten Holz und – in Ausnahmefällen – Leder als übliche Schreibunterlagen, denn Stein fand in seinen drei Ausgrabungskampagnen von 1901, 1906 und 1913 kein einziges Stück Papier. Es scheint also, daß das Papier, 105 n. Chr. in China erfunden, sich in Zentralasien nur langsam verbreitete. Das hohe Alter der Oasenstadt Niya, die während der Han-Dynastien (202 v. Chr.–220 n. Chr) unter dem Namen Jing-Jue bekannt war, zeigt sich auch daran, daß das »jüngste« Schriftstück auf das Jahr 269 n. Chr. datiert wird und sich somit auf Kaiser Wu-Ti, den Gründer der Westlichen Jin-Dynastie, bezieht, der vom Jahr 265 bis 289 n. Chr. herrschte.

Es ist bemerkenswert, daß die meisten Schriftstücke, die Stein in Loulan entdeckte, ebenfalls aus der Zeit von Kaiser Wu-Ti stammen. Stein vermutete, daß Niya gegen Ende des 3. Jahrhunderts n. Chr. als Folge des Wassermangels verlassen wurde. Diese Notlage ist wahrscheinlich durch das zeitgleiche Zusammenwirken verschiedener Faktoren verursacht worden, nämlich durch die allgemeine Klimaänderung in Zentralasien ab dem 2. Jahrhundert n. Chr., durch eine intensivierte Wassernutzung am Oberlauf des Niya Darya sowie durch den Zusammenbruch der effizienten Han-Verwaltung, die bis dahin die Instandhaltung der Bewässerungskanäle gewährleistet hatte. Eine mutmaßliche Änderung des Verlaufs des Niya Darya könnte auch eine Rolle gespielt haben.

Allerdings glauben einige chinesische Archäologen auf Grund von Tonscherben aus der Wei-Dynastie, daß Niya erst im 5. Jahrhundert n. Chr. aufgegeben wurde. In jedem Fall ist anzunehmen, daß der von Xuang Zang im Jahr 644 erwähnte Ort »Ni-jang« nicht mit dem antiken Niya identisch sein kann, sondern sich auf eine Siedlung zwischen Mazar und dem heutigen Minfeng beziehen muß, das noch heute als »Niya« bezeichnet wird.

Der gute Erhaltungszustand Niyas und der anderen ehemaligen Siedlungen in der Wüste Takla-Makan ist dem äußerst trockenen Klima zu verdanken. Im Wüstengebiet fallen überhaupt keine Niederschläge außer manchmal etwas Schnee. Unter diesen extremen klimatischen Verhältnissen gibt es weder Verrottung noch Fäulnisprozesse, und so erklären sich auch Steins ungewöhnlich reiche Funde. Während seiner ersten 17tägigen Ausgrabung entdeckte Stein nicht nur Schriftdokumente, sondern auch verschiedenartige Kunstgegenstände, wie z. B. einen mit indischen Blumenmotiven geschnitzten Stuhl, der sich heute im British Museum in London befindet, mehrere mit Zentaur-Motiven dekorierte Holzbalken, deren Verwandtschaft mit hellenistischen Mustern unverkennbar ist, rote und graue Keramik, Lackstücke, die auf den Handel mit China hinweisen, den Hals eines Saiteninstruments sowie Stücke wertvoller Seidenstoffe. In den Ruinen eines Hauses stieß einer der Arbeiter Steins sogar auf einen ehemaligen Vorratskeller, in dem einst Eisblöcke während des Sommers gelagert wurden – eine Sitte, die der Autor noch 1994 in Mazar feststellen konnte!

Als Sir Aurel Stein im Jahre 1901 die Oasenstadt Niya entdeckte, machte er in der als Niya III bezeichneten Häusergruppe einen einzigartigen Fund – einen aus Pappelholz gefertigten und kunstvoll geschnitzten Stuhl mit indischen Blumenmotiven. Auf dem rechteckigen Frontalstück umrahmen zwei vierblättrige Blumen einen Granatapfel. Solche Muster trifft man auch heute noch in abgelegenen Tälern im Nordosten Pakistans bei traditionell gebauten Holzhäusern an. Diese Region, die vor mehr als 1600 Jahren zum Gandhara-Gebiet gehörte, war auch die Heimat der in Niya vorherrschenden Kharoshthi-Schrift. Stein fand später im 400 km östlich von Niya gelegenen Loulan dieselben Blumenmotive und damit einen eindeutigen Hinweis darauf, wie verbreitet der Einfluß der Gandhara-Kunst damals war.

Der islamische Wallfahrtsort Mazar liegt rund 80 km nördlich von der heutigen Piste, welche Khotan mit Ruoqiang verbindet. Hier befindet sich das Grab des Imam Jafar Sadiq. Die im 16. oder 17. Jahrhundert entstandene Anlage gilt als das »Mekka Turkestans«. Bemerkenswert sind die am Eingang zum Mausolem aufgehängten Felle von geopferten Ziegen und Schafen, ein Brauch, der auf das Weiterleben vorislamischer, schamanistischer Traditionen hinweist.

Links: Der freundliche Imam Scheich Abd-el-Bakr steht vor dem Tor zum Grab des Imam Jafar Sadiq, welcher der Legende zufolge ein Nachkomme des Propheten Mohammed gewesen sein soll.

Rechts: Eine Pilgerfahrt zum Grab des Jafar Sadiq ist für die moslemische Bevölkerung gleichwertig mit einer Wallfahrt nach Mekka. Am Eingang zu seinem Grab fallen die farbigen, mit heiligen Sprüchen bedruckten Wimpel auf, die stark an tibetanische Gebetsfahnen erinnern. Damit zeigt sich, daß sich der Islam in Ostturkestan durch eine ungewohnte Flexibiltät auszeichnete und sowohl schamanistische als auch buddhistische Bräuche integrierte.

Unweit vom Grab des Imam Jafar Sadiq liegt das Dorf Mazar, in dem das Rad der Zeit seit einem Jahrtausend stillzustehen scheint. Während eine junge Frau das kostbare Wasser aus dem Dorfbrunnen holt (links oben) und ein kräftiger Bauer auf einen Haufen Maiskolben eindrischt (links unten), treibt ein Wasserbüffel die Rapsölpresse an (oben), und Frauen sieben auf der Straße die Spreu vom Weizen (rechts).

••• AUS DEM REISETAGEBUCH •••

Es ist faszinierend, anhand der alten Karten Steins sowie seiner Beschreibungen, Niya zu erforschen. Seit seinem letzten Besuch vor 65 Jahren scheint sich nichts verändert zu haben, außer daß die Wüste seine Ausgrabungen überall wieder mit Sand zuzudecken beginnt. Die einzige Ausnahme bilden die leeren Plastik-Mineralwasserflaschen, die wir beim Stupa finden und von der vorangegangenen japanischen Expedition stammen müssen. Unser chinesisches Team sammelt über 30 solcher Flaschen und trägt sie zu unserem Basislager zurück. Die über 60 Ruinenanlagen liegen weit voneinander entfernt im Sandmeer verstreut, und ohne Karte und Kompaß wäre jede Orientierung unmöglich. Die absolute Stille, die in Niya herrscht, paßt zur Wüstenlandschaft. Nirgends findet sich die Spur eines Lebewesens, wenn man von den menschlichen Gebeinen mal absieht, die von wandernden Sanddünen freigegeben werden. Einige dieser Skelette sind sicher sehr alt, worauf die offenen Holzsärge hinweisen, während ein anderes Skelett eher von einem hier verstorbenen Schatzsucher zu stammen scheint.

Bei dem großen Hof N III, der wahrscheinlich der Sitz eines hohen Beamten war, können wir dank Steins altem Foto aus dem Jahr 1901 den damaligen Zustand des Komplexes mit dem von heute vergleichen: Hier ist die Eingangstür, die zum großen Wohnraum führt und von Stein als »Yamen«, also als Empfangsraum eines chinesischen Beamten gedeutet wurde, dort sieht man den Ofen der Küche, und daneben lassen sich die Reste eines Brennofens für Tonwaren erkennen. Daneben finden wir bei N IV den von Stein beschriebenen Obstgarten, wo noch heute Pfirsich- und Aprikosenkerne am Boden liegen. Hier, im Zentrum von N IV, machen wir einen unerwarteten Fund, als uns innerhalb einer flachen Sandfläche eine eigenartige Wölbung auffällt. Wir wischen sofort den Sand weg und finden darunter einen breiten Holzdeckel von etwa 30 cm Durchmesser, der als Verschluß für eine intakte, im Sand vergrabene große Tonamphore diente. Durch Vergleich mit ähnlichen, im Museum von Ürümqi ausgestellten Stücken kann man schließen, daß diese

Amphore mindestens 120 cm hoch sein muß. Was mag sie wohl enthalten? Haben etwa die Bewohner des Hauses hier ihre Schätze vergraben, als sie Niya verlassen mußten? Doch bevor wir den Sand aus der Amphore entfernen können, spricht der uns begleitende Archäologe ein Machtwort und verbietet jedwelche weitere Freilegung »unseres« Fundes. Schweren Herzens müssen wir die Amphore mit dem Deckel schließen und mit einer 50 cm dicken Sandschicht wieder zuschütten und den Ort unseres Fundes verlassen.

Vielleicht wird »unsere« Amphore von der nachfolgenden japanischen Expedition entdeckt werden. Wie mir sowohl in Beijing als auch in Ürümqi erzählt wurde, hat ein japanischer Mönch, der auch einer der größten Juweliere Japans sein soll, rund 500000 Dollar an Gebühren bezahlt, um sich für 1993–94 das exklusive Ausgrabungsrecht in Niya zu sichern. Für die Fortsetzung der Ausgrabungen soll er weitere 1,9 Millionen Dollar angeboten haben.

Dieses Interesse eines vermögenden Japaners an der antiken Seidenstraße erinnert an den mysteriösen japanischen Grafen Otani, der zu Beginn unseres Jahrhunderts der religiöse Führer der Sekte des »Reinen Landes« war und zwischen 1902 und 1912 drei Expeditionen ins Gebiet des Tarimbeckens schickte. Allerdings waren seine bekanntesten Gesandten, Tachibana und Nomura, die sich als Archäologen ausgaben, wahrscheinlich Spione, denn beide waren in Wirklichkeit Offiziere der japanischen Armee. Der britische Botschafter ließ Tachibana 1908 und 1912 beschatten, aber ungeachtet des berechtigten Verdachts gestatteten die chinesischen Behörden Tachibana, seine dilettantischen Ausgrabungen in Niya, Miran und Loulan fortzusetzen, und hinderten ihn auch nicht daran, umfangreiche Sammlungen an archäologischen Funden nach Japan zu verschieben ●●●

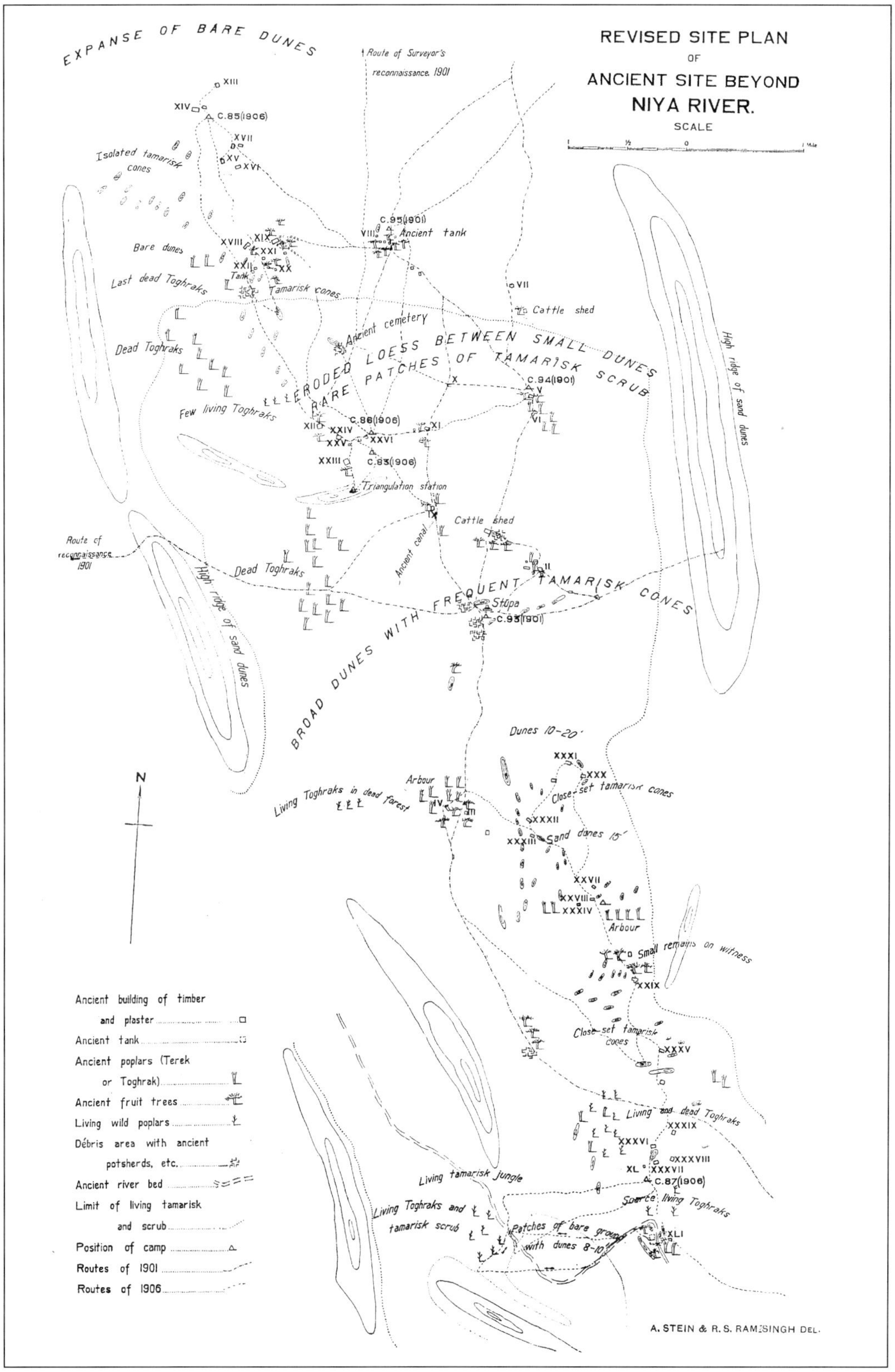

Links: Foto der Wohnsiedlung Niya III kurz vor dem Abschluß der dritten Ausgrabung im Dezember 1913. Hier entdeckte Stein nicht nur Wandmalereien mit geometrischen und floralen Motiven, sondern auch einen intakten Stuhl aus Pappelholz.
Oben: Stein legte in Niya insgesamt über 40 antike Ruinen frei. Der Lageplan aus Steins Werk *Serindia* zeigt den Stupa in der Mitte der Karte; südlich davon liegen die gut erhaltenen Höfe N III und N IV, während das Versteck des großen Archivs bei N XXIV in der Mitte des nördlichen Drittels zu finden ist. Der Bewässerungskanal liegt bei N IX im Norden des Stupas und die alte Brücke ganz im Süden der ehemaligen Oase bei XLI (auf der Karte nicht eingetragen).

Es ist schwierig, die damalige Größe Niyas auch nur annäherungsweise anzugeben. Fest steht, daß innerhalb einer rechteckigen Fläche von 10 x 4,5 km bis heute mehr als 60 Ruinen bzw. Ruinenkomplexe gefunden wurden, die den Kern der Oase bilden. Wenn man bedenkt, daß Stein in seinen drei Ausgrabungen über 40 antike Strukturen identifiziert hatte, die japanischen Archäologen aber in kurzer Zeit 20 weitere fanden, ist es durchaus denkbar, daß es in Niya noch vieles zu entdecken gibt.

Eine vorsichtige Schätzung der Bevölkerungszahl kommt auf etwa 500 Familien, wenn man davon ausgeht, daß innerhalb eines größeren Hofes mehr als zehn Familien gelebt haben können. Die meisten Ruinen stehen jeweils auf kleinen, terrassenartigen Anhöhen aus Lehm oder Löß, woraus man schließen kann, daß das Gelände der Oase einst sumpfig gewesen sein muß. Auch heute noch lassen sich Reste von Wasserkanälen entdecken. Im südlichen Teil von Niya steht sogar noch eine nahezu intakte Holzbrücke, ein Hinweis auf den früheren Wasserreichtum der Oase. Heute dagegen findet sich im ganzen Gebiet Niyas kein einziges Schilfrohr oder keine lebende Tamariske mehr, die auf ein nahes Grundwasser hindeuten würde. Der heutige vollständige Wassermangel in der »Oase« Niya wird schon durch Steins Bericht bestätigt, in dem es heißt, daß er vergeblich einen Brunnen graben ließ und deshalb seine Kamele nach Mazar zurückschickte, während er das Wasser von Mazar in Form großer Eisblöcke heranschleppen ließ. Und der Uigure Baikerly erzählte dem Autor, daß sich im Gebiet des antiken Niya nur Salzwasser finde, wenn man tief genug grabe.

Anders als in Dandan Oilik, wo mehrere Tempel ausgegraben wurden, stehen in Niya außer dem 6 Meter hohen Stupa im Zentrum der Stadt und der Friedhöfe ausschließlich profane Bauten. Die Bauweise der einstöckigen Häuser folgt in ganz Niya demselben Prinzip: Es wurden Pfähle aus Pappel- oder Tamariskenholz in den Boden gerammt und zwischen ihnen Wände gezogen aus mit Lehm beworfenen Schilfgeflechten. Bei einigen Ruinen läßt sich noch heute erkennen, wie diese Schilfwände mit einer Art von Bastschnur an den Pappelpfählen befestigt waren. Bei zwei Ruinen sah der Autor sogar noch die hölzerne Eingangstür in ihren Angeln stehen. Das Flachdach seinerseits bestand aus einem Geflecht von Tamariskenästen und Schilf, das mit Lehm überzogen wurde. Diese 2000 Jahre alte Bauweise hat sich offenbar bewährt, denn die meisten neuen Häuser im 60 km entfernten Mazar folgen immer noch demselben Bauprinzip. Bei mehreren Höfen lassen sich ehemalige Obstgärten erkennen, die von einem Zaun aus dünnem Pappelholz und Schilf umgeben waren.

Im Bereich nahezu aller Ruinen kann man graue oder rote Keramikscherben aus der Han-Dynastie entdecken, wobei sowohl fein dekorierte Stücke als auch grobe Teile großer Amphoren vorkommen. Letztere bedecken zum Teil die ganze Fläche eines Hauses und sind wohl das Werk lokaler Schatzsucher, die die im Sand versteckten Amphoren ausgruben und zerbrachen, da sie hofften, darin verstecktes Gold zu finden. Nachdem man die oberste Sandschicht entfernt, findet man auch heute in vielen Ruinen Stoffreste aus Seide, Wolle oder Filz, ferner Lederstücke wie auch Schnurteile, die aus Kamelhaaren gedreht worden waren. Außerdem fand der Autor mehrere Münzen aus der Han-Dynastie, Pfeilspitzen aus Bronze, ein Messer sowie durchbohrte Halbedelsteine und Glasperlen, die einst zu einer Halskette gehörten.

Bevor Aurel Stein im Oktober 1906 auf seiner zweiten Expedition nach Niya zurückkehrte, hatte der Amerikaner Huntington die Oase im Herbst 1905 kurz besucht, jedoch keine Ausgrabungen unternommen. Stein begnügte sich nicht, die von ihm entdeckte ehemalige Oase wiederzusehen; er begann sofort mit seiner siebzehn Mann starken Uiguren-Mannschaft mit neuen Ausgrabungen. Sein Eifer wurde bald durch das Auffinden von einem Dutzend Holztafeln mit chinesischen Schriftzeichen belohnt. Er hatte ein kleines Geschichtsarchiv entdeckt! Daraus ging unter anderem hervor,

daß die Oase während der Han- Dynastie zum Fürstentum Jing-Jue gehörte, das den Han-Annalen zufolge zwischen Keriya und Cherchen gelegen haben soll.[2]

Kurz nach dieser Entdeckung gelang es dem Uiguren Rustam, der schon 1901 für Stein gearbeitet hatte, in der als N XXIV bezeichneten Ruine ein noch größeres Archiv auszugraben, das aus drei Dutzend rechteckigen, doppelseitigen und noch versiegelten Holztafeln bestand. Auf den Siegeln ließen sich griechische Gottheiten erkennen, wie zum Beispiel Zeus oder Herakles mit Keule und Löwenkleid. Die spätere Entzifferung dieser mit Kharoshthi-Zeichen beschriebenen Holztafeln zeigte, daß es sich um Kaufverträge von Land bzw. um Listen von Landbesitz handelte. Stein vermutete, daß der damalige Hausbesitzer, ein Offizier namens Cojhbo Sojaka[3], vor dem Verlassen seines Hauses hier ein Archiv vergraben hatte, um bei einer eventuellen Rückkehr seine Besitzrechte geltend machen zu können.[4]

Stein hatte sieben Jahre später, im Dezember 1913, erneut das Glück, Niya zu besuchen, das er als »mein kleines Pompeii« bezeichnete. Auf dem Weg dorthin machte er beim kleinen Dorf Mazar eine aufschlußreiche Beobachtung: dort, wo er noch vor wenigen Jahren fruchtbare Obstgärten vorgefunden hatte, sah er nur noch halbverdorrte Bäume, die an akutem Wassermangel litten. Was war geschehen? Der Niya Darya hatte in drei aufeinanderfolgenden Jahren so viel Wasser geführt, daß Überschwemmungen entstanden waren, die das feine Netz an Bewässerungskanälen zerstört hatten. Was noch schlimmer war, der Fluß hatte am Ende des dritten Hochwasserjahres sein Bett geändert, so daß die einstigen Obstgärten jetzt überhaupt nicht mehr mit Wasser versorgt waren. So paradox es auch klingen mag, auch Überschwemmungen können zur Verödung einer ehemals fruchtbaren Landschaft führen, wenn zu reichlich vorhandenes Wasser nicht abfließen kann.

Als Stein wieder den Weg von Mazar nach Niya in Angriff nahm, wurde er sich der Relativität der Zeit in der Wüste Takla-Makan bewußt, als er im Sand seine eigenen Spuren und diejenigen seiner Kamele aus dem Jahr 1906 wieder erkannte.

Stein fand auch diesmal wieder Dutzende von Kharoshthi-Manuskripten, Holzmöbel sowie mehrere Mäusefallen. 17 Jahre später, als er seine vierte und letzte Zentralasien-Expedition unternahm, war er weniger glücklich.

Die damaligen Universitätskreise Chinas waren über die früheren »Plünderungen« Steins in Dunhuang erbost, da er 1907 und noch 1915 dem ahnungslosen Wärter der Höhlentempel zentnerweise antike Dokumente zu einem lächerlichen Preis abgekauft hatte. In dieser schwierigen Lage fehlte es Stein am notwendigen diplomatischen Gespür und auch an Kompromißbereitschaft. Anders als Sven Hedin, der unter schwierigsten Bedingungen zwischen 1926 und 1935 die große chinesisch-schwedische »Felduniversität« erfolgreich leitete, indem er chinesische Wissenschaftler in seine Expedition integrierte, bestand Stein darauf, nur in Begleitung lokaler Uiguren zu reisen. Die Folgen ließen nicht auf sich warten. Nachdem er Niya nochmals erreicht hatte, wurde im Februar 1931 die Gültigkeit seines Reisepasses annulliert. Stein blieb nichts anderes übrig, als die Expedition abzubrechen und nach Kashgar zurückzukehren, wo er sämtliche Funde zurücklassen mußte.

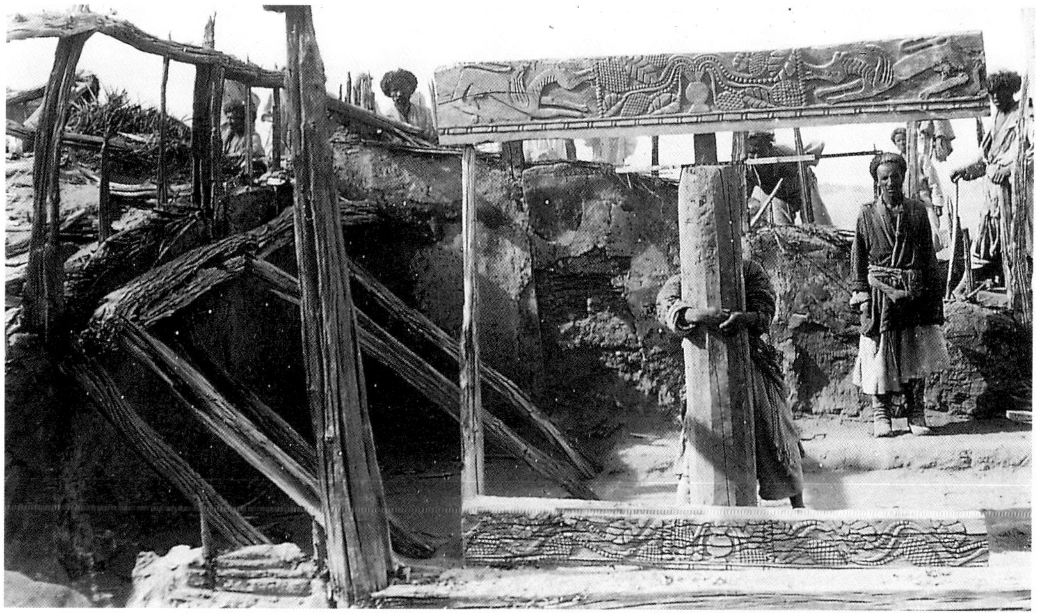

Linke Seite: Das in Niya gefundene Leinenfragment mit der Göttin Tyche und ihrer Weinamphore verweist auf hellenistische Einflüsse.
Links: Im Bereich Niya XXVI fand Stein einen 2,60 Meter langen Holzbalken, der mit pflanzlichen Motiven und Fabeltieren dekoriert war. Die zwei Tiere haben einen geflügelten Leib und ein Krokodilmaul. Stein führte das Fabeltier auf westliche Einflüsse zurück.

Der Weg zur antiken Oase Niya führt ins Innere der wasserlosen Wüste Takla-Makan. Unser Fahrer Li fährt in einem Zickzackkurs, um die gefährlichen, mit weichem Sand gefüllten Mulden zu vermeiden, und versucht, mit dem sechs Tonnen schweren Lastwagen auf dem festeren Kamm der Dünen zu bleiben.

Vor der Ruinengruppe Niya VI befindet sich dieser Steinmörser. Bereits in der Steinzeit, vor etwa vier bis sechs Jahrtausenden, wurden derartige Mörser verwendet, die im gesamten Tarimbecken nachgewiesen wurden.

Sir Aurel Stein entdeckte im Verlauf seiner drei Ausgrabungen die Überreste von über 40 Häusergruppen, deren Pfähle aus Pappelholz auch nach 2000 Jahren ihre Spitzen stumm gegen den Himmel richten. Heute sind im 45 Quadratkilometer großen Gebiet Niyas rund 60 antike Wohnkomplexe bekannt, so daß man zu Recht von einer Bevölkerung von etwa 500 Familien ausgehen kann. Zukünftige Ausgrabungen werden mit Sicherheit noch weitere Zeugnisse aus der Vergangenheit dieser großen Oase zutage fördern.
Innerhalb der Ruinen der Häusergruppe Niya III kann man deutlich eine mit Lehm übertünchte Wand aus geflochtenem Tamariskenholz gut erkennen.

Oben: Die Eingangstür zur Häusergruppe Niya VII steht auch heute unverändert da, so wie sie von ihren Bewohnern vor rund 1700 Jahren verlassen wurde.
Rechts: Selbst heutzutage werden in der 60 Kilometer entfernten Oase Mazar Wohnhäuser nach traditioneller Bauweise errichtet.

Oben: Eindrucksvoll erkennt man, wie die Wände mit einer Art Bastschnur buchstäblich an die Holzpfeiler angebunden wurden.
Links: In unmittelbarer Nähe zur Häusergruppe Niya VII hat eine wandernde Sanddüne die außergewöhnlich gut erhaltene geflochtene Schilfwand des Hauses A-13 freigegeben. Vor der Wand liegen zwei steinerne Mörserkugeln.

Diese Seiten: In allen antiken Oasenstädten der Südlichen Seidenstraße begegnet man derselben Technik des Häuserbaus. Holzstämme, versehen mit massiven, eingeschnitzten Halterungsringen, grub man in den sandigen Boden ein. Die Stützpfähle aus Pappel- oder Tamariskenholz wurden dann in die entsprechenden Ringe gerammt und die Wände – aus lehmgetünchtem Schilfgeflecht bestehend – dazwischen gezogen. Die Fotos stammen aus dem Bereich N V (rechts) und N II (gegenüberliegende Seite).

Rechts: Niya war einst eine blühende Oase, in der Landwirtschaft getrieben wurde. Davon zeugen die verdorrten Strünke eines ehemaligen Obstgartens bei der Häusergruppe Niya IV.
Unten rechts: Zu den häufigen Funden zählen auch die großen Scherben roter Keramik aus der Epoche der Späten Han-Dynastie.
Unten links: Im Innenhof des Wohnkomplexes Niya IV wird eine im Sand vergrabene unversehrte Tonamphore freigelegt, die durch einen Holzstöpsel verschlossen war.

Unten links: An mehreren Stellen finden die Expeditionsteilnehmer Spuren einstigen Lebens, so auch Stoffreste aus Seide oder Filz und Schnüre aus Kamelhaar. Unten rechts: Diese Pfirsich- und Aprikosenkerne sind ein weiterer Beweis dafür, daß in Niya einst Obst angebaut wurde.

Oben: Das einzige bis heute bekannte religiöse Gebäude Niyas ist der große, 6 Meter hohe Stupa, der sich im Zentrum der ehemaligen Oase befindet.

Rechts: Dieser blanke Schädel, den wir beim Friedhof in der Nähe von Niya X gefunden haben, erinnert auf schaurige Weise daran, daß die Wüste Takla-Makan ihren Namen zurecht trägt, denn sinngemäß läßt er sich übersetzen mit: »Gehst du hinein, so kommst du nicht mehr heraus.«

Oben: Blick auf die von Sir Aurel Stein im Jahre 1906 entdeckte Siedlungsgruppe Niya XXIV, in der er ein umfangreiches Archiv fand. Es stammte aus dem 3. Jahrhundert n. Chr. und bestand u. a. aus über dreißig doppelseitigen, noch versiegelten Holztafeln.
Links: Die einzigen Spuren einstigen Lebens sind in Niya die Menschenskelette, die vereinzelt von wandernden Sanddünen freigegeben werden. Wahrscheinlich fand hier ein unvorsichtiger Schatzsucher einen vorzeitigen Tod.

Rechts oben: Im Süden der Oase Niya, etwas südlich vom Häuserkomplex Niya XXIV, sind die Spuren eines Bewässerungskanals deutlich erkennbar.
Rechts unten: Wir schlagen unser Basislager im südlichen Teil der Oase an demselben Platz auf wie vor 90 Jahren Sir Aurel Stein. Folgende Expeditionsmitglieder genießen ihr Abendessen (von links nach rechts): der Archäologe Chun Sheng, Frau Li Yüan Xue, Baikerly, der Begleiter aus Mazar, Wang Lün und Jean-Daniel Carrard.

VII. Von Minfeng nach Miran

●●● AUS DEM REISETAGEBUCH ●●●

Die über 700 km lange Fahrt von Minfeng nach Ruoqiang, dem ehemaligen Kargilik, führt durch eine öde Wüstenlandschaft, in der Sand und grauer Kies miteinander abwechseln. Wer die Südliche Seidenstraße nur auf dieser staubigen Piste kennenlernt, kann sich nur schwerlich vorstellen, daß hier einst hochstehende Kulturen blühten. Unser Herr Wang Lün verkürzt auf dieser zweitägigen Fahrt die langen Stunden, indem er von seinen Erfahrungen als Organisator von Expeditionen erzählt. So leitete er vor zwei Jahren ein Kameltrekking von Dunhuang nach Ruoqiang, wobei die Gruppe für die knapp 600 km 55 Tage benötigte. In Ruoqiang verkaufte er die erschöpften Kamele zum Durchschnittspreis von je 500 Yüan (etwa 130 DM), während er in Dunhuang 1300 Yüan bezahlt hatte. Doch die Käufer, die den Preis stark gedrückt hatten, sollten sich nicht lange ihres Geschäfts erfreuen, denn sämtliche Kamele tauchten zwei Wochen später wieder in Dunhuang bei ihren alten Besitzern auf. Die Tiere waren, so unglaublich es klingt, allein und nur geführt von ihrem sicheren Instinkt den antiken Wasserstellen gefolgt und hatten damit auf ihrer Rückreise einen anderen, direkteren Weg eingeschlagen als auf dem Hinmarsch.

Die Eintönigkeit der Fahrt wird unvermittelt unterbrochen, als wir nach mehreren Stunden wieder einem Fahrzeug begegnen: es ist ein blauer Lastwagen, der im weichen Sand der Piste festgefahren ist. Obwohl dessen Mannschaft die gesamte Last abgeladen hat, kann der Lkw offensichtlich aus eigener Kraft nicht freikommen. Seine Ladung – braune Kartonschachteln – steht überall herum. Unser Fahrer Li schaltet beim Unimog geistesgegenwärtig auf Allradantrieb und schafft die schlechte Stelle mühelos. Zu unserem Erstaunen macht er aber keine Anstalten anzuhalten, so daß wir ihn zwingen, umzukehren und dem festgefahrenen Lkw zu helfen. Dessen Fahrer erzählt, daß er seit einem ganzen Tag im Sand stecke und wir das erste Fahrzeug wären, das vorbeigefahren sei. Schnell wird ein Kabel zwischen die beiden Fahrzeuge gespannt, und nach weniger als fünf Minuten ist der chinesische Lastwagen der Umklammerung des Sandes entronnen. Als ich die kurze Fahrtunterbrechung nutzen möchte, um aus unserer Thermoskanne eine Tasse Kaffee zu trinken, treiben mich sowohl Li als auch der sonst immer höfliche Wang Lün barsch zur Eile an. Also verzichte ich auf den Kaffee, klettere in die Fahrerkabine, und wir brausen in einer Staubwolke los. Nach einigen Minuten angespannter Stille wage ich Wang zu fragen, was denn los sei. Er wirft mir einen vorwurfsvollen Blick zu und fragt, ob ich auf den herumliegenden Kartons denn nicht gelesen habe, daß die Ladung des blauen Lastwagens aus Dynamit bestand!

Sowohl in Qiemo, dem alten Cherchen, als auch in Ruoqiang fallen uns die vielen Han-Chinesen auf, während die einheimischen Uiguren offensichtlich nur eine Minderheit bilden. Wang Lün erklärt, daß während der großen Hungersnot, die die zentralchinesischen Provinzen von Hunan und Sichuan nach dem mißglückten »Großen Sprung nach vorn« in den Jahren 1960–62 heimsuchte, viele Han-Chinesen nach Xinjiang auswanderten und im östlichen Gebiet der Südlichen Seidenstraße angesiedelt wurden. Herr Wang fügt hinzu, daß sich ein weiterer Teil der Han-Chinesen unfreiwillig in Xinjiang niedergelassen habe. Es seien nämlich in den 60er Jahren im abgelegenen Xinjiang viele Strafgefangenenlager mit politischen Häftlingen gefüllt worden. Als nach dem Sturz der »Viererbande« im Jahr 1976 diese Lager allmählich aufgelöst wurden, ließen sich die ehemaligen Strafgefangenen in den umliegenden Oasen nieder.

Heute sind sowohl Qiemo als auch Ruoqiang moderne Städte mit tristen grauen Hochhäusern, die den Einfluß der sowjetischen Einheitskultur, die bis zum Zerwürfnis Maos mit Chruschtschow im Jahr 1961 in ganz China vorherrschend war, nicht verleugnen können. Daß die Uhren an der Südlichen Seidenstraße langsamer gehen als im übrigen China, zeigt sich in Minfeng am Eingang zum Basar, wo noch heute eine hohe Stele steht, auf der in chinesischer ebenso wie in russischer Sprache die ewige chinesisch-sowjetische Freundschaft gepriesen wird …

In Qiemo erinnert nichts mehr an das alte Cherchen, wo der deutsche Forscher Wilhelm Filchner 1936 einen Monat lang festgehalten wurde. Als mein Kollege und ich durch die staubigen Straßen Ruoqiangs schlenderten, ahnten wir nicht, daß wir in wenigen Tagen im kleinen Dorf Neu-Miran einen lebenden Zeugen der Wiederentdeckung der Südlichen Seidenstraße antreffen würden, der sich sowohl an Sven Hedin als auch an Aurel Stein erinnern konnte!

Doch bevor es zu dieser unvergeßlichen Begegnung kam, unternahmen wir einen Ausflug zur 85 km entfernten antiken Festung Miran.

Das antike Miran liegt etwa 12 km östlich von der Oase Neu-Miran entfernt, wo sich zu Beginn des 20. Jahrhunderts die meisten Bewohner des ehemaligen Sees Karakoshun niederließen, als dieser austrocknete. Miran muß einst eine bedeutende Siedlung gewesen sein, denn das gesamte Ruinenfeld erstreckt sich über eine etwa 16 km² große rechteckige Fläche. Aurel Stein hat hier 15 antike Strukturen identifiziert und sie von M I bis M XV numeriert.

Auffallend ist in Miran, daß mit Ausnahme der großen Festung und ein paar kleiner Wachtürme alle übrigen aus Lehmziegeln errichteten Bauten religiösen Zwecken dienten bzw. entweder Stupas oder Tempel waren. Daß von den ehemaligen leicht gebauten Wohnhäusern nichts übriggeblieben ist, erstaunt nicht, denn bei Miran herrscht die Steinwüste vor, die von einer lediglich 1 bis 3 Meter hohen Sandschicht bedeckt ist. Das führte dazu, daß Miran, im Gegensatz etwa zu Niya, nicht vom schützenden Sand zugedeckt wurde, als ihre Einwohner die Siedlung verließen, sondern der vollen Wucht der Winde und Sandstürme ausgesetzt blieb.

Von dieser zerstörerischen Gewalt der Naturkräfte erhalten wir in der Nähe Mirans einen kleinen Vorgeschmack, als sich der Himmel an einem frühen Nachmittag plötzlich verfinstert und der Horizont eine gelblich-schwarze Farbe annimmt. Und es dauert nur Minuten, bis die eben noch strahlende Sonne in der Dunkelheit verschwindet. Zum Glück können wir in der Lastwagenkabine Schutz finden, denn der orkanartige Wind wirbelt nicht nur den überall eindringenden Sand herum, sondern auch kleinere Steine, die gegen die Windschutzscheibe prallen. Unter diesen Umständen ist an eine Fahrt selbstverständlich nicht zu denken, denn die Sichtweite beträgt weniger als einen Meter.

Hedin berichtet in seinen Reiseerinnerungen, daß wenn eine Karawane in einen solchen Sturm geriet, sie augenblicklich anhalten mußte. Die Kamele wurden dann zum Kauern gebracht, und die Männter suchten zwischen den Kamelleibern Schutz. Wir haben das Glück, daß der Sturm nach einer Stunde merklich nachläßt, denn in der Zeit zwischen März und Juni hätte er durchaus zwei Tage dauern können ●●●

Der Tempel E 1 innerhalb der Festung von Endere. Früher umwandelten die Gläubigen den kleineren, inneren Stupa, an dessen Wänden sich einst vier Buddha- oder Bodhisattva-Statuen mit dem Rücken anlehnten. In jeder Ecke der Cella stand ebenfalls auf einer Basis, die eine offene Lotosblume darstellte, eine lebensgroße Stuckstatue. Wahrscheinlich handelte es sich um die vier Lokapalas, die Wächter der vier Himmelsrichtungen. Der Aufbau des kleinen Tempels E 1 weist gewisse Ähnlichkeiten mit dem bedeutenden Tempel D II von Dandan Oilik auf.

Endere – ein Zeugnis tibetischer Herrschaft

Die Bedeutung der antiken Ruine Endere liegt nicht zuletzt darin, daß sich hier, wie in Miran, die bewegte Geschichte entlang der Südlichen Seidenstraße besonders gut nachvollziehen läßt. Es ist Steins Verdienst, anhand seiner Ausgrabungsfunde gezeigt zu haben, daß Endere schon unter der Han-Dynastie eine erste Blüte erlebt haben muß. Danach blieb der Ort einige Jahrhunderte lang verlassen, bis er im 7. Jahrhundert n. Chr. von den chinesischen Tang wieder besiedelt wurde. Die kaiserliche Festung Endere geriet jedoch schnell unter den Druck der vorrückenden Tibeter, in deren Hände sie dann auch um die Mitte des 8. Jahrhundert n. Chr. fiel. Damit kontrollierte das aufstrebende Tibet eine der wichtigsten strategischen Festungen entlang der Südlichen Seidenstraße.

Als erster westlicher Entdecker stattete Hedin im Januar 1900 der Festung Endere, die er Kona-Schahr (alte Stadt) nennt, einen kurzen Besuch ab. Da der Boden »ein Fuß hoch« mit Schnee bedeckt war, verzichtete Hedin jedoch auf Ausgrabungen.[1] Ein Jahr später befand sich Stein auf seiner ersten Expedition und hatte am 13. Februar 1901 die erste Ausgrabung Niyas abgeschlossen. Sein nächstes Ziel war Endere. Statt aber den Niya Darya entlang zuerst nach Minfeng zurückzukehren und von dort ostwärts Endere zu erreichen, entschied sich Stein für einen direkten sechstägigen Marsch durch die Wüste.

In der Ruinenstadt Endere, wo der buddhistische Stupa und die aus Ziegeln erbaute große Festung die dominierenden Gebäude bilden, entdeckte Stein Papiermanuskripte, die mit Brahmi-Zeichen Sanskrittexte festhielten. Diese Texte gaben einen ersten Hinweis auf das hohe Alter der Anlage. Im Verlauf der Ausgrabungen stieß Stein bald auf einen buddhistischen Tempel, dessen Grundriß mit einer inneren Cella und einem um diese herum führenden Wandelgang Ähnlichkeiten mit den Tempeln von Dandan Oilik aufweist. In den vier Ecken des Tempels befanden sich große, rot bemalte Statuen, die höchstwahrscheinlich die vier Lokapalas, die buddhistischen »Wächter der Regionen«, darstellten. Auch in Endere fanden sich unmittelbare Hinweise auf den kulturellen Einfluß aus Indien,und zwar in Form des vierarmigen Ganeshas, der auf eine kleine Holztafel gemalt war.[2]

Die nächstfolgenden Funde Steins waren, vom historischen Standpunkt aus gesehen, noch bedeutender, denn er fand sowohl Papierblätter mit tibetischen Schriftzeichen als auch chinesische Graffiti, die er auf 719 n. Chr. datieren konnte, sowie tibetische Graffiti, die auf einer Mauer der Festung gekritzelt waren. A. H. Francke übersetzte letztere wie folgt: »Diese Armee wurde bei Pyagpag ... überlistet und ein Tigermahl wurde gewonnen (d. h. es wurden viele getötet). Iß jetzt, bis Du fett wirst.«[3] Stein vermutete, daß sich dieser Text auf einen tibetischen Sieg über eine chinesische Armee bezog. Diese tibetischen Graffiti bewiesen jedenfalls, daß in der zweiten Hälfte des 8. Jahrhunderts Endere unter tibetische Herrschaft gefallen war, als der Einfluß Chinas über das Tarimbecken stetig zurückging.

Stein scheute sich allerdings davor, im 1907 erschienen dreibändigen Werk *Ancient Khotan* die Geschichte Enderes genau zu umreißen, denn es störte ihn, daß Xuang Zangs zuverlässiger Reisebericht aus dem Jahre 644–645 Endere nicht erwähnte. Nachdem er jedoch im November 1906 zum zweitenmal Ausgrabungen in Endere unternommen und dabei weitere Kharoshthi-Dokumente und Münzen aus der Han-Dynastie gefunden hatte, faßte Aurel Stein in seinem zweiten großen wissenschaftlichen Werk *Serindia* Enderes Geschichte wie folgt zusammen:

Enderes erste Blütezeit fand parallel zu derjenigen Niyas in den ersten Jahrhunderten unserer Zeitrechnung statt und endete wahrscheinlich infolge politischer Wirren gegen Ende des 3. Jahrhunderts. Als Xuang Zang im Jahr 644 auf der Südlichen Seidenstraße nach Xian zurückreiste, war Endere also bereits seit mehr als 300 Jahren verlassen. Allerdings berichtet der Pilgermönch von einem Heiligtum namens Tukhara, dessen Lage mit derjenigen Enderes übereinstimmen könnte. Nachdem die Tang-Dynastie ihre Herrschaft gefestigt hatte, nahm sie um die Mitte des 7. Jahrhunderts die expansive Außenpolitik der Han wieder auf und dehnte ihren Machtbereich ins Tarimbecken aus. Als Folge dieser erneuten »Vorwärts-Strategie« muß die Wiederbesiedlung Enderes und der Bau der Festung um das Jahr 655 n. Chr., also etwa zehn Jahre nach Xuang Zangs Durchreise, stattgefunden haben. Nach weniger als einem Jahrhundert chinesischer Herrschaft geriet Endere, wie auch die übrigen chinesischen Garnisonen Zentralasiens, unter den starken militärischen Druck der Tibeter und wurde schließlich von diesen erobert. Wahrscheinlich verfiel die Festung Endere, nachdem die Uiguren um die Mitte des 9. Jahrhunderts die Tibeter aus dem Tarimbecken verdrängt hatten.

Miran – ein Höhepunkt hellenistisch-buddhistischer Kunst

Der russische Geograph Oberst Nikolai Prschewalski war der erste westliche Forscher, der auf seiner zweiten Expedition 1876 von der Existenz Mirans, damals Kunia-Shari genannt, erfuhr.[4] Offensichtlich hat er Miran selbst nicht besucht, denn er begnügte sich mit dem Hinweis, daß die Stadt zwischen Kargilik und dem See Lop-Nor, also dem Karakoshun, liege.

Dem Amerikaner Huntington gebührt die Ehre, Ende Dezember 1905 als erster Miran, wenn auch nur flüchtig, unter-

sucht zu haben. Während seines zweitägigen Aufenthalts in Miran gelang es Huntington immerhin, die Festung, das Kloster, zwei Stupas und die Überreste neun weiterer Gebäude, die aus getrockneten Lehmziegeln bestanden, zu identifizieren und den buddhistischen Charakter der Anlage zu erkennen.

Wie im Fall von Dandan Oilik, Karadong, Endere und Loulan fiel jedoch Aurel Stein die Rolle zu, eine antike Ruinenstätte zwar nicht als erster zu entdecken, wohl aber als erster auszugraben und deren Geschichte zu rekonstruieren. Dabei gelang ihm der Nachweis, daß der hellenistisch-römische Einfluß aus dem östlichen Mittelmeerraum bis Miran vorgedrungen war.

Als Stein am 6. Dezember 1906 von Kargilik aufbrach, wollte er sich in Miran lediglich kurz umsehen, denn sein eigentliches Expeditionsziel war Loulan, die mysteriöse Stadt, die von Sven Hedin im Jahr 1900 entdeckt worden war. Obwohl der in Kashgar residierende britische Konsul Macartney Stein über die Schritte seiner Konkurrenten Hedin, Paul Pelliot und Albert von Le Coq auf dem laufenden hielt, brannte er darauf, das Geheimnis Loulans selbst zu lüften. Der Widerhall, den die Erfolge seiner ersten Expedition in wissenschaftlichen Kreisen ausgelöst hatte, erwies sich nämlich als zweischneidiges Schwert: Einerseits hatten seine Entdeckungen es ihm erleichtert, von der indischen Regierung erneut finanzielle Unterstützung für eine zweite Expedition zu bekommen; andererseits hatten seine wissenschaftlichen Berichte das Interesse französischer, deutscher und russischer Wissenschaftler geweckt. Deshalb beschränkte sich Stein zunächst auf eine rasche, zweitägige Bestandesaufnahme Mirans und hetzte schon am 10. Dezember mit seiner mit Eisblöcken beladenen Kamelkarawane nach Abdal, das westlich des Sees Karakoshun im Delta des Tarim lag, um möglichst rasch sein Ziel Loulan zu erreichen. Allerdings ließ er in Miran seinen chinesischen Sekretär Chiang Su-yeh und seinen indischen Landvermesser Naik Ram Singh zurück, um die Ausgrabungen im Innenhof der tibetischen Festung fortzusetzen. Die übrigen vielversprechenden Fundorte in Miran ließ er jedoch wieder mit Sand zudecken, und zwar als »Vorsichtsmaßnahme für den Fall, daß ein zufälliger Reisender, der die einsamen Ruinen vor meiner Rückkehr besuchen sollte, so *schlecht* beraten wäre, hier nach Schätzen zu suchen.«[5]

Es spricht für Steins archäologisches Gespür, daß er innerhalb von nur zwei Tagen die Bedeutung Mirans erkannte und deshalb beschloß, nach der Ausgrabung Loulans nach Miran zurückzukehren. Der Brite hatte nämlich schon am ersten Tag in einem kleinen Raum innerhalb der großen, rechteckigen Festung, die er mit M I bezeichnete, einen äußerst aufschlußreichen Fund gemacht. Er entdeckte einen jahrhundertealten, aber immer noch übel riechenden Abfallhaufen mit über 200 tibetischen Schriftdokumenten auf Holz und Papier. Dabei handelte es sich meistens um offizielle Korrespondenz mit administrativem oder militärischem Inhalt.

Was die vielen aufgezeichneten Ortsnamen betrifft, ist erwähnenswert, daß Miran »Festung des kleinen Nob« und Kargilik »Festung des großen Nob« genannt wurde. Letzterer gilt als Hauptstadt des Fürstentums Shan-Shan, zu welchem Loulan wahrscheinlich ab 77 v. Chr. auch gehörte.[6] Die Tatsache, daß für die Mehrheit der tibetischen Dokumente aus dem 8. und 9. Jahrhundert als Schreibunterlage noch Holz verwendet wurde, weist auf die damalige Schwierigkeit hin, Papier zu beschaffen.

Als weitere Funde kamen Reste von rot-schwarz lackierten Rüstungen aus hartem Leder zum Vorschein. In einem nahgelegenen Tempel fand Stein Spuren von buddhistischen Stuckreliefs und einen kolossalen Buddhakopf, der an die hellenistisch beeinflußte Gandhara-Kunst erinnerte. Aus diesen Funden zog Stein den Schluß, daß Miran, wie Endere auch, eine erste Blütezeit in den ersten nachchristlichen Jahrhunderten erlebt hatte und später, im 8. und 9. Jahrhundert, als Tibet Dunhuang und das Gansu-Gebiet beherrschte, den tibetischen Truppen als Garnisonsstadt diente. Es gibt aber keinerlei Anzeichen dafür, daß Miran nach dem Sieg der Uiguren über die Tibeter um das Jahr 860 n. Chr. besiedelt blieb.

Stein kehrte nach seiner erfolgreichen ersten Erforschung Loulans am 23. Januar 1907 nach Miran zurück, wo er bis zum 11. Februar äußerst ergebnisreiche Ausgrabungen durchführte. Er setzte zunächst den Spaten bei jenem Raum der tibetischen Festung an, wo er bereits die vielen tibetischen Dokumente gefunden hatte. Es scheint, daß die tibetischen Besatzungstruppen jeweils einen Raum ihrer Festung mit Abfall füllten, um sodann das nächste Zimmer als Kehrrichthaufen zu mißbrauchen. Stein beschreibt seine Arbeit in der Festung Mirans wie folgt: »Ich hatte mir mit der Zeit eine recht große Erfahrung mit dem

Links: Schon ein kurzer, nur einige Stunden dauernder Sandsturm kann einen hellen Tag in düstere Abenddämmerung verwandeln wie hier in Ruoqiang am frühen Nachmittag.
Unten: In der Kleinstadt Minfeng ragt auch heute noch ein Denkmal empor, das in russischer und in chinesischer Sprache die chinesisch-sowjetische Freundschaft preist.

Aufräumen antiker Abfallhaufen angeeignet und mit ihrer entsprechenden Diagnose. Doch was die Intensität des reinen Drecks und den altersunabhängigen Gestank betrifft, werde ich immer den reichen Überbleibseln tibetischer Soldaten den ersten Rang zusprechen.« Stein fährt fort, daß er den tibetischen Ursprung eines jahrhundertealten Abfallhaufens sogar an dessen Gestank erkennen konnte.[7]

Neben den tibetischen Schriftstücken kamen auch Papierreste mit einer türkischen Runenschrift zum Vorschein, die an die Vorstöße der westlichen Türken im 8. Jahrhundert n. Chr. ins Tarimbecken erinnern. Nachdem Stein bedeutend ältere Schriftdokumente gefunden hatte, wie zum Beispiel ein mit Brahmi-Zeichen beschriebenes Palmblatt, das vermutlich ursprünglich aus Indien stammte, oder drei mit Kharoshthi-Texten beschriebene Seidenstoffstücke, galt das hohe Alter Mirans nunmehr als erwiesen.

Miran wurde vor allem durch seine prächtigen Fresken berühmt, die Stein in verschiedenen Heiligtümern entdeckt hatte, wobei die Funde in den Stupas M III und M V besonders spektakulär sind.

Die gräko-buddhistischen Wandmalereien aus Miran gehen auf das 3. Jahrhundert n. Chr. zurück und zählen zu den wichtigsten Entdeckungen Sir Aurel Steins, da sie die Verbreitung des Einflusses der Gandhara-Kunst bis zum östlichen Teil des Tarimbeckens belegen.
Mitte links: Der Name des Künstlers, der im Tempel Miran V Porträts malte, um die sich eine Girlande schwingt, ist durch eine Inschrift überliefert. Er hieß Titus und stammte wahrscheinlich aus dem östlichen Mittelmeerraum.
Deutlich erkennbar sind die Umrisse eines geflügelten Genius (oben links), während die Szene oben rechts einen andächtigen Schüler des Buddha zeigt und unten links der lehrende Buddha dargestellt ist. Diese Szenen entstammen dem Tempel Miran III.

Rechts: Der Kopf einer Kolossalstatue aus Stuck wurde von Sir Aurel Stein im Jahr 1907 beim Tempel M II in Miran unter einer Sandschicht entdeckt.

Beide Heiligtümer liegen knapp zwei Kilometer westlich der großen Festung. Stein beschreibt seine Überraschung bei der Ausgrabung der kreisförmigen Innenwand, die den eigentlichen Stupa M III umgab und dadurch einen Rundgang bildete, wie folgt: »Als die Ausgrabung eine Höhe von ungefähr vier Fuß über dem Boden erreicht hatte und eine zierlich gemalte Gruppe wundervoller, geflügelter Engel sich auf der Wand zu offenbaren begann, war ich völlig überrascht. Wie hätte ich erwarten können, ... genau im Herzen des innersten Asiens, auf so klassische Darstellungen eines Cherubims zu stoßen! Und was hatten diese anmutigen Köpfe, die an geliebte Szenen christlicher Darstellung erinnern, hier auf den Wänden eines zweifelsohne buddhistischen Heiligtums zu tun?«[8]

In der Tat, die rot gemalten, etwas pausbäckigen Gesichter der geflügelten Engel, die ihre Nähe zu hellenistischen Eroten nicht verleugnen können, scheinen viel eher in einen griechischen Tempel oder eine frühchristliche Kirche zu passen als in eine antike chinesische Stadt am Südrand der Wüste Takla-Makan. Der Einfluß aus dem östlichen Mittelmeerraum oder aus Westasien, wo die Vorstellung geflügelter, engelhafter Wesen schon im vorchristlichen Iran bekannt war, läßt sich nicht übersehen. Stein vermutet, daß diese geflügelten Engel die aus der buddhistischen Mythologie bekannten Gandharvas, die himmlischen Musikanten, darstellen. Zwei andere Malereien aus dem Stupa M III, welche den Buddha in einer lehrenden Haltung zeigen, weisen ihrerseits eindeutige Gandhara-Stilelemente auf.[9]

Im benachbarten Rundtempel M V stieß Stein auf eine Kharoshthi-Inschrift aus dem 3. Jahrhundert n. Chr., die sich innerhalb eines gemalten Frieses befand. Der Fries zeigt eine Reihe von 28 Porträts, die von einer durch Eroten getragenen Girlande umrahmt werden. Darüber befinden sich Szenen aus dem Vessantara-Jataka, eine der vielen Erzählungen aus den früheren Leben Buddhas.[10] Der Stil der Malereien wird von Stein als »gräco-buddhistisch« bezeichnet.[11]

Neben den geflügelten Putten fällt ein zweiter Typus von Eroten auf, da diese eine phrygische Mütze tragen. Diese aus Kleinasien stammende Kopfbedeckung, die auch vom iranischen Saka-Volk getragen wurde, findet sich ebenfalls bei einigen in Loulan ausgegrabenen Mumien.[12] Die Inschrift ihrerseits identifiziert einen Mann namens »Tita« als Urheber der Tempelmalereien. Stein zögerte nicht, wie bereits erwähnt, diesen Namen mit »Titus« gleichzusetzen. Wahrscheinlich war dieser Titus ein wandernder Maler aus dem östlichen Mittelmeerraum, der mit der buddhistischen Ikonographie vertraut war und in Miran im 3. Jahrhundert n. Chr. einen großen Auftrag zur Dekoration der Wände eines Rundtempels erhalten hatte.

Im östlich des Forts gelegenen buddhistischen Kloster M II, dem sogenannten Vihara, dessen mittlere Mauer mit persisch aussehenden, an Persepolis erinnernden Kapitellen verziert ist, entdeckte Stein schließlich die Überreste einer Reihe von sechs großen sitzenden Buddhastatuen sowie zwei dazu gehörende Köpfe aus Stuck. Auch hier ist der Gandhara-Einfluß deutlich erkennbar, und es zeigt sich auch eine gewisse Ähnlichkeit mit den Stuckstatuen aus Rawak.

Somit kann man festhalten, daß sich in Miran eine außergewöhnliche Synthese indischer, persischer und griechischer

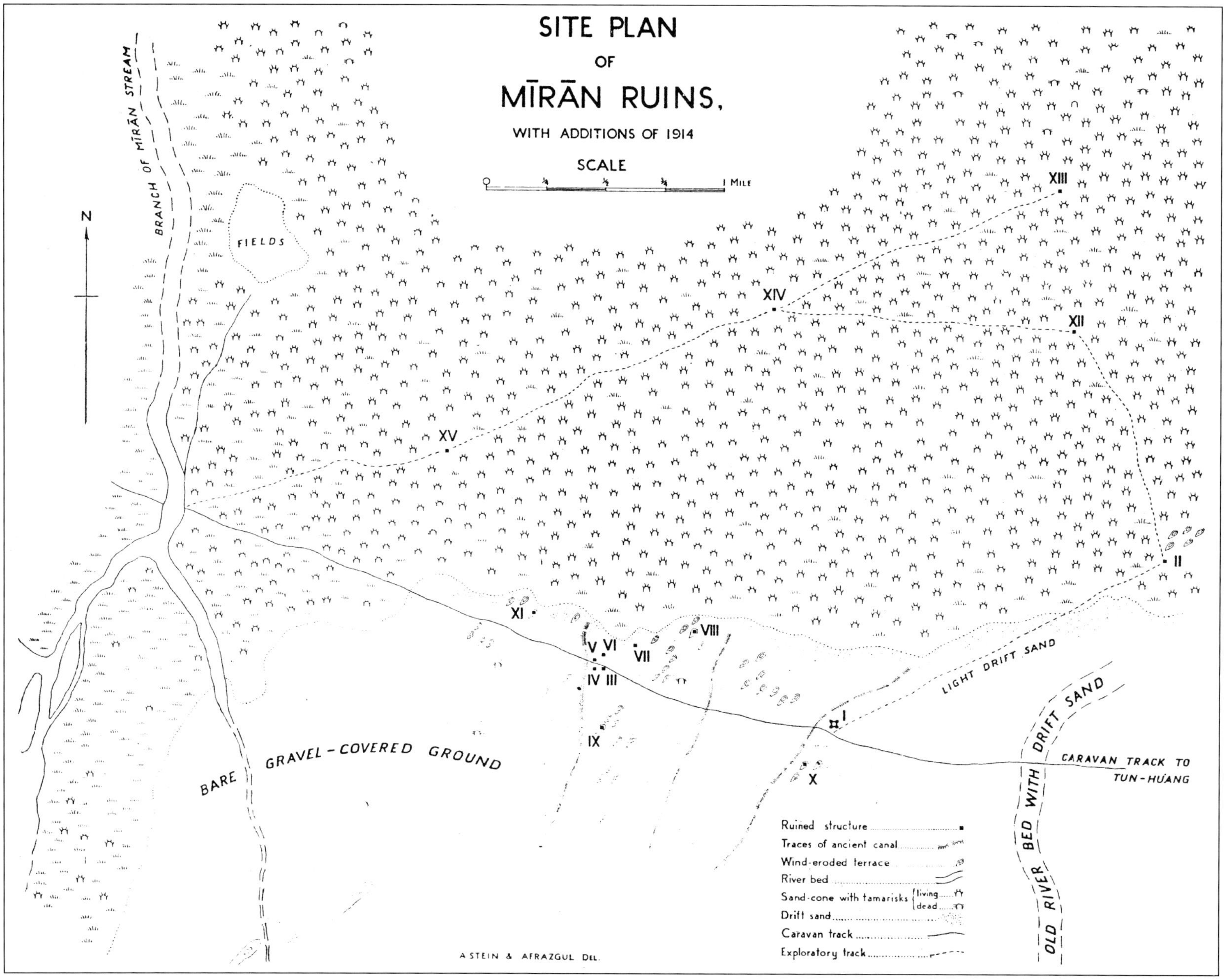

Die tibetische Festung führt Stein als M I auf, den Vihara-Tempel als M II und die zwei kleineren Heiligtümer mit den gräko-buddhistischen Malereien als M III und M V.

Stilelemente zur Darstellung buddhistischer Glaubensinhalte ereignet hatte, die von Mario Bussagli als »gandharische Verspätung« bezeichnet wird.[13] Weshalb Miran im 4. Jahrhundert n. Chr. aufgegeben wurde, kann heute nicht genau geklärt werden. Wahrscheinlich hing dies mit dem gleichzeitigen Rückgang der Bedeutung der Südlichen Seidenstraße zusammen. Jedenfalls waren die buddhistischen Heiligtümer längst zu verstaubten Ruinen verfallen, als die Tibeter die benachbarte große Festung im 7. Jahrhundert n. Chr. erbauten.

Doch bevor Stein am 11. Februar 1907 Miran in Richtung Dunhuang verließ, stellte sich die Frage der »Aufbewahrung« der soeben ausgegrabenen Malereien. Nachdem der britische Forscher die meisten Funde sorgfältig fotografiert hatte, stand er vor der Alternative, die nun freigelegten Malereien an Ort und Stelle Wind und Wetter ausgesetzt zu lassen oder sie wieder – wie die Tonstatuen aus Rawak – zuzugraben oder aber zu versuchen, sie von der Wand loszulösen und nach Europa zu bringen.

Stein entschied sich für eine Kompromißlösung. Kleinere Fresken trennte er sorgfältig von ihrer Mauer ab und schickte sie in gepolsterten Kisten nach Khotan, die Mehrheit der größeren oder brüchigeren Malereien jedoch deckte er wieder mit Sand und Kieselsteinen zu, da er befürchtete, sie während der Ablösung allzu sehr zu beschädigen. Stein beschrieb seine Gefühle dabei wie folgt: »Es war ein melancholisches Geschäft zuzusehen, wie diese anmutigen Wandmalereien ... langsam wieder unter Staub und Lehmabfällen versanken. Es war wie ein echtes Begräbnis dieser Figuren, die noch voller Leben waren.«[14]

Während die abgelösten Fresken nicht nur die lange Reise nach London, sondern auch deren spätere Rückgabe ans Indische Nationalmuseum in Delhi ungeschadet überstanden, ahnte Stein nicht, daß die von ihm zurückgelassenen Malereien, an denen er so hing, schon bald Zeugen einer menschlichen Tragödie werden würden, um danach einem dilettantischen Rivalen zum Opfer zu fallen.

Stein schickte im März 1908 nach dem erfolgreichen ersten Besuch der Höhlen Dunhuangs seinen treuen und geschätzten Mitarbeiter Naik Ram Singh nach Miran zurück, um die fotografische Erfassung aller zurückgelassenen Fresken zu beenden und eventuell einige weitere Malereien abzulösen. Der unglückliche Ram Singh erblindete jedoch in Miran infolge eines Hirnschlags und mußte über Ladakh in seine Heimat Punjab zurückgebracht werden, wo er 1909 starb.

Stein erlitt, wie angedeutet, eine weitere bittere Enttäuschung im Januar 1914, als er auf seiner dritten Zentralasien-Expedition Miran wieder besuchte. Denn es zeigte sich, daß seine sorgfältige Zugrabung der Wandmalereien sowie die Bemühungen Ram Singhs vergeblich gewesen waren. »Ein schlecht durchgeführter Versuch, die Fresken zu entfernen, hatte einige Jahre nach dem Bekanntwerden meiner Entdeckung durch einen jungen japanischen Reisenden stattgefunden, dem Vorbereitung, technische Fähigkeiten und Erfahrung ... fehlten. Der Versuch führte deshalb zu einer bloßen Zerstörung, wie die herumliegenden Fragmente von bemaltem Gips allzu deutlich bewiesen.«[15] Dieser junge Japaner war niemand anders als der als Archäologe getarnte Spion Tachibana, der etwa die Hälfte der Malereien des Stupas M V unrettbar beschädigt hatte. Stein gelang es dann ohne weiteren Schaden, wichtige Teile der übriggebliebenen Fresken zu entfernen. Was die geflügelten Engel im Stupa M III betrifft, so hatte Stein von den vermutlich 24 Engeln 14 ausgegraben und davon 7 Bildnisse entfernt. Der Vize-Direktor des Archäologischen Museums in Ürümqi, der die schweizerische Expedition begleitete, bestätigte dem Autor, daß sich die Überreste der an Ort und Stelle gelassenen Engel auch heute noch unter der schützenden Schuttschicht befinden würden.

Stein wurde ein Jahr später erneut mit den »Ausgrabungsmethoden« des Japaners Tachibana konfrontiert, als er im März 1915 den antiken Verkehrsknotenpunkt Ying-Pan nördlich des Kum Darya besuchte, wo der Weg von Loulan mit der Verbindungstraße von Miran nach Korla zusammentraf. Als Stein die 1896 von Hedin entdeckte Stupa-Gruppe in Ying-Pan zu erforschen begann, fielen ihm bei einem wichtigen Tempel die zahlreichen Reste zerbrochener buddhistischer Tonstatuen auf. Wie bereits in Miran, so hatte Tachibana auch hier erfolglos versucht, antike Kunstwerke von ihrem Standort abzulösen.[16]

Der britische Forscher stand in Miran während der zwei letzten Januarwochen des Jahres 1914 unter starkem Zeitdruck, denn er hatte aus Kashgar von Macartney die Warnung erhalten, daß die Provinzregierung in Ürümqi einen Erlaß an alle Distriktverwaltungen verschickt hatte, wonach Aurel Stein jede Arbeit in den Bereichen Landvermessung und Archäologie untersagt sei. Deshalb trieb er seine Arbeiter zu äußerster Eile an, denn er mußte täglich mit dem Verbot der Behörden von Kargilik rechnen, die Fresken von Miran von ihrem ursprünglichen Ort zu entfernen.

Steins Arbeit in Miran und überhaupt die Fortsetzung seiner Expedition wurde aber durch eine kleine lokale Revolution, die von Cherchen nach Kargilik übergegriffen hatte, gerettet, da während der folgenden Unruhen die führenden Beamten Kargiliks ermordet wurden und die schriftlichen Befehle aus Ürümqi wochenlang ungeöffnet in der Residenz des Statthalters liegenblieben. So gelang es Stein, die Arbeiten in Miran erfolgreich abzuschließen und am 1. Februar mit seiner 35 Mann starken Karawane in die Wüste Lop-Nor in Richtung Loulan aufzubrechen, wodurch er sich dem Zugriff der Behörden von Kargilik entziehen konnte.

An der stattlichen, runden Festung von Miran läßt sich die Geschichte der Südlichen Seidenstraße exemplarisch rekonstruieren. Mirans früheste Blütezeit fällt in die ersten drei Jahrhunderte n. Chr., wovon die herrlichen Wandmalereien im gräkobuddhistischen Gandhara-Stil zeugen. Die danach folgende Verlagerung der Seidenstraße auf die Nordroute führte dazu, daß Miran in Vergessenheit geriet. Erst als das Königreich Tibet die chinesische Oberhoheit über Turkestan in Frage stellte und seinen Einflußbereich bis ins Tarimbecken ausdehnte, erlebte Miran im 8. und 9. Jahrhundert eine erneute Blütezeit, denn es entwickelte sich zu einer strategisch bedeutsamen tibetischen Garnisonsstadt. Das Foto links zeigt die Festung M I, während in der Aufnahme unten der Komplex M X zu sehen ist.

Der chinesische Archäologe Chun Sheng, der die Expedition begleitete, bestätigte dem Autor, daß im unteren Teil des Tempels Miran III noch weitere Fresken mit der Darstellung geflügelter Genien erhalten seien, die ihrer Ablösung von der Wand durch Stein bzw. durch die dilettantischen Versuche des Japaners Tachibana entgangen sind. Heute sind die Fresken durch eine 2 Meter dicke Sand- und Schuttschicht geschützt.

Als die Tibeter im Zuge ihrer Expansions-
poltik Ende des 7. Jahrhunderts die große
Festung Miran zur Kontrolle der Südlichen
Seidenstraße errichteten, waren die älteren
Heiligtümer schon längst verfallen.

Der Tarim, der die Nordseite der Wüste Takla-Makan umgrenzt, änderte im Bereich seines Deltas seit dem 4. Jahrhundert dreimal seinen Lauf, ein Umstand, der zur „Wanderung" des Sees Lop-Nor führte. Während der Tarim heute noch bis nach Korla Wasser führt (oben), ist sein südlicher Unterlauf seit 1921 völlig versiegt (unten). Dies führte auch zur Austrocknung des Sees Karakoshun bzw. des Lop-Nor-Sees.

Oben: Der Cherchen Darya ist der zweite Zubringer des einstigen Sees Lop-Nor, aber auch er vermag nicht mehr dessen Gebiet zu erreichen und endet in einem seichten Sumpf.

Ein Zeitgenosse Sven Hedins erzählt

●●● **AUS DEM REISETAGEBUCH** ●●●

Schon bei der Planung der Expedition hatte ich davon geträumt, in China jemanden zu treffen, der Sven Hedin noch persönlich gekannt hatte. Zunächst schien meine Hoffnung ein bloßer Wunschtraum zu bleiben. Überall, in Kashgar, Khotan, Keriya und Cherchen, blieben meine Nachforschungen ergebnislos, bis Villayati, der Uigure aus Ruoqiang, zu Beginn der vierten Expeditionswoche zu unserem Team stieß und eines Abends bei einem gemütlichen Lagerfeuer die Geschichte eines Mannes namens Kumran Banyas zu erzählen begann.

Dieser lebe in Neu-Miran, nicht weit entfernt von unserem Lagerplatz westlich der alten tibetischen Festung von Miran, und er sei außerordentlich alt. Kumran sei 1886 am ehemaligen See Lop-Nor, dem Karakoshun, geboren, also heute 108 Jahre alt, und habe die von Hedin beschriebene »Rückwanderung« dieses Sees nach Norden in sein altes Bett bzw. die Austrocknung des Karakoshun miterlebt. Sofort werde ich hellhörig, denn dieser Mann könnte Hedin gekannt haben. Als Villayati bestätigt, daß dieser Kumran nicht nur Hedin, sondern auch Aurel Stein gekannt habe, steht eines fest: das Programm für den kommenden Tag wird geändert und wir werden versuchen, Kumran im nahgelegenen Neu-Miran ausfindig zu machen.

Am Morgen packen wir hastig alles Gepäck zusammen und brechen noch vor Sonnenaufgang auf. In Neu-Miran führt uns Villayati rasch zu Kumrans Haus. Wir betreten den Innenhof eines hübschen kleinen Bauernhauses, das durch hohe Pappeln vom Wind und von der Außenwelt abgeschirmt wird. Und schon erscheint mit leicht schlurfendem Schritt ein etwas zerbrechlich wirkender alter Mann: Kumran Banyas. Er trägt eine braune Jacke und auf dem Kopf das weiße Käppchen der muslimischen Uiguren. Ein weißes Spitzbärtchen rundet sein überaus lebhaft aussehendes Gesicht ab, das von hohen Backenknochen gekennzeichnet ist. Er blickt mit seinen großen, tiefsitzenden braunen Augen fragend auf die Gruppe der Fremden und scheint zunächst über den Besuch nicht erfreut zu sein. Doch dann erkennt er seinen Freund Villayati, und dank seiner Fürsprache willigt er ein, die beiden »Langnasen« mit ihren Begleitern zu empfangen.

So treten wir in einen kleinen kargen Raum, der Kumran sowohl als Schlafzimmer als auch als Aufenthaltsraum dient. Kumran lädt uns ein, auf seinem Bett Platz zu nehmen. Es ist ein traditioneller chinesischer Kang, das heißt eine große Lehmbank, durchzogen von mehreren horizontalen Schächten, in die im Winter Glut gelegt und dadurch die Oberfläche gleichmäßig erwärmt wird. Eine farbige Decke mit fröhlichen tibetischen Mustern bedeckt den Kang. Kumran setzt sich uns gegenüber auf einen Schemel nahe beim Holzofen. Eine einfache Glühbirne hängt von der Decke und erhellt den Raum mit ihrem fahlen Licht.

Das nun beginnende Gespräch verläuft langsam, sozusagen über mehrere Stationen, denn Kumran spricht in einem alten, heute praktisch erloschenen tangutischen Dialekt. Villayati übersetzt ins Uigurische und Wang darauf ins Englische. Kumran kann sich in der Tat sehr gut an Sven Hedin erinnern und erzählt: »Als ich ungefähr 12 Jahre alt war, kam Etzin – so nannten die einheimischen Begleiter Hedin, Anm. d. Autors – von sehr weit her, wahrscheinlich von Rußland, zum See Karakoshun, und er hatte zwei russische Soldaten als Begleiter bei sich.« Mir ist sofort klar: Kumran hat den schwedischen Forscher 1900–01 getroffen, als dieser in Begleitung von zwei Kosaken in der Lop-Region unterwegs war. Ob er auch den britischen Forscher Sir Aurel Stein gekannt habe, frage ich dann Kumran. Dieser überlegt kurz und fragt, ob ich den »Räuber der Malereien von Miran« meine. Ja, für Stein habe er einmal gearbeitet, ungefähr 10 Jahre bevor der See Karakoshun verschwunden sei. Damit meint Kumran zweifelsohne den zweiten Besuch Steins in Miran im Jahr 1914. Mit erregter Stimme vergleicht er die zwei Forscher:

»Etzin war vor allem am Vermessen des Landes, am Zeichnen von Karten und am Fotografieren interessiert, während Stein danach trachtete, möglichst viele Gegenstände mitzunehmen. Er versprach jedem Grabungsarbeiter eine Prämie, wenn er einen Fund vorweisen konnte. Er löste auch die Malereien aus den Tempelruinen von Miran ab. Zusammen mit den anderen Arbeitern, wie zum Beispiel Tokta Akhun, habe ich tagelang geholfen, Statuen, Münzen, Schriften und Malereien sorgfältig in Baumwolle einzuwickeln und

in große gepolsterte Kisten einzupacken, die danach nach Kashgar transportiert wurden.« Aus Kumrans Worten geht klar hervor, daß seine Sympathie nicht Stein galt.
Damit werde ich mit dem klassischen Dilemma aller Archäologen konfrontiert: ist die Entfernung von Kunstgegenständen aus ihrem Umfeld in ein anderes Land gerechtfertigt, wenn deren Erhaltung in ihrem Ursprungsland gefährdet ist?
Während ich noch über dieses offenbar unlösbare Problem nachdenke, beginnt Kumran mit leuchtendem Gesicht von seiner Jugend zu erzählen: »In meinem Heimatdorf am Karakoshun lebten wir fast ausschließlich von Fisch und Gerste. Im Sommer fuhren wir mit einem Einbaum auf den See hinaus und fingen die Fische mit Holzharpunen. Wir legten sie dann zum Trocknen am Strand aus oder gruben sie im heißen Sand ein. Nach ein paar Wochen wurden die nun völlig ausgetrockneten Fische wieder ausgegraben und zu Fischmehl zerhackt. Im Winter war der Fischfang aufwendiger, denn die Seeoberfläche fror monatelang zu. Da bohrten wir in regelmäßigen Abständen Löcher ins dicke Eis und spannten Netze, die aus Schilf geflochten waren, von einem Loch zum andern. Danach versammelte sich das ganze Dorf und begann mit lautem Schreien auf dem Eis herumzutrampeln, um die Fische in Richtung der Netze zu verscheuchen. Da das Wasser des Karakoshun süß war, diente es uns als Trinkwasser, und wir mußten keine Brunnen graben. Auf dem Hof hielten wir noch einige wenige Hühner und Schafe und gingen manchmal mit Falken oder Adler auf die Hasen- oder Gazellenjagd. Am aufregendsten, aber auch am gefährlichsten war die Wildschweinjagd durch das Schilfdickicht am Ufer des Sees. Auf jedes fünfte

Von Links nach rechts: Der Autor, Kumran Banyas, Wang Lün, Villayati.

getötete Wildschwein wurde nämlich ein Jäger oder Treiber verletzt.«
Es ist fast unglaublich, aber Kumran war gewissermaßen im Steinzeitalter aufgewachsen, denn in seiner Kindheit gab es in seinem Dorf nicht nur selbstverständlich keinen Strom, sondern auch kein Eisen. Alle Werkzeuge bestanden aus Holz. Kumrans erste Begegnung mit dem Eisen war allerdings eher brutaler Natur: Als sein Dorf von einer tangutischen Räuberbande überfallen wurde, verletzte ihn ein Bandit mit einem Messer. Auch Früchte kannte Kumran lange nicht, denn, so erzählt er schmunzelnd, als er etwa fünfzehnjährig auf einem Feld bei Miran zum erstenmal eine große Melone sah, weckte dies seinen Jägerinstinkt, und so »schoß ich rasch einen Pfeil auf das unbekannte Tier ab, damit es nicht fliehen könne …«
Mir fällt auf, wie sehr die Erzählungen des alten Lop-Nor-Fischers mit Prschewalskis Beschreibung der Bevölkerung am See Karakoshun übereinstimmen, wo er sich anfangs 1877 fast zwei Monate lang aufgehalten hatte.[17] Der russische Forscher betont in seinem 1878 erschienen Reisebericht die Abhängigkeit der Bevölkerung vom Fischfang und beschreibt dieselben Fangmethoden wie Kumran. Prschewalski erwähnt auch, wie sich die Fischer darüber beklagten, daß der Zufluß des Sees, der Tarim, immer weniger Wasser führe, wodurch der See seichter werde und das Schilf sich rasch ausdehne. Dies habe zu einer Verminderung des Fischbestandes geführt. Darüber hinaus habe sich um den Süßwassersee ein bedrohlicher Kranz kleine Sümpfe gebildet, die entweder Brackwasser oder sogar Salzwasser führen.[18]
Kumrans weiterer Bericht veranschaulicht die Folgen der soeben erwähnten hydrologischen Veränderungen. Später, als seine Söhne eigene Familien gegründet hatten, wurden die Lebensbedingungen am Karakoshun immer schwieriger, da der See unaufhaltsam zurückging und das Wasser salzhaltiger wurde. Jetzt mußten die Dorfbewohner jeden Tag einen immer längeren Marsch auf sich nehmen, um an das Ufer des sich zurückziehenden Sees zu gelangen, sei es, um Fische zu fangen oder auch »nur«, um Wasser zu holen. Damit verlor das Fischerdorf allmählich seine Lebensgrundlagen und mußte aufgegeben werden. Schwermütig erzählt Kumran, daß er als einer der letzten ins rund 100 km entfernte Neu-Miran zog. Wieder staune ich über die präzise Übereinstimmung zwischen den Erzählungen Kumrans und den Erläuterungen Hedins, der die Versalzung und Schrumpfung des Karakoshun-Sees ausführlich beschrieben hat.
Unvermittelt herrscht im Raum ein längeres Schweigen, als ob Kumran von den Erinnerungen an seine längst vergangene Jugend am Karakoshun eingeholt worden sei. Dem alten Fischer gegenüber empfinde ich tiefe Dankbarkeit, da er mich mit seiner Erzählung reich beschenkt hat und mir half, mit seinen Erinnerungen an Hedin sozusagen eine Brücke zu meinen eigenen Jugendträumen zu schlagen. Wir brechen auf. Kumran begleitet uns noch durch den Innenhof zum Tor, wobei mir der aufrechte Gang dieses mehr als hundert Jahre alten Mannes auffällt.
Doch jetzt heißt es Abschied nehmen. Kumran hält lange meine Hand und wünscht mir auf meiner Suche nach Loulan viel Glück und Erfolg. Und er fügt gleich hinzu, daß, falls ich wieder nach Miran käme, ich ihn doch wieder besuchen möge ●●●

VIII. Das Geheimnis des Lop-Nor-Sees

Eine der größten Leistungen Sven Hedins besteht darin, daß er die 1878 begonnene wissenschaftliche Diskussion um die Lage des geheimnisvollen Sees Lop-Nor durch Beobachtungen und Messungen im Laufe zweier Expeditionen 1896 und 1899/1900 erfolgreich abschließen und die damit vorhandenen Fragen klärte. Diesen Erfolg verdankt Hedin nicht nur seiner Abenteuerlust und seinem Forscherdrang, sondern auch der Selbstdisziplin, Theorien durch akribische Messungen zu untermauern, und nicht zuletzt seiner Bereitschaft, den Erzählungen der Einheimischen aufmerksam zuzuhören. Es war vor allem diese Eigenschaft, gepaart mit einer überdurchschnittlichen Beobachtungsgabe, die Hedin zur Lösung des Lop-Nor-Rätsels verhalf und die ihn von seinem großen Vorgänger Kozlov abhob. »Nebenbei« entdeckte Hedin noch Loulan und gab damit der Archäologie Zentralasiens entscheidende Impulse.

Früheste Berichte

Die älteste Erwähnung des Lop-Nors stammt aus der Zeit der Streitenden Reiche (475–221 v. Chr.), in der von einem westlichen und einem südwestlichen Zufluß des Lop-Sees die Rede ist.[1] Außerdem berichtet ein um die Zeitenwende entstandenes Dokument, daß ein Fluß, der aus dem Pamir stamme, sich zusammen mit einem anderen Fluß, der seine Quelle im Kunlun-Gebirge habe, in das salzige Meer Pu-Chang ergieße. Dieses Meer liege westlich der Großen Mauer und sei 300 Li lang und ebenso breit, wobei ein Li etwa 400 Meter entspricht.

Der erste Fluß ist offensichtlich mit dem Tarim, der zweite mit dem Cherchen Darya und das Meer Pu-Chang mit dem Lop-Nor gleichzusetzen. Ferner glaubten die Chinesen, daß ein unterirdischer Fluß im Osten des Pu-Chang Meeres abfließe und nach mehreren hundert Kilometern die Quellen des Huang Ho, also des Gelben Flusses bilde.[2]

Für den regen Kontakt zwischen China und Rom spricht auch folgende Tatsache: der bereits genannte griechische Geograph Marinos von Tyros, der gegen Ende des 1. Jahrhunderts n. Chr. lebte und seine Informationen von einem im China-Handel tätigen Kaufmann namens Maes Titianus bezog, liefert fast dieselben Informationen über den Lop-Nor wie die alten chinesischen Quellen. Hedin wies in seinem zweiten großen wissenschaftlichen Werk *Southern Tibet* nach, daß bei Marinos, dessen Kenntnisse uns durch die Arbeiten des Ptolemäus überliefert wurden, der sogenannte Öchardes-See mit dem Lop-Nor und der Bautisus-Fluß mit dem Tarim identisch seien.[3]

Marco Polo seinerseits spricht lediglich von einer großen Stadt Lop (wahrscheinlich das heutige Kargilik bzw. Ruoqiang), die am Rand der Lop-Wüste gelegen sei, und erwähnt kein gleichnamiges Gewässer. Dieser Begriff der Lop-Wüste wurde 1561 von Giacomo Gastaldi übernommen, als er eine Karte Asiens im Dogenpalast von Venedig malte und den »Diserto de Lop« eintrug.[4]

Bemerkenswert ist ferner die rund 170 Jahre später entstandene Karte des schwedischen Artillerieleutnants Renat. Dieser wurde 1709 bei der schwedischen Niederlage bei Poltawa zusammen mit 3000 anderen Offizieren von den siegreichen Russen gefangengenommen und nach Sibirien verbannt. Dort wurde er von den in Südsibirien lebenden Kalmüken verschleppt. Es gelang ihm jedoch, unter seinen neuen Herren eine erfolgreiche militärische Karriere zu machen, bis er 1733 nach Schweden zurückkehrte und eine erstaunlich präzise Karte Zentralasiens herausgab, auf der der Lop-Nor-See unter dem Namen »Läp« eingetragen ist.[5] Renats Karte geriet aber in Vergessenheit und wurde erst 1879 durch den Schriftsteller August Strindberg wieder gefunden. Zu diesem

Rechts: Professor Ferdinand Freiherr von Richthofen (1833–1905) unterstützte Sven Hedin in dessen Vorhaben, das Rätsel des Lop-Nor zu lösen.
Außen rechts: Der russische Oberst und spätere General Nikolai Michailowitsch Prschewalski (1839–1888) unternahm vier Expeditionen nach Zentralasien.

Zeitpunkt war die wissenschaftliche Auseinandersetzung zwischen dem russischen Forscher Prschewalski und von Richthofen schon in vollem Gang.

Die Kontroverse zwischen Prschewalski und von Richthofen

Oberst Nikolai Prschewalski war 1876 von Kulja, im Ili-Tal gelegen, nach Korla aufgebrochen und folgte dem Flußlauf des Tarim entlang nach Süden, bis er Ende Dezember auf den Süßwassersee Karakoshun stieß. Hier erfuhr Prschewalski zu seinem Erstaunen, daß er nicht der erste russische Besucher am Karakoshun war, da schon 1861 eine größere Gruppe von etwa 100 sogenannten »Staroverzy«, russischen »Altgläubigen«, hier auf ihrer langen Flucht kurze Zeit Schutz gefunden hatten. Hedin fand dann 1900 tatsächlich einige Gräber dieser russischen Schismatiker.[6] Prschewalski war überzeugt, daß er den legendären Lop-Nor-See, also das Pu-Chang-Meer der Han-Annalen, wiederentdeckt hatte. Damit wäre der See Karakoshun der letzte kleine Rest des ehemaligen Binnenmeers.

Kaum war Prschewalski nach Rußland zurückgekehrt, da stellte Ferdinand Freiherr von Richthofen, der berühmte deutsche Professor der physischen Erdkunde, den Anspruch des russischen Forschers in Frage, den antiken Lop-Nor wiederentdeckt zu haben. Er warf einerseits Prschewalski vor, sein angeblicher Lop-Nor liege um einen vollen Breitengrad südlicher als in den chinesischen Quellen angegeben. Dabei berief er sich unter anderem auf eine chinesische Karte von 1863, die ihrerseits auf antike Angaben zurückgriff. Darin fließt der Hauptstrom des Tarim in der Tat nach Süden, westlich von Korla, und mündet dann, zusammen mit dem Cherchen Darya, in einen See, Khas Nor, genannt. Nach dieser Karte existiert zusätzlich ein Nebenarm des Tarim, der in den Kuruk Darya mündet und dadurch den eigentlichen, »klassischen« See Lop-Nor bildet. Andererseits erwähnen alte chinesische Quellen einen Salzsee, während Prschewalski einen Süßwassersee entdeckt hatte.[7]

Professor von Richthofen schloß nur aufgrund dieser Dokumente, daß Prschewalski nicht den ursprunglichen Lop-Nor, also das Pu-Chang-Meer der alten Chinesen, gefunden hatte, sondern einen anderen, neugebildeten See, eben den Karakoshun, und daß der ursprüngliche Lop-See weiter nördlich liegen müsse. Dem hielt Prschewalski 1878 entgegen, daß es nördlich vom Karakoshun keinen weiteren See gebe. Als er auf seiner vierten Expedition 1885 zum Lop-Nor zurückkehrte, blieb er bei seiner Überzeugung, den ursprünglichen Lop-Nor entdeckt zu haben. Wiederum fiel ihm die fortschreitende Schrumpfung des Sees und der Rückgang des Fischbestandes auf.

Hedin hatte 1889 bis 1892 in Berlin bei von Richthofen studiert und bewunderte den russischen Entdecker, »der in so bedeutende Teile Asiens eingedrungen war und sie erforscht hatte. Ich selbst träumte von dem Glück, einmal an einer Expedition von Prschewalski teilnehmen zu dürfen, und ich entsinne mich, welchen Schmerz ich empfand, als ich 1888 die Nachrricht von seinem Tode las.«[8]

Der junge Hedin brannte darauf, die Richtigkeit der Theorie seines Lehrers durch Forschungen vor Ort zu überprüfen. Sein Ehrgeiz wurde überdies dadurch gesteigert, daß die meisten Entdecker, die nach Prschewalski die Region Lop-Nor besuchten, wenig zur Klärung der wissenschaftlichen Debatte beitragen konnten. Dazu gehörten die Briten A. D. Carey und Andrew Dalgleish (1886), der Russe Pievtsov (1890) sowie die Franzosen Gabriel Bonvalot und Prinz Henri d'Orléans. Die beiden letzterwähnten stellten 1889 seit Prschewalskis letztem Besuch einen weiteren Rückgang des Karakoshun fest – eine Folge intensiverer Wassernutzung in der Gegend von Korla. Sie hatten aber auch von verborgenen Ruinen in der Wüste gehört.[9]

Einzig Prschewalskis Schüler Kozlov war 1893–94 der Lösung auf der Spur, als er das ausgetrocknete Bett des Kuruk Darya entdeckte, dessen Bedeutung er aber, vielleicht aus Loyalitätsgründen zu seinem Mentor Prschewalski, nicht erkannte. Das alte Flußbett des Kuruk Darya hätte nämlich Kozlov, wie wenige Jahre später Hedin, zum antiken See Lop-Nor und nach Loulan führen können. Hedin schrieb rückblickend 1905: »Es war unglücklich für Kosloff, daß er ein solch blindes Vertrauen in Prschevalskis Ansichten betreff der Lage des Lop-Nor setzte … Er tat sich damit selber eine Ungerechtigkeit an. Als Kosloff sein Buch veröffentlichte, war er der einzige Europäer, der das nördliche Ufer des

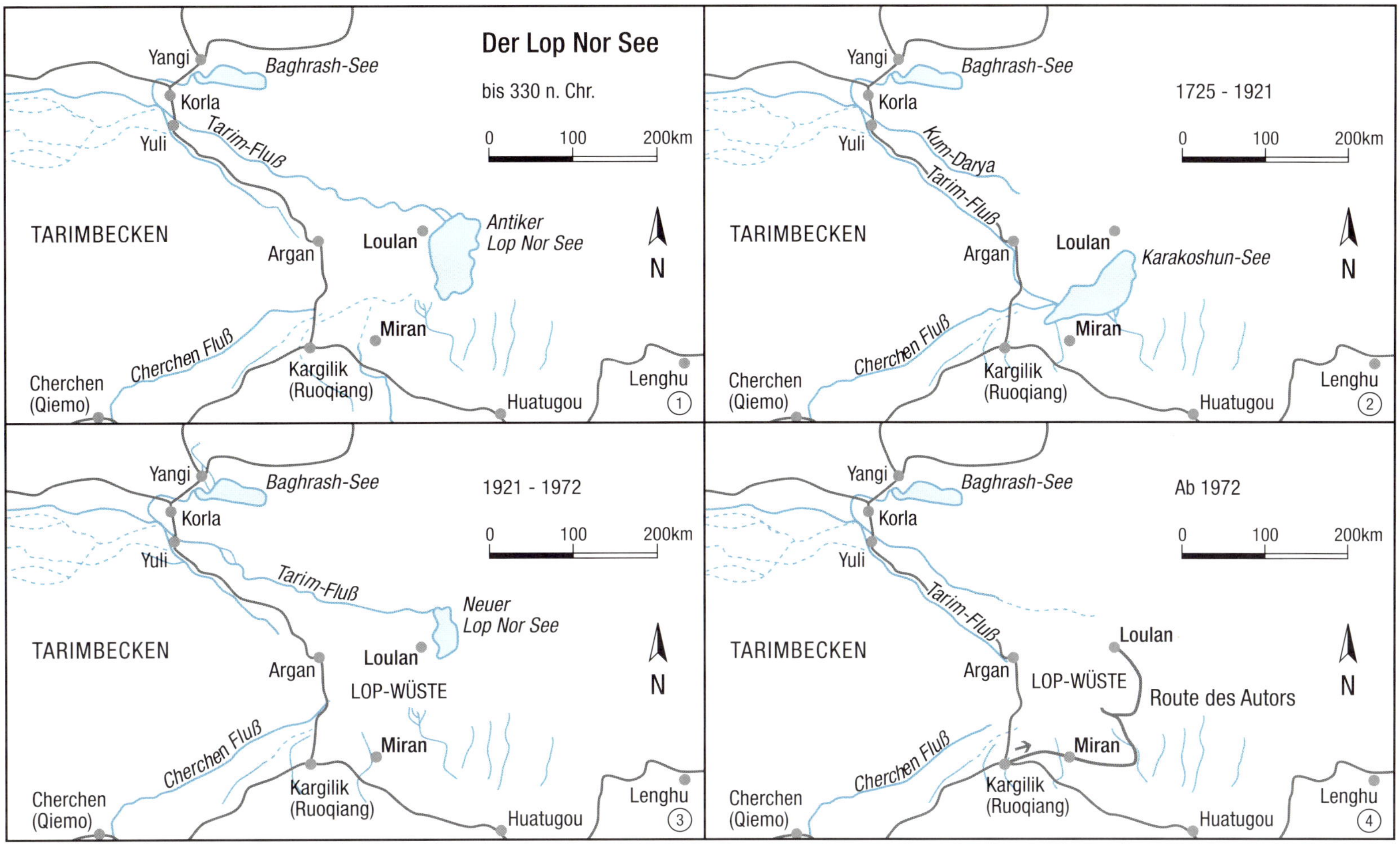

Die »Wanderung« des Lop-Nor-Sees über zwei Jahrtausende:
Oben links: der Tarim fließt bis 33 n. Chr. kontinuierlich nach Osten, sein Delta bildet den antiken Lop Nor. Oben rechts: Der Tarim ändert seine Richtung nach Süd-Osten, was die »Wanderung« des Lop Nor nach Süden um etwa 100 km bewirkt. Der Karakoshun-See bleibt von 1725 bis 1921 an der gleichen Stelle. Unten links: Der Tarim kehrt 1921 wieder in sein altes Flußbett zurück und der Lop Nor folgt ihm nach Norden, Unten rechts: Infolge intensiver Wassernutzung am Oberlauf des Tarims trocknet sein Delta aus und der Lop Nor verschwindet 1972.

alten Lop-Nor gesehen hatte ..., aber leider wußte er nicht, wie er das Gesehene interpretieren sollte. Wäre er ein paar Kilometer weiter nach Süden gegangen und hätte er die Ruinen Loulans entdeckt, wäre er sicher zu sehr verschiedenen Schlußfolgerungen gekommen.«[10]

Auch nachdem Hedin das Ergebnis seiner ersten Expedition 1897 in St. Petersburg vorgetragen hatte, beharrte Kozlov auf den Ansichten seines Lehrers und Förderers Prschewalski. Damit war die Kontroverse zwischen Prschewalski und von Richthofen um jene zwischen Koslov und Hedin ergänzt worden. Die Argumentation von Kozlov motivierte Hedin »mehr als alles andere, der Lop-Nor-Region einen weiteren Besuch abzustatten«[11].

Hedins Reisen zum Lop-Nor

Es war von Richthofen, der Hedin zu seiner ersten Expedition zum Lop-Nor anspornte. In diesem Sinn schrieb der Professor im Dezember 1893 an seinen Schüler nach Taschkent: »Die Frage des Lop-nor werden Sie, wie ich denke, endlich lösen.«[12] Damit lastete auf Hedins Schultern die Aufgabe, den wissenschaftlichen Disput zwischen seinem Professor und dem damals berühmtesten Entdecker Zentralasiens zu entscheiden. Hedin schreibt 1894: »Bei der Lop-Nor-Reise sind es drei Dinge, die mich besonders interessieren: eine genaue topographische Karte des Tarim, ... die Suche nach Richthofen's Lop-nor und schließlich die nach Ruinen von Marco Polo's großer Stadt Lop«.[13]

Hedin machte sich also 1896, nach der Entdeckung Dandan Oiliks und Karadongs, auf die Reise und folgte dem ausgetrockneten Flußbett des Keriya Darya nach Norden, erreichte den Tarim und folgte ihm, bzw. dem parallel dazu verlaufenden Konche Darya, weiter bis zum Westufer des Sees Karakoshun. Diese relativ kurze Erforschung im Gebiet Lop-Nor bestätigte die Ansicht von Richthofens, wonach der Karakoshun ein junges Gewässer sein müsse und nicht, wie Prschewalski glaubte, mit dem historischen See Lop-Nor identisch sein könne. Aus dem vorgefundenen ausgetrockneten Bett des Kuruk Darya zog Hedin aber, anders als sein Vorgänger, den abweichenden Schluß, daß sich gerade *hier* der historische Verlauf des Tarim befunden haben muß und daß also der klassische Lop-Nor-See in seiner Verlängerung gelegen hatte. Gespräche mit Einheimischen ließen Hedin weiterhin vermuten, daß dieser neuzeitliche See, der Karakoshun, erst seit etwa 1725 an seiner jetzigen Stelle existiere.[14] Aufschlußreich ist, daß Hedin als eigentliche Ursache für den Wechsel der Lage des historischen Lop Sees eine Änderung des Verlaufes des Tarim annahm[15] und schon 1896 die Behauptung aufstellte, daß »die beiden Gewässer in einem außerordentlich intimen Wechselverhältnisse zueinander stehen, mit anderen Worten, daß der nördliche Lop-nor wächst, wenn der südliche (der Karakoshun) einschrumpft, und umgekehrt.«[16] Darin liegt die Wurzel zur Theorie vom Lop-Nor als »wandernder See«.

Als Hedin 1899 ins Tarim-Gebiet zurückkehrte, war er entschlossen, die letzten Zweifel an der Richtigkeit seiner Theorie auszuräumen. Deshalb beschloß er, den Tarim mit einem Floß zu erforschen. Am 17. September 1899 bestieg er in Lailik, etwa 70 km nördlich von Yarkand, das Floß. Er hatte das Glück, als Führer den Kameljäger Abdu Rehim gewinnen zu können, denn dieser wegkundige Mann hatte schon sechs Jahre zuvor Kozlov durch den Norden der Wüste Lop nach Altmysch Bulak geführt.[17]

Die rund 900 km lange Flußfahrt dauerte fast drei Monate und endete erst am 7. Dezember, als der zugefrorene Fluß bei Karaul jede Weiterfahrt unmöglich machte. Hedin folgte Anfang des Jahres 1900 dem ausgetrockneten Flußbett des Kuruk Darya zu Fuß nach Westen, bis er südlich von Altmysch Bulak auf die Spuren des antiken Sees Lop-Nor stieß und am 28. März zufällig Loulan entdeckte.

Ein Rätsel und seine Lösung

Den Schlüssel zum Verständnis der hydrologischen Veränderungen im Gebiet des Lop-Nor sah Hedin im äußerst geringen Gefälle des Tarim zwischen der Stelle, an der er seine östliche Flußrichtung änderte, um nach Süden abzubiegen, und dem Gebiet seines Deltas beim See Karakoshun. Die Folge war, daß der Unterlauf des Tarim durch das Mitführen von Sedimenten dazu neigte, sein eigenes Bett aufzufüllen und stark zu mäandrieren. Aus solchen trägen Flußschleifen konnten leicht Tümpel oder kleinere Seen entstehen, die die Flußströmung zu einem geänderten Verlauf veranlaßten. Im weiteren zeigten Hedins Höhenmessungen, daß die Umgebung des Lop-Nor sehr flach war und ein See deshalb seine Lage rasch ändern konnte, sobald sich sein Bett mit Sedimenten auffüllte.[18]

Oben und rechte Seite: Sven Hedin erforschte in den Jahren 1896, 1899 und 1934 den Tarim-Fluß, indem er dessen Lauf auf einem Floß und in einem Kanu folgte.

Die Geschichte des Lop-Nor läßt sich nun wie folgt zusammenfassen: Das salzhaltige Pu-Chang-Meer war ein Überrest des früheren Binnenmeeres, das einst das Tarimbecken bedeckte. Davon zeugen noch die unzähligen Muscheln auf dem Boden der Wüste Lop-Nor. Dem Sinologen Herrmann zufolge befand sich das Ufer dieses Binnenmeeres auf einer Meereshöhe von etwa 870 bis 900 Meter, so daß das Loulan-Gebiet etwa 70 Meter unterhalb der Wasseroberfläche lag.[19] Vermutlich zog sich dieses Binnenmeer erst am Ende der Eiszeit in die östlichen Senkungen des Tarimbeckens zurück, um schließlich das Pu-Chang-Meer, den antiken See Lop-Nor zu bilden, an dessen Nordufer die historische Garnisonsstadt Loulan lag.

Während die Besiedlung des Gebiets um Loulan, wie sich durch Gräberfunde belegen läßt, auf den Beginn des zweiten Jahrtausends v. Chr. zurückgeht, wird die Stadt erstmals 176 v. Chr. erwähnt. Loulan wurde ein halbes Jahrtausend später, um das Jahr 330 n. Chr., unvermittelt aufgegeben und die Militärgarnison etwa 50 km nach Süden zum Ort Haitou – von Stein mit L. K. bezeichnet – verlegt, der einige Jahrzehnte später ebenfalls verlassen wurde.

Der Grund zu diesem dramatischen Ereignis lag darin, daß der Tarim als wichtigster Zubringer des Lop-Nor-Sees, bzw. dessen Verlängerung, der Kuruk Darya, nicht mehr nach Osten in Richtung Loulan floß, sondern buchstäblich nach Süden abgebogen war und sich in der Wüste ein neues Bett geschaffen hatte. Der Tarim bildete nun in seinem südlichen Delta neue Seen, woraus um 1725 der See Karakoshun hervorging. Mit dieser spektakulären Richtungsänderung des Tarim verloren die Stadt Loulan ihren

Nachschub an frischem Wasser und der antike See Lop-Nor den notwendigen Zufluß, um die hohe Verdunstung zu kompensieren. Der Lop- Nor war in der Tat 80 km nach Süden »gewandert«.

Hedin konnte also mit den Ergebnissen seiner zweiten Expedition nachweisen, daß von Richthofen recht gehabt hatte, als er behauptete, der von Prschewalski entdeckte See könne nicht mit dem antiken Lop-Nor identisch sein und daß es sich folglich um ein jüngeres Gewässer handeln müsse. Allerdings irrte von Richthofen, als er annahm, der antike Lop-Nor-See existiere noch. In diesem Punkt behielt Prschewalski recht, wonach es weder einen fließenden Seitenarm des Tarim noch einen unbekannten Wüstensee gäbe.

Hedins Forschungen und Folgerungen stellen eine bemerkenswerte Leistung dar, doch noch denkwürdiger ist die Tatsache, daß er aufgrund seiner Beobachtungen im Jahr 1903 eine hydrologische Voraussage aufzustellen wagte, die, bereits 1896 angedeutet, 1921 tatsächlich auch eintrat. Aus der Schrumpfung und Versalzung des Sees Karakoshun zog Hedin den Schluß, daß sich jetzt, zu Beginn des 20. Jahrhunderts, derselbe hydrologische Prozeß wie einst im 4. Jahrhundert n. Chr. wiederholen würde: der Tarim sei im Begriff, sein Flußbett erneut zu ändern. Hedin fühlte sich in dieser Ansicht durch die Entdeckung mehrerer neuer kleiner Seen bestätigt, die der Tarim einige Dutzend Kilometer nordwestlich des Karakoshun gebildet hatte.[20] Daraus schloß er, daß »der Lop-nor ein wandernder See sein muß, ein See, der periodisch von Norden nach Süden und von Süden nach Norden wandert, ganz wie das Messinggewicht am Ende eines schwingenden Pendels. Das Pendel ist hier der Tarim.«[21] Hedin fährt dann fort: »Ich bin fest davon überzeugt, daß wir nach Jahren den See wieder an der Stelle finden werden, wo er nach chinesischen Angaben einst seinen Platz gehabt haben soll und wo er, wie Richthofen in scharfsinniger Weise theoretisch bewiesen hat, auch wirklich gelegen haben muß.«[22]

Hedin vermutete ferner, daß der Boden der einstigen flachen Lop-Nor- Senke bei Loulan infolge der starken äolischen Erosion von den alten Sedimentresten gereinigt und somit allmählich leicht absinken würde, während sich der Boden des Sees Karakoshun im Laufe der Zeit mit Ablagerungen auffüllen würde, so daß das Wasser notwendigerweise anderswohin, nach Westen oder Norden, gehen *»müsse«*.[23] Die chinesischen Forschungen in den Jahren 1980–81 haben aber gezeigt, daß Hedin sich in diesem letzten Punkt täuschte: Der Lop-See »wandert« nicht von einem Becken zum anderen durch das Überschwappen der Wasserfläche, sondern die Lageänderungen des Sees erklären sich einzig durch die Richtungsänderung des Tarim, dessen Endsee er ist.

Hedin hatte das Glück, die vorausgesagte Rückkehr des Lop-Sees nach Norden nicht nur erleben, sondern im Alter von 69 Jahren erforschen zu können. Als er 1927–28 die große chinesisch-schwedische Expedition leitete und sich im Februar 1928 in Turfan aufhielt, »erhielt ich eine ebenso unerwartete wie interessante geographische Mitteilung. Meine Gewährsmänner waren zwei Einwohner der Stadt: Tokta Akhun, der seit achtzehn Jahren drei-oder viermal im Jahr über Ying-pen an dem trockenen Flußbett des Kuruk Darya nach Tikkenlik am Kontsche Darya gegangen war ... und Khodscha Abdul. Tokta Akhun berichtete nun, und Khodscha Abdul bestätigte seine Worte: vor sieben Jahren sei das Wasser des Kontsche Darya in das Bett des Kuruk Darya übergegangen und fließe seitdem in diesem ... Der neue Fluß in dem alten Bett fließt also bei Ying-pen vorüber, wo sich eine Fähre befinde, denn man könne den Fluß nicht durchwaten.«[24]

Hedin erkannte die Tragweite der Aussagen Tokta Akhuns, wonach der Lop-Nor-See 1921 in die Senke nordöstlich Loulans »zurückgekehrt« war. Er schickte sogleich seinen Mitarbeiter Erik Norin in das genannte Gebiet, der die Beschreibungen des Händlers aus Turfan voll bestätigte und im Delta des neuen Tarim eine Vielzahl kleiner, seichter Süßwasserseen vorfand. Allerdings hatte der Tarim nicht die antike Senke südöstlich von Loulan, sondern eine tiefere, nördliche Senke als Delta gewählt. Außer dem chinesischen Archäologen Huang Wen-Bi konnten zwei weitere Mitarbeiter Hedins, Nils Hörner und Parker Chen, 1931 Norins Angaben bestätigen. Sie hielten auch fest, daß nur die westlichen Seen und Sümpfe Süßwasser führten, während die östlichen Seen schon versalzen waren, was auf einen zu geringen Zufluß an

Die Lop-Wüste ist streckenweise von einer weiß schimmernden steinharten Salzkruste bedeckt, die auf einen darunter liegenden Sumpf hindeutet.

Während seiner großen wissenschaftlichen Expedition geriet **Hedin** zwischen 1927 und 1935 mehrmals in die Wirren des Bürgerkrieges, der in Xinjiang zwischen der chinesischen Oberschicht und den Dunganen, den muslimischen Rebellen, tobte. Er verdankte es sowohl seinem diplomatischen Geschick als auch einer Reihe glücklicher Umstände, daß keiner der in der ganzen Provinz verstreut arbeitenden Expeditionsteilnehmer je zu Schaden kam.
Ausgelöst wurde dieser verheerende Bürgerkrieg durch die Ermordung des fähigen und Hedin wohlgesinnten Generalgouverneurs Yang am 7. Juli 1928. Der aus der Provinz Yünnan gebürtige Marschall Yang, der seit 1911 Xinjiang mit eiserner Faust regierte, hatte es als einziger verstanden, seine Provinz aus dem großen chinesischen Bürgerkrieg herauszuhalten. Yangs Nachfolger, dem fremdenfeindlichen Gouverneur Chin Shu-Jen, gelang es nicht, die von Yang beherrschte Politik des Ausgleichs zwischen den Han-Chinesen und den muslimischen Dunganen fortzusetzen, so daß es 1931 zum Ausbruch des Dunganen-Aufstandes in Hami kam. Nachdem Chin die Rebellen grausam niedergeworfen hatte, riefen diese den jungen Dunganen-General Ma-Chun-Yin, genannt »Großes Pferd«, aus der benachbarten Provinz Gansu zu Hilfe.
In mehreren blutigen Feldzügen gelang es Ma-Chun-Yin, große Teile Xinjiangs von Hami bis Kashgar zu erobern und die chinesische Oberhoheit über Xinjiang ernsthaft in Frage zu stellen. Weil Gouverneur Chin während der zweiten Belagerung von Ürümqi durch die Dunganen im Frühjahr 1933 Schwächen gezeigt hatte, wurde er gestürzt und durch General Sheng Shih-Tsai ersetzt. Dieser überstand jedoch die dritte Belagerung Ürümqis durch Ma-Chun-Yin im Januar und Februar 1934 nur dank Stalins militärischer Hilfe, der Kampfflugzeuge und Panzer gegen die Aufständischen schickte. Als Preis für diese sowjetische Hilfe wurde die Provinz Xinjiang bis 1942 de facto zu einem Satelliten der Sowjetunion.
Hedin geriet während seiner letzten Expedition im Frühjahr 1934 in den Sog des Rückzugs Ma-Chun-Yins von Ürümqi nach Korla und Kuqa, als seine Lastwagen zweimal mitsamt den Fahrern von Ma-Chun-Yin beschlagnahmt wurden, die entweder hohe Offiziere des Dunganenführers oder ihn selbst befördern mußten. Allerdings unterschätzte Hedin beim ersten Zusammentreffen mit den Rebellen deren Entschlossenheit und entging nur um Haaresbreite einer Erschießung. Bei der zweiten unfreiwilligen Fahrt von Korla nach Kuqa folgte Ma-Chun-Yin nicht dem Rat seiner Offiziere, die vier Lastwagenfahrer Hedins zu liquidieren, weil sie unliebsame Zeugen des ungeordneten Rückzugs der geschlagenen Dunganenarmee waren. Diese Großzügigkeit erklärte sich vielleicht dadurch, daß Hedins Expeditionsarzt Hummel den schwerverwundeten Dunganen-General Ma-Ho-San behandelt und ihm so das Leben gerettet hat. Derselbe Ma-Ho-San hielt dann in den Jahren 1936–37 den deutschen Forscher Wilhelm Filchner sieben Monate lang in Khotan gefangen.
Ma-Chun-Yin floh nach seiner Niederlage im Jahr 1934 aus unerklärlichen Gründen zum Hauptverbündeten seines Feindes, nämlich in die Sowjetunion ins Exil, wo er in den späten 30er Jahren auf Befehl Stalins liquidiert wurde. Damit war der Traum eines eigenständigen islamischen Reiches in Zentralasien ausgeträumt.

Der Dunganenführer Ma-Chun-Yin träumte in den frühen 30er Jahren davon, ähnlich seinem berühmten Vorgänger Dschingis Khan ein mächtiges zentralasiatisches Reich zu gründen.

frischem Wasser durch den Tarim schließen ließ.

1933 erhielt Hedin von der chinesischen Regierung den Auftrag, die Möglichkeiten zum Bau einer neuen Straße zwischen Peking nach Xinjiang und zur Wiederbesiedlung des Gebiets um Loulan zu erkunden. Kurz danach, im Frühjahr 1934, nachdem seine Expedition vom Anführer der Dunganen-Rebellen Ma-Chun-Yin zwei Monate lang gefangengehalten worden und er nur knapp einer Hinrichtung entkommen war, bot sich Hedin unverhofft die Möglichkeit, einen Abstecher ins Gebiet des Lop-Nor zu unternehmen.[25]

Am 5. April 1934 brach Hedin zum letzten Mal zu einer Flußfahrt im Tarimgebiet auf und ließ sich den Kontsche bzw. Kuruk Darya hinuntertreiben, bis er am 9. Mai den neuen Lop-See erreichte. Dabei kam er bei Tömenpu an dem Ort vorbei, wo der Kontsche Darya 1921 seinen neuen Lauf nach Osten gewählt hatte und wo die Behörden durch den Bau einer Staumauer vergeblich versucht hatten, den Fluß zur Rückkehr in sein altes Bett zu zwingen. Als der Autor 1994 von Kargilik nach Korla fuhr, zeugte südlich von Tömenpu nur noch ein völlig trockenes Flußbett vom ehemaligen mächtigen Zufluß des Karakoshun-Sees.

Am Lop-See angekommen, machte Hedin einige Erkundungsfahrten auf dem seichten Gewässer, verzichtete aber darauf, das vom Seeufer 18 km entfernte Loulan nochmals zu besuchen. An seiner Stelle unternahm der chinesische Topograph Chen den Marsch nach Loulan, worauf sich die Expedition nach Ürümqi begab, wo sie vier Monate lang von Sheng Shih-Tsai, dem Gouverneur der Provinz Xinjiang, festgehalten wurde.

Als Hedin die starke Wassernutzung des Kontsche Darya in der Gegend Korlas sowie die rasche Versumpfung und Versalzung der neuen Lop-Seen bemerkte, kam er zum Schluß, daß vielleicht »der Pendelschlag« des Flusses beendet sei und der Endsee »nach Süden zurückwandern werde.«[26] Hedin konnte nicht voraussehen, daß die Wassernutzung des Tarim bzw. des Kontsche Darya in den 60er Jahren dermaßen zunehmen würde, daß der neue Lop-Nor 1972 austrocknete, diesmal aber ohne anderswohin zu »wandern«.

Der Lachin Darya, dessen Quelle im Gebirge Altun Shan südlich der Wüste Takla-Makan liegt, versickert am ehemaligen Ufer des Sees Karakoshun und speist den unterirdischen Sumpf, der unter der harten, aber dünnen Erdkruste liegt.

Der Boden der Wüste Lop-Nor ist über viele Kilometer hinweg mit Muscheln übersät, die an den ehemaligen See Karakoshun bzw. an ein frühzeitliches Binnenmeer erinnern.

••• AUS DEM REISETAGEBUCH •••

Wir verlassen am 16. November um fünf Uhr morgens Neu-Miran und fahren zunächst auf der alten, kaum befahrenen Straße nach Dunhuang in Richtung Osten. Jean-Daniel und ich sind angespannt, denn wir gehören zu den ersten Europäern, die 60 Jahre nach Hedins Besuch die Möglichkeit haben, bis nach Loulan vorzudringen. Die Region um Lop-Nor ist nämlich seit den 50er Jahren militärische Sperrzone, da sich rund 120 km östlich von Loulan das nukleare Testgelände Chinas befindet. Daher war es bis dahin lediglich chinesischen Expeditionen, in Ausnahmefällen unter Beteiligung russischer oder japanischer Wissenschaftler, erlaubt, das Lop-Nor-Gebiet zu erforschen.

Die Piste führt zunächst durch eine trostlose, lebensfeindliche Steinwüste, und so weit das Auge reicht, überall nur graue Steine. Unwillkürlich kommt mir eine Wegbeschreibung von Xuang Zang in den Sinn: »In der Wüste gab es keine Orientierung außer den Skeletten von Kamelen und Kaufleuten, die vor Durst und Erschöpfung gestorben waren«. Nach fünf Stunden verlassen wir die Piste nach Dunhuang und biegen bei der Kreuzung Hongli-Guo-Ko nach Norden in das Bett des spärlich fließenden Lachin Darya ein. Endlich öffnet sich gegen Abend die enge Schlucht des Lachin Darya, und vor uns breitet sich das Bett des ehemaligen Karakoshun-Sees aus. Hier, an diesen Ufern, hat also vor mehr als 70 Jahren unser neuer Freund Kumran Banyas gelebt, und hier haben noch Prschewalski und Hedin mit kleinen Booten den See erforscht. Und heute? Nur eine unendlich weite Wüste. Die einzige optische Abwechslung bilden weiß schimmernde Salzablagerungen, die auf eine Gefahr hinweisen: Salz kann nur an die Bodenoberfläche dringen, wenn es vom darunterliegenden Wasser hinaufgespült wird. Das heißt, daß unter einer steinharten, aber dünnen Erdkruste ein sumpfiger

Morast auf seine unvorsichtige Beute lauern kann.

Am Morgen des 17. Novembers kriechen wir mit den ersten Sonnenstrahlen gutgelaunt aus unseren Schlafsäcken und sind vor acht Uhr startbereit. Gerade nördlich vor uns dehnt sich die weiß schimmernde, salzhaltige Oberfäche des ehemaligen Seebodens aus, während sich rechts, also im Osten, kleinere Sanddünen abzeichnen. Da Loulan nordöstlich unseres Lagerplatzes liegt, stellt sich die Frage nach der besten Reiseroute. Unser Begleiter Villayati ist überzeugt, daß wir zuerst nördlich über die Salzebene fahren müssen, um später nach Osten abzubiegen. Die andere Strecke durch die Sandwüste und vor allem durch die berüchtigten Yardangs, die fast meterhohen Kalkablagerungen auf dem Boden des ehemaligen Lop-Sees, sei mindestens doppelt so lang.

Doch dieser Vorschlag scheint mir riskant, denn ich erinnere mich an Huntingtons Beschreibung der tückischen Moraste in der umittelbaren Nähe des Karakoshuns, wo einige seiner Kamele plötzlich die dünne Salzkruste durchbrachen und der tödlichen Gefahr des darunter liegenden Schlammes nur knapp entkamen.[27] Deshalb würde ich die längere Route vorziehen. Villayati fühlt sich jedoch in seinem Stolz verletzt und setzt sich lautstark für den kürzeren Weg über den versalzenen Seeboden ein. Um Villayatis »Gesicht« zu wahren, stellt sich das gesamte chinesische Team auf seine Seite. Ich merke, daß ich entweder nachgeben oder es auf eine ungewisse Kraftprobe mit meinen Kollegen ankommen lassen muß. Wir brechen deshalb nach Norden auf.

Doch nach weniger als einem Kilometer bricht plötzlich das linke Vorderrad unseres Lastwagens durch die dünne Salzkruste und wir werden gegen die Windschutzscheibe geschleudert. Der schwere Lkw ist eingebrochen und steckt fest. Wir steigen aus und unterlegen die Räder mit Holzlatten, die wir mit uns führen. Auch der schöne hölzerne Campingtisch sowie sämtliche Holzkisten müssen als Unterlage geopfert werden, denn die Lage ist ernst: schon sammelt sich beim linken Hinterrad etwas Wasser an. Doch in der Eile unterläuft uns ein Fehler, denn wir lassen die schweren Fässer mit Wasser und mit Dieselkraftstoff auf der Ladebrücke stehen, statt sie herunterzunehmen, um den Lastwagen zu entlasten. Zwar kann Li den Lastwagen etwa drei Meter rückwärts fahren, doch dann krachen die Holzlatten, und der Lkw vermag nicht auf die rettende harte Bodenkruste zu springen. Mit rauchendem Motor bleibt er tiefer denn je im Schlamm stecken.

Schweigend macht sich jeder an die Arbeit. Zuerst wird sämtliches Gepäck abgeladen, dann die 600 l Diesel sowie die 500 l Wasser. Gleichzeitig versucht Wang, die Räder freizuschaufeln, doch das erweist sich als ein hoffnungsloses Unterfangen. Denn je tiefer er den Schlamm wegzugraben versucht, desto mehr Wasser füllt den Graben. Als nach drei Stunden mühsamer Arbeit Li mit zögernden Schritten zur Lastwagenkabine schreitet und sich durch die bedenklich schräge Tür hievt, verstummen alle, denn jeder weiß, daß dies die letzte Chance ist, uns aus eigener Kraft aus dieser Falle zu befreien. Als Li den Motor startet, würde ich am liebsten wegschauen, doch blicke ich gebannt auf den Lastwagen. Er kommt mir wie ein verängstigtes Kamel vor, das die tödliche Umklammerung durch den Morast ahnt und sich verzweifelt gegen einen langsamen Tod wehrt. Li gibt ganz vorsichtig Gas, doch außer daß die unterlegten Campingstühle zermalmt und die Wolldecken durch die Luft geschleudert werden, geschieht nichts. Der Lastwagen sitzt immer noch fest. Li kann die Situation nicht fassen, er setzt sich auf eines der herumliegenden Dieselfässer und wird den ganzen Nachmittag damit verbringen, seinen hilflosen Lastwagen deprimiert anzustarren.

Wir ziehen Bilanz: Erstens ist es klar, daß wir aus eigener Kraft den Lastwagen nicht freibringen können. Zweitens können wir auf keine fremde Hilfe hoffen. Auch Hongli-Guo-Ko, die Abzweigung von der alten Dunhuang-Straße, ist mehr als 60 km entfernt. Zudem, so versichert Villayati, verkehren auf ihr im Durchschnitt höchstens zwei Lastwagen pro Woche. Hätten wir doch nur einen Kurzwellensender bei uns, dann könnten wir um Hilfe rufen! Also bleibt uns nur noch eine Wahl, nämlich ein Gewaltmarsch von rund 100 km durch die Wüste bis zur nächsten Siedlung. Es ist zum Verzweifeln! Nach so jahrelanger, eingehender Vorbereitung so nahe am Ziel zu sein, das jetzt plötzlich wieder in unerreichbare Ferne entschwunden ist.

Während wir trübselig in der hereinbrechenden Dämmerung sitzen, erinnert sich Villayati plötzlich an etwas Wichtiges: er hatte am Vorabend unserer Abfahrt aus Ruoqiang gehört, daß ein chinesisches Team mit einem vierradangetriebenen Lastwagen zunächst auf derselben Strecke wie wir zum Gebiet des antiken Lop-Sees unterwegs sei, um meteorologische Messungen durchzuführen. Villayatis Aussagen zufolge würde der Lastwagen heute nacht die enge Schlucht des Lachin Darya passieren. Dort müßte man den Lkw abfangen können, da sich nachher seine Spur in der Wüste verlieren würde. Das ist in der Tat ein unerwarteter Hoffnungsschimmer, zumal sich hierher höchstens zwei bis drei Expeditionen jährlich verirren.

Der energische Wang, welchem das Gelingen der Expedition eine Ehrensache ist, beschließt deshalb, sofort zu Fuß aufzubrechen, was einen gefährlichen fünfstündigen Nachtmarsch durch die Wüste bedeutet. Doch dies ist unsere einzige Hoffnung. Wang fühlt sich für das heutige Unglück verantwortlich und will von der Begleitung durch Jean-Daniel oder mich nichts wissen. Er bestimmt Villayati als Begleiter. Während die beiden ihre Rucksäcke mit etwas Proviant und Wasser füllen, speichert Jean-Daniel unsere gegenwärtige geographische Lage in seinen GPS und gibt ihn Wang, damit dieser wieder zu uns zurückfinden kann.

Am nächsten Morgen klettern Jean-Daniel und ich auf eine wenige Kilometer entfernte hohe Steinformation, von wo die Sicht fast bis zur Mündung des Lachin Darya reicht. Wir halten ständig Ausschau und suchen verzweifelt den Horizont ab. Längst ist es Mittag geworden und immer noch kein Zeichen unserer zwei Kollegen. Ist ihnen etwas zugestoßen? Da, plötzlich erkenne ich im Feldstecher eine immer größer werdende Staubwolke. Die kann nur von einem Fahrzeug verursacht werden! Und in der Tat, bald sehe ich zwei grüne Punkte, die sich rasch aus der Schlucht des Lachin Darya heraus zum Ufer des Karakoshun hin bewegen. Es sind zwei Lastwagen, die zu unserer Rettung kommen. Wir rennen so schnell wie möglich zum Unimog zurück und treffen gleichzeitig mit dem chinesischen Team am Rand der gefährlichen Salzebene ein. Schon kommt mir Wang, zwar todmüde aber strahlend entgegen und erzählt, daß sie ununterbrochen bis drei Uhr morgens gewandert seien. Dann hätten sie endlich das Lager der chinesischen Expedition getroffen und sie heute morgen zu uns gelotst. Ich könnte Wang umarmen!

Für Gefühlsausbrüche bleibt aber keine Zeit. Schon prüfen die Fahrer des chinesischen Teams fachmännisch den Boden und beginnen damit, alles eigene schwere Gepäck abzuladen, um das Risiko, selbst einzubrechen, möglichst gering zu halten. Vorsichtig fahren sie darauf im Schneckentempo zum Unimog und halten in respektvoller Distanz vom Unglücksort an. Die Stahlseile der Seilwinden beider Lastwagen werden auf maximale Länge herausgezogen und am Unimog festgemacht. Jetzt naht der

Die Erdkruste, die den Boden des ehemaligen Sees Lop-Nor überzieht, ist trügerisch, denn bereits ein halber Meter unter der Oberfläche dehnt sich ein gefährlicher Sumpf aus (ganz oben). Ohne die Hilfe einer anderen chinesischen Expedition hätten wir unseren Lkw, der die Kruste durchbrochen hatte und feststeckte, nicht mehr freibekommen (oben).

Moment der Wahrheit: gelingt es den zwei relativ leichten chinesischen Lkws den schweren Unimog aus dem Schlamm herauszuziehen?

Schon hat Li den Motor gestartet und versucht, durch vorsichtiges Gasgeben, den schweren Benz aus dem tückischen aufgeweichten Boden herauszuziehen. Die Vorderräder der beiden chinesischen Lkws beginnen sich durch den Zug der Seilwinde bedrohlich tief in den Boden einzugraben, denn die beiden Drahtseile sind aufs äußerste gespannt. Wenn jetzt ein Seil reißen würde, hätte es schlimme Folgen: durch den Rückschlag könnte es die Windschutzscheibe seines Lastwagens zertrümmern und den Fahrer treffen. Wir warten in gebührendem Abstand, und plötzlich, nach etwa 30 qualvollen

Oben: Der uns begleitende Archäologe Sheng bindet ein rotes Tuch an einen verdorrten Baumstrunk, das gewissermaßen als »Ariadnefaden« dienen soll.
Rechts: In der Wüste Lop-Nor stoßen wir immer wieder auf Sanddünen, die vom Wind kunstvoll gezeichnet sind.

Sekunden, macht unser Unimog einen gewaltigen Satz rückwärts und steht wieder auf festem Boden. Wir sind gerettet! Noch nie fand ich unseren Lastwagen so schön wie jetzt, wo er, völlig verdreckt, wieder auf allen vier Rädern vor uns stand. Dankbar winken wir den chinesischen Helfern, die uns rasch wieder verlassen.

Während der nächsten fünf Tage fahren wir meistens im Schrittempo in Richtung Loulan, orientieren uns mit Hilfe der alten Karten Hedins und kontrollieren unsere Position mit dem GPS. Um die Rückfahrt zu erleichtern, tragen wir die gemessenen Wegpunkte sorgfältig in unserer Karte ein. Gleichzeitig knüpft Sheng an jeden verdorrten Baumast – wir begegnen ungefähr alle 15 km solchen teilweise jahrhundertealten Pappeln – ein rotes Stoffband, das gewissermaßen als Ariadnefaden dienen soll.

Das Gelände besteht abwechselnd aus Sanddünen und bis zu über einem Meter hohen Yardangs, jenen Lehmablagerungen des ehemaligen Lop-Sees, die aus der Entfernung wie Rücken großer Haie aussehen. Die Winderosion hat zwischen den Yardangs tiefe und lange Furchen gezogen. Das Gelände ist so unübersichtlich, daß wir oft anhalten müssen, um den Weg zunächst zu Fuß zu erkunden, weshalb sich die zurückgelegte Tagesleistung auf 18 km verringert. Wir finden wegen der extremen Trockenheit keine Spuren von Lebewesen mehr. Das letzte Tier, das wir ungefähr 30 km entfernt vom ehemaligen Ufer des ausgetrockneten Karakoshun-Sees sehen, ist ein toter Vogel, der sich kurz zuvor verirrt haben muß und vor Durst verendet ist. Daß es aber einst in der Wüste Takla-Makan Leben gab, erkennen wir an den unzähligen Muscheln, die über Kilometer hinweg den Boden bedecken. Sie sind die letzten Zeugen des ausgetrockneten Karakoshun-Sees bzw. eines noch bedeutend älteren Binnenmeeres •••

Ganz oben: Von der Fahrerkabine des Lastwagens aus betrachtet, sehen die Yardangs wie die Rücken grauweißer Haie aus.

Oben: Sonnenuntergang in der Wüste Lop-Nor.

Als Yardangs werden die über ein Meter hohen Lehmablagerungen bezeichnet, die den Boden des ehemaligen Sees Lop-Nor überziehen. Sie prägen die Landschaft südlich der antiken Garnisonsstadt Loulan. Bis um das Jahr 330 n. Chr., als der See seine Lage änderte, lag Loulan am Nordufer des Lop-Nor.

IX. Loulan – die Geisterstadt am See Lop-Nor

●●● AUS DEM REISETAGEBUCH ●●●

Am Abend des sechsten Tages im Gebiet des Lop-Nor streikt unser Fahrer Li und verweigert die Weiterfahrt. Als Argument führt er erhöhte Radioaktivität an. In der Tat hat am 7. Oktober 1994, also rund 6 Wochen vor unserer Durchfahrt, ein unterirdischer Nuklearversuch rund 110 km östlich von Loulan stattgefunden. Da der Wind jedoch meistens von Westen nach Osten bläst, stufe ich die Gefahr als gering ein. Dies bestätigen auch die Messungen mit dem Geigerzähler, welchen Wang mitgebracht hat. Ich vermute, daß Li sich aber berechtigte Sorgen über den Rückweg macht, denn es ist klar, daß er einige hohe Sanddünen, die er hinunterfahren konnte, nie und nimmer wird hinauffahren können. Obwohl ich Lis Bedenken verstehe, dränge ich ihn dazu, noch einen weiteren Tag in Richtung Loulan zu fahren.

Nach weiteren 17 Kilometern durch den Irrgarten der Yardang ist jede Weiterfahrt unmöglich, da diese immer höher werden und immer dichter aufeinderfolgen. Deshalb schlagen wir jetzt ein Basislager auf und werden morgen versuchen, die restlichen 25 km nach Loulan zu Fuß zurückzulegen.

Am Morgen des 24. Novembers ist es endlich soweit: Wir brechen bei hellem Mondschein um 5 Uhr morgens nach Loulan auf. Dank des frühen Starts hoffen wir, möglichst lange der sengenden Sonne entgehen zu können. Jean-Daniel führt die Gruppe mit dem GPS an und schlägt einen nördlichen Kurs ein. Der Marsch ist sehr ermüdend, da sämtliche Yardangs in west-östlicher Richtung verlaufen, während wir von Süden nach Norden vorstoßen. Dies bedeutet, daß wir die Yardang nicht umgehen können, sondern sie zu Hunderten überqueren müssen. Eine Buckelroute sondergleichen! Nach etwa fünf Stunden Marsch finden wir steinzeitliche Pfeilspitzen aus Obsidian und stoßen bald darauf auf die ersten Spuren der früheren Siedlung von Loulan, nämlich auf einen großen ehemaligen Obstgarten. Vor uns stehen mehr als 20 lange Reihen verdorrter Obstbäume, die aus dem 4. Jahrhundert n. Chr. stammen müssen. Wahrscheinlich handelt es sich um Aprikosenbäume. Unmittelbar hinter dem Obstgarten ist eine große Fläche mit schwarzen, zum Teil auch roten Keramikscherben übersät. Einige der Scherben weisen feine geometrische Muster auf. Um 1 Uhr nachmittags ruft Villayati plötzlich: »Loulan, Loulan!«. Er hat recht, ihm gebührt die Ehre, als erster unser Ziel gesehen zu haben, denn in der Ferne zeichnet sich deutlich die Silhouette des Stupas von Loulan ab.

Die erste Besichtigung Loulans zeigt sofort, daß sich hier seit Hedins bzw. Chens Besuch vor 60 Jahren nichts geändert hat. Alles sieht so aus wie auf den alten, vergilbten Fotos, von denen ich einige Kopien zum Vergleich mitgenommen habe. Bei den meisten Häuserruinen liegen noch heute Scherben roter und grauer Keramik aus der Han-Dynastie umher, und es genügt, auf dem Boden den Sand bzw. den Schutt sorgfältig zu beseitigen, um Stoffreste aus Seide, Leinen oder Wolle sowie Filz- und Lederstücke freizulegen. Es lassen sich auch mehrere sogenannte »Wu-Shu«-Kupfermünzen mit dem viereckigen Loch aus der Han-Zeit finden, doch sind die meisten davon zerbrochen. Dies weist darauf hin, daß es schon damals den noch zu Beginn unseres Jahrhunderts bekannten Brauch gab, einen kleineren Geldwert durch das Zerbrechen einer Münze zu schaffen. Die Zeit scheint seit knapp 2000 Jahren stillzustehen, und man fragt sich unwillkürlich, wie lange es noch so bleiben wird ●●●

Linke Seite: Ein früher chinesischer Historiker erwähnt, daß General So-Man um 260 n. Chr. mit 1000 Soldaten in Loulan eintraf und als Sitz der örtlichen Kommandatur ein »weißes Haus« erbauen ließ. Rechts im Bild erhebt sich der große Stupa von Loulan.

Hedin verdankt eine seiner bedeutendsten Entdeckungen dem Mißgeschick eines uigurischen Dieners. Er war Ende März 1900 anläßlich seiner Durchquerung der Wüste Lop-Nor von der nördlich des antiken Lop-Nor-Sees gelegenen Oase Altmysch Bulak nach Süden aufgebrochen und hatte schon nach wenigen Kilometern am 28. März die Ruinen dreier Häuser und eines kleinen Stupas gefunden. Als er am nächsten Abend einen Brunnen ausgraben wollte, stellte sich heraus, daß der Diener Ördek den einzigen Spaten, den die Expedition besaß, bei jenen Ruinen vergessen hatte. Ördek kehrte sofort zurück, verirrte sich aber in einem nächtlichen Sandsturm – und entdeckte dafür Loulan. Er berichtete Hedin von mehreren Häuserruinen und von »reich geschnitzten Holzplanken«. Da Hedins Wasservorräte allmählich zu Ende gingen und der heiße Sommer nahte, beschloß er, im nächsten Jahr zu »Ördeks Stadt«, von Stein L. B. genannt, zurückzukehren.[1] Das Vorhandensein unzähliger Muscheln im Süden von Ördeks Fundstätte bestätigte die Hypothese, daß Loulan einst am Nordufer des ehemaligen Lop-Sees lag.[2]

Anfang März 1901 startete Hedin wiederum von Altmysch Bulak aus nach Süden, um »Ördeks Stadt« zu erforschen, und entdeckte in deren Nähe zwei weitere Ruinenplätze, wovon der größere, etwa 10 km östlich von der Ruine Ördeks gelegen, die eigentliche Garnisonsstadt Loulan war. Loulan, auch als L. A. bezeichnet, war ziemlich klein, denn die nur teilweise erhaltenen, vier Meter hohen Umfassungsmauern bildeten ein lediglich 340 x 310 Meter großes Rechteck.

Die Stadt wird von zwei Gebäuden beherrscht, nämlich von einem 12 Meter hohen, aus Lehmziegeln gebauten Turm, der von Stein als Stupa und von Hedin als Wachturm gedeutet wurde, und von einem großen, aus drei Räumen bestehenden, etwa 12 Meter langen Ziegelbau. In der Umgebung dieser zwei Gebäude zählte Hedin 19 aus Pappelholz gebaute Häuser; heute rechnen die chinesischen Archäologen mit etwa 30 Häusern. Die Bauweise dieser Gebäude, die sich ausnahmslos auf kleineren Hügeln befinden, ist mit derjenigen Niyas identisch. In Loulan läßt sich die zerstörerische Wucht der Winde und Stürme besonders gut beobachten, denn der Höhenunterschied zwischen dem Boden einzelner Gebäude und den Vertiefungen des dazwischenliegenden Geländes beträgt stellenweise über sechs Meter. Diese Beobachtung stimmt mit Steins Berechnung überein, wonach die Winderosion mehr als ein Fuß pro Jahrhundert betrage.[3]

Mit der Ausgrabung eines großen Holzrades wies Hedin nicht nur den Gebrauch von pferdegezogenen Karren, sogenannten »Arabas«, nach, vielmehr gelang ihm am 8. März 1901 sein wohl bedeutendster archäologischer Fund. Er entdeckte in einem großen Ziegelgebäude, das wahrscheinlich der Sitz des chinesischen Militärkommandanten war, einen übelriechenden Abfallhaufen, der aus Hunderten von chinesischen Holz-, Papier- und Seidedokumenten bestand.

Aufgrund dieses Materials, das 1914 durch die Ausgrabungen Steins ergänzt wurde, war es möglich, die Geschichte Loulans zu rekonstruieren. Es zeigte sich, daß für amtliche oder geschäftliche Zwecke fast ausschließlich Schriftdokumente auf Holz verwendet wurden, wobei viele Holztafeln mehrmals gebraucht wurden, indem eine nicht mehr benötigte Botschaft weggekratzt und an deren Stelle eine neue Mitteilung aufgetragen wurde.

Einige der gefundenen Holzdokumente scheinen so oft zu Schreibübungen benützt worden zu sein, daß man sie geradezu als »Schultafeln« bezeichnen könnte. Stein hatte die Mehrfachverwendung der Holztafeln an den vielen vorhandenen beschriebenen Holzspänen erkannt, die von gebrauchten Tafeln weggehobelt worden waren.[4]

Papier als Schreibuntergrund wurde in Loulan vor allem für private Aufzeichnungen verwendet. So zum Beispiel wird über die Sorgen eines Soldaten berichtet, der seit Jahren von seiner Familie getrennt war, und auch Glückwünsche zum Neujahr fehlen nicht. Unter den zahlreichen Texten findet sich auch die Anekdote des Chang Chou: »Chang Chou war Geisel in Yen. Der König von Yen wollte ihn töten, aber er entrann und kam über die Grenze. Hier nahm ihn jedoch der Grenzbeamte fest. Chou sprach zu ihm: Warum mich der König von Yen zu töten vorhat, das ist, weil die Leute sagen, ich hätte eine kostbare Perle ... Ich habe sie nun längst verloren, aber der König glaubt mir nicht. Wenn der Herr [Grenzbeamte] mich nun ausliefert, so werde ich

Links: Folke Bergman, ein Mitarbeiter Hedins, entdeckte 1934 dank der Hinweise des Uiguren Ördek, der Loulan schon 1900 gefunden hatte, ein großes Gräberfeld, das seither als »Ördeks Nekropole« bezeichnet wird. In dieser westlich von Loulan gelegenen Stätte fand er auch drei lebensgroße Holzstatuen, die noch Spuren roter Bemalung aufwiesen. Es ist unklar, welche Bedeutung diese Statuen hatten; vielleicht stellten sie die Verstorbenen oder auch bestimmte Gottheiten dar.

sagen, der Herr habe mir die Perle geraubt und sie verschlungen. Dann wird der König sicherlich den Herrn töten und ihm den Leib bis in die Gedärme hinein aufschneiden ... So wird auch mein Bauch aufgeschlitzt werden, aber dem Herrn werden die Eingeweide zollweise zerstückelt. Da bekam es der Grenzbeamte mit der Angst zu tun und ließ ihn laufen.«[5] Offenbar wurden die Papierbriefe nicht gerollt verschickt, sondern mehrmals gefaltet und in einen versiegelten Holzumschlag gesteckt.[6] Schließlich fanden sich im Abfallhaufen sowohl sogdische als auch in Kharoshthi verfaßte Dokumente, die zum Teil administrative Belange festhielten. Daraus läßt sich ableiten, daß China, wie in anderen Oasen der Südlichen Seidenstraße auch, in Loulan den einheimischen, von der indischen Kultur beeinflußten Behörden eine gewisse Autonomie gewährte, indem es bei lokalen Dokumenten den Gebrauch der nordindischen Prakrit-Sprache zuließ. Auf mehreren Kharoshthi-Holztafeln fand Stein den urspünglichen, indisch klingenden Namen der Stadt, die Kroraina hieß. Der Name Loulan ist dabei nichts anderes als die phonetische Anpassung an das Chinesische.[7] Der indische Einfluß trat deutlich auch in »Ördeks Stadt« zutage, wo Hedin einen buddhistischen Tempel freilegte und Holzschnitzereien mit griechisch-indischen Gandhara-Motiven sowie eine wertvolle Bodhisattva-Holzstatue ausgrub, die sich heute im »Folkens Museum« von Stockholm befindet.

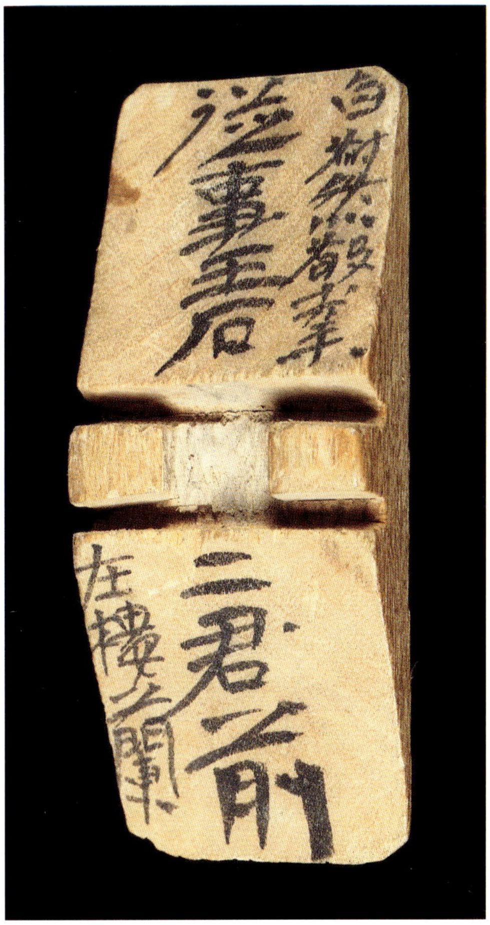

In Loulan grub Sven Hedin nicht nur eine seltene Holzstatue aus, die einen Bodhisattva darstellte (obere zwei Bilder), sondern auch eine Inschrift auf Holz, deren Vorderseite als Anschrift des Empfängers eben den Namen Loulan trägt.

Der griechische Gott Hermes auf einem Wollgewebe aus Loulan, 3. Jahrhundert n. Chr. Wahrscheinlich handelt es sich um den Stoffrest eines Leichentuches, da Hermes in der griechischen Mythologie auch der Begleiter der Toten in die Unterwelt war.

Den internationalen Charakter Loulans, das eine bedeutende Durchgangsstadt an der Mittleren Seidenstraße war, belegt auch ein Wollgewebe, das Stein in einem Grab entdeckte. Auf dem Tuchfragment erkennt man den Kopf des Gottes Hermes mit seinem Attribut, dem Caduceus, in einem klassischen, sogar koptisch anmutenden Stil. Ob es sich hier um einen Import aus dem Westen handelt, oder ob dieses Stück von einem im Westen geschulten Künstler – analog dem Maler der Fresken von Miran – gewoben wurde, das läßt sich nicht eindeutig bestimmen.[8] Jedenfalls weist die Abbildung des Hermes, der in der griechischen Mythologie auch als Begleiter der Toten in die Unterwelt galt, darauf hin, daß es sich hier um das Fragment eines Leichentuches handeln könnte.

Wie im Fall von Dandan-Oilik ist die Erforschung Loulans sowohl mit dem Namen von Hedin als auch mit dem von Sir Aurel Stein verbunden. Stein war Anfang Dezember 1906 von Miran aus nach Loulan aufgebrochen, wobei er den erfahrenen uigurische Jäger Tokta Akhun anwerben konnte. Tokta hatte früher für Hedin gearbeitet und im Januar 1906 den Amerikaner Huntington nach Loulan geführt. Am 17. Dezember 1906 erreichte Stein sein Ziel und schrieb triumphierend in sein Tagebuch: »Ich fand den ganzen Ort mit seinen über 10 Meilen verstreuten Ruinen klar vor Franzosen oder Deutschen, und damit ist das 1000 Meilen Rennen ab Khotan … gewonnen!«[9] Stein unterließ es nicht, Sven Hedin Anerkennung für die »hervorragende Kartographierung« des Lop-Nor-Gebiets zu zollen.[10] Auch der Autor konnte 1994 mit Hilfe des GPS-Geräts die hohe Genauigkeit der geographischen Bestimmung Loulans durch Hedin (1901) und Stein (1914) bestätigen, wobei die Messungen des Briten besonders beeindruckend sind, denn sowohl seine Längen- als auch Breitengradangaben weichen weniger als 1 km von den mittels Satellitentechnologie ermittelten Werten ab.

Stein verließ Loulan am 29. Dezember 1906, um zunächst Miran genauer zu erforschen. Von dort aus eilte er dann nach Dunhuang, denn er hatte ein Gerücht vernommen, wonach eine große, unbekannte Sammlung antiker Manuskripte in einer Höhle Dunhuangs versteckt sei. Dank seiner raschen Reaktion gelang es dem Briten, seinem französischen Konkurrenten Paul Pelliot zuvorzukommen.

Stein kehrte sieben Jahre später, im Februar 1914, ins Gebiet Loulans zurück und untersuchte dabei nicht nur die Garnisonsstadt, von ihm L. A. genannt, sondern auch die umliegenden Orte und Gräberfelder. Es ist erstaunlich, wie rasch Stein einen Ruinenort zu erforschen vermochte. Dies erklärt sich nicht nur damit, daß die damaligen Ausgrabungsmethoden weniger aufwendig waren als heute, sondern auch dadurch, daß es verhältnismäßig leicht war, im Sand Ausgrabungen vorzunehmen. Außerdem rekrutierte Stein meistens eine zwanzig bis dreißig Mann starke Mannschaft aus der lokalen Bevölkerung zu Grabungszwecken und motivierte sie mit einem Prämiensystem zur Arbeit.

Die älteste Erwähnung Loulans stammt aus dem Jahr 176 v. Chr. und findet sich in einem Brief des Xiongnu-Herrschers an den chinesischen Kaiser Wen-Ti. Darin rühmt der Hunnenführer den Sieg seines Feldherrn über die Yüeh-chih und die Tatsache, daß dieser sowohl Loulan als auch 28 weitere Reiche unterworfen hat.[11] Die Nennung Loulans ist ein klarer Hinweis auf die damalige Bedeutung der Stadt. Zhang Qian, der berühmte reisende Botschafter des Han-Kaisers Wu Di, gibt uns 126 v. Chr. eine knappe, aber aufschlußreiche Beschreibung Loulans: »Die Gebiete von Loulan und Gu-Shi haben eine umwallte Stadt und umwallte Vororte; sie liegen am Salzsumpf.«[12] Also spielte die am salzhaltigen Lop-Nor gelegene Stadt schon damals eine militärische Rolle.

Es scheint aber, daß Loulan seine strategische Lage an der Mittleren Seidenstraße dazu mißbrauchte, chinesische Handelskarawanen zu überfallen und auszuplündern, was zur ersten chinesischen militärischen Vergeltungsaktion unter General Cao Po-nu 108 v. Chr. führte. Infolge einer Niederlage wurde

Loulan China tributpflichtig, konnte sich aber trotzdem nicht aus dem hunnischen Einflußbereich lösen, so daß der schwache König von Loulan einen seiner Söhne an den chinesischen Hof als Geisel schicken mußte und gleichzeitig den Hunnen einen zweiten Sohn zur Verfügung stellte.

Als im Jahr 92 v. Chr. ein neuer König gewählt werden mußte, gelangte der von den Xiongnu erzogene Prinz auf den Thron, da sein unglücklicher Bruder am kaiserlichen Hof entmannt worden war. Weil aber der neue König wiederum begann, chinesische Händler zu plündern, und er zudem die Xiongnu über die chinesischen Truppenbewegungen informierte, schickte China im Jahr 77 v. Chr. eine zweite Strafexpedition. Der kommandierende chinesische General Fu Giä-dsi nahm den verräterischen König durch eine List gefangen, ließ ihn enthaupten und schickte den Kopf an den kaiserlichen Hof als Beweis dafür, daß er seinen Auftrag erfüllt hatte. Damit ging die Geschichte Loulans als ein mehr oder weniger autonomes Königreich zu Ende, denn die Chinesen setzten den neuen Fürsten nicht mehr in Loulan, sondern im südlichen Shan Shan, dem heutigen Kargilik bzw. Ruoqiang ein, wodurch sie ihn dem Einfluß der Xiongnu entzogen. Loulan blieb aber eine bedeutende Garnisonsstadt an der Mittleren Seidenstraße und gehörte bis etwa 330 n. Chr. zur Kette von Festungen und Wachtürmen, die als Verlängerung der Großen Mauer die Strecke von Dunhuang nach Korla sicherten.[13]

Aus den alten, verdorrten Maulbeerbäumen, die Stein entdeckt hat, kann man schließen, daß einst auch in Loulan Seidenraupen gezüchtet wurden und hier auch Seide hergestellt wurde.[14] Allerdings geriet Shan Shan, wie auch das übrige Tarimbecken, wieder unter die Kontrolle der Hunnen, als zu Beginn des 1. Jahrhunderts n. Chr. die Han-Dynastie von einer schweren Krise erschüttert wurde. Wie schon erwähnt, gelang General Pan Ch'ao um 75 n. Chr., die chinesische Oberhoheit wiederherzustellen, wobei sich die Stärke und Dauer der chinesischen Militärpräsenz in Loulan nach 124 n. Chr. und in den darauffolgenden 140 Jahren nicht bestimmen läßt.[15]

Hingegen sind wir durch zahlreiche Dokumente, die auf die Zeit zwischen 264 und 330 n. Chr. datiert werden, über die letzte Blütezeit Loulans gut unterrichtet. Diese begann, als General So Man um 260 n. Chr. in Loulan eine 1000 Mann starke Militärkolonie gründete.[16] Der Kommentar des 527 n. Chr verstorbenen Li Tao-yüan zur bedeutend älteren Schrift des Autors, der unter dem Namen »Klassiker der Gewässer« bekannt ist, beschreibt dieses Ereignis folgendermaßen:

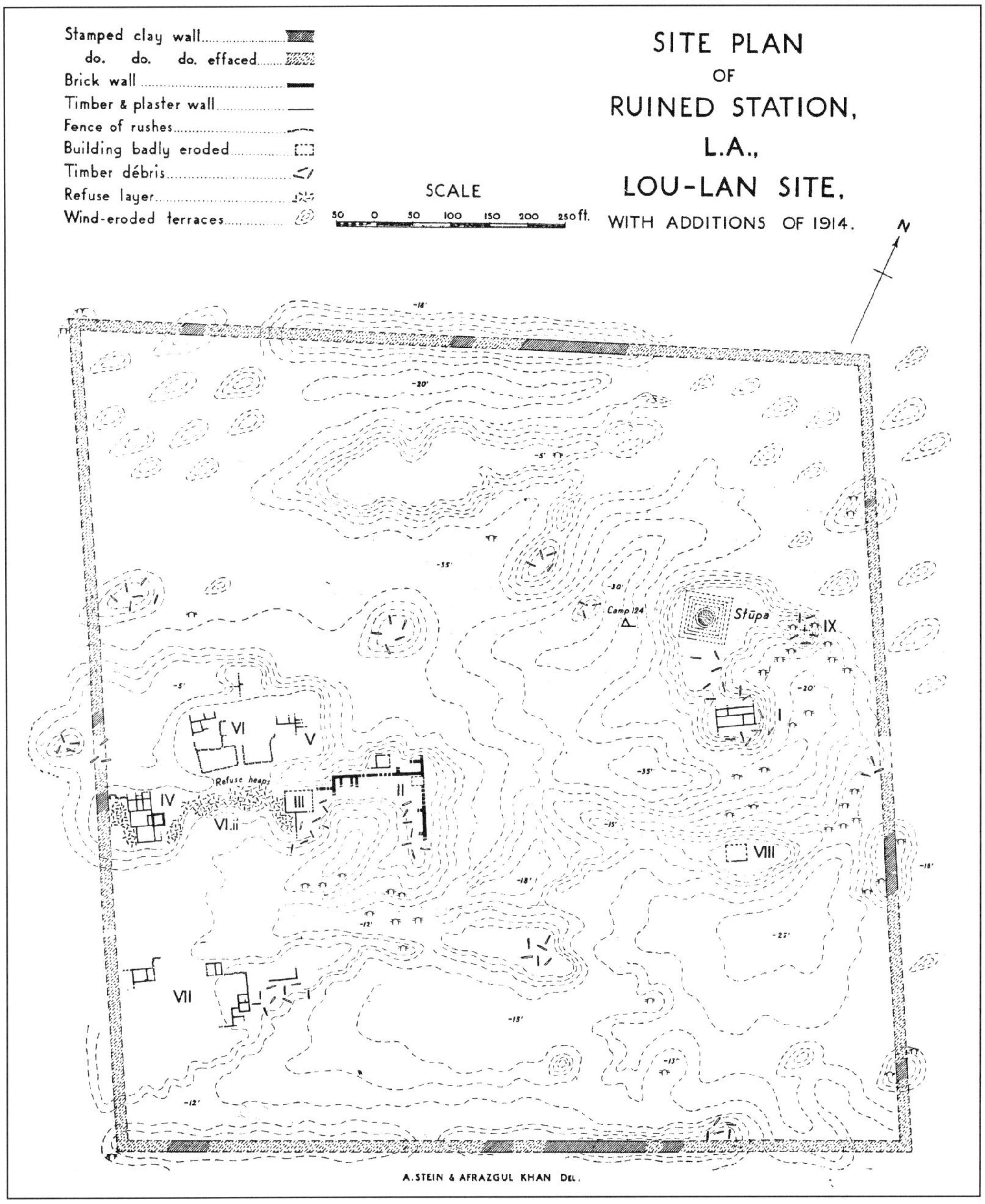

Den Sitz des Militärkommandanten von Loulan markiert die mit II bezeichnete Stelle. Nordöstlich davon befindet sich der Stupa.

»So Man ... war ein fähiger Mann. Er übernahm das Amt des Generals; an der Spitze von 1000 Soldaten ... kam er nach Loulan, um dort eine Ackerbaukolonie anzulegen. Er errichtete ein weißes Haus.«[17] Dieses »weiße Haus« ist zweifelsohne mit dem großen dreiräumigen Lehmziegelgebäude Loulans identisch, das einst mit Kalk verputzt war. Damit ist Steins Vermutung bewiesen, wonach dieses Gebäude der Sitz des Militärkommandanten war.

Die Neubelebung Loulans als Garnisonsstadt fällt in die Epoche der Westlichen Jin-Dynastie (265–316 n. Chr.), die unter der Führung ihres energischen ersten Kaisers Wu-Ti die »westlichen Länder«, also das heutige Xinjiang, wieder unter ihre Hoheit brachte. Allerdings scheint die kleine Garnisonstadt rasch in Vergessenheit geraten zu sein, denn das letzte datierte Dokument aus dem Jahr 330 n. Chr. ist immer noch im Namen des letzten Westlichen Jin-Kaisers verfaßt, dessen Herrschaft schon 316 zu Ende war. Also muß Loulan im Jahr 330 schon seit 14 Jahren von der Zentralregierung isoliert gewesen sein. Wie schon erwähnt, wurde Loulan in jenem Jahr wegen der hydrologischen Veränderungen im Gebiet von Lop-Nor aufgegeben und die Militärgarnison rund 50 km südlich nach Haitou, von Stein als L. K. bezeichnet, verlegt.[18] Das nordwestlich gelegene Fort von Ying-Pen blieb jedoch bis in die Tang-Dynastie hinein besetzt.[19]

Im Jahr 1934 kam Hedin zum letzten Mal in das Gebiet des Lop-Nor. Daß er dort eine große Nekropole westlich von Loulan entdeckte, verdankte er seinem alten treuen Diener Ördek, der schon 1900 Loulan gefunden hatte. Als nämlich Ördek im Frühjahr 1934 hörte, daß Hedin, den er zuletzt im Jahr 1901 gesehen hatte, sich im Gebiet des Kontsche Darya aufhielt, unternahm er alles, um seinen früheren Arbeitgeber wieder zu treffen, was ihm auch gelang. Der alte Schatzjäger erzählte Hedin damals, daß er an einem Seitenarm des Kum Darya ein großes Gräberfeld mit vielen, zum Teil offenen Särgen entdeckt habe.[20] Hedin beauftragte seinen Mitarbeiter Folke Bergman mit der Erforschung dieses großen Gräberfeldes. Zu Hedins Überraschung traf kurz darauf auch noch der alte Kameljäger Abdu Rehim ein, der ihn 1899–1900 nach Altmysch Bulak geführt hatte. Rückblickend ist festzuhalten, daß Hedins und Steins Entdeckungen ohne einheimische Führer wie Ördek, Abdu Rehim und Tokta Akhun wohl nie gemacht worden wären.

Die von Ördek entdeckte Nekropole befand sich auf einer kleinen Anhöhe, so daß die Anlage vor möglichen Überschwemmungen geschützt war. Hier stieß Bergman nicht nur auf eine Vielzahl von Särgen, sondern auch auf über 100 im Sand stehende, ursprünglich rot bemalte, drei bis vier Meter hohe Holzpflöcke sowie auf drei eigenartige Holzstatuen, die Menschenfiguren darstellten.

Hedin fand danach im Mai 1934 östlich von Ördeks Gräberfeld bzw. nördlich von Loulan noch ein größeres Massengrab mit fünfzehn Schädeln sowie zwei bemerkenswerte Einzelgräber. Das erste war das Grab einer älteren Frau, welche in einem 1,70 Meter langen Holzsarg lag und in einen braunroten Mantel gehüllt war. Auf dem Kopf trug sie eine mit zwei Federn geschmückte phrygische Mütze. Diese spitze Kopfbedeckung, die auch in den Malereien Mirans vorkommt, wurde sowohl von den Skythen als auch von den iranischen Saka getragen und gibt einen klaren Hinweis für die indoeuropäische Herkunft der ursprünglichen Bevölkerung der Region Lop-Nor. Auch Stein war der nichtmongolische Ausdruck der meisten 3000–4000 Jahre alten Mumien aufgefallen.[21]

Unweit vom Grab der älteren Frau fand Hedin auf einem anderen Hügel die letzte Ruhestätte einer jüngeren Frau, deren Anblick Hedin sichtlich ergriff: »Und nun sahen wir sie, die Herrscherin der Wüste, die Königin von Loulan und Lop-Nor in all ihre Schönheit. In jungen Jahren war sie vom Tode überrascht worden ... Um ihre Lippen spielte immer noch ein Lächeln, das Jahrtausende nicht ausgelöscht hatten und das dieses rätselhafte Wesen noch anziehender und sympathischer machte.« Nachdem Hedin die Mumie und ihre Kleidungsstücke sorgfältig untersucht und dabei das »Skelett eines ganzen Hammels als Wegzehrung auf die Fahrt in die andere Welt« gefunden hatte, ließ er »die unbekannte junge Dame für eine Nacht in ihrem Sarg im Sternenhimmel stehen.« Dann, »im Frühlicht des 7. Mai wurde The Lady of the Desert ... in ihren Sarg zurückgelegt und in ihm wieder ins Grab gesenkt.«[22]

Diese Beschreibung paßt auch gut zu der etwa 4000 Jahre alten Mumie einer jüngeren Frau, die 1980 von chinesischen Wissenschaftlern bei einem Rundgrab, das an die sibirischen Kurgane erinnert, in der Nähe Loulans gefunden wurde. Auch diese Mumie, die sich heute im archäologischen Museum von Ürümqi befindet, fällt durch ihr edles Antlitz auf und trägt eine befederte phrygische Mütze, wobei ihr eine mit Hirse gefüllte Tasche beigegeben war. Was hat diese junge Frau rund 2000 Jahre vor der ersten Besetzung Loulans durch die chinesischen Truppen der Han-Kaiser wohl erlebt? Wir werden es zwar nie wissen, doch ihre Gegenwart zeugt von einer alten Kultur, die uns im wesentlichen noch unbekannt ist.

Links: Wie alle größeren Gräberfelder war auch »Ördeks Nekropole« auf einer Anhöhe angesiedelt, um die Gräber vor eventuellen Überschwemmungen zu schützen.
Rechts: Die Mumie dieser jüngeren Frau wurde 1980 in der Nähe von Loulan ausgegraben. Der Toten hatte man eine Tasche mit Hirse beigelegt. Der nichtmongolische Gesichtsausdruck der rund 4000 Jahre alten Mumie deutet an, daß die Urbevölkerung des Lop-Nor-Gebiets indoeuropäischen Ursprungs war. Inwieweit die Besiedlung des Tarimbeckens in Zusammenhang steht mit dem Vordringen indoeuropäischer Völker auf dem indischen Subkontinent im Lauf des zweiten Jahrtausends v. Chr., sei dahingestellt.

Links: Ein knapp 2000 Jahre alter Obstgarten, der 5 km südlich der Stadt Louloan steht, erinnert daran, daß Loulan sich einst inmitten einer fruchtbaren Oase befand.

Oben: Das Wahrzeichen Loulans ist ein 12 Meter hoher Turm aus Lehmziegeln, den Sven Hedin, der Entdecker der Stadt, als militärischen Wachtturm deutete, von welchem aus die Soldaten Rauch- bzw. Feuersignale senden konnten. Sir Aurel Stein hingegen hielt den Turm für einen buddhistischen Stupa. Welche Funktion der Turm tatsächlich erfüllte, ist bis heute nicht eindeutig geklärt.

Oben: In Loulan wurden dieselben Baumaterialien und -techniken verwendet wie auch in Niya. Dies belegen deutlich die Zeugnisse aus der Siedlung Loulan IV.

Antike Dokumente aus dem 3. und 4. Jahrhundert bestätigen, daß sich in dem großen »weißen Haus« der Sitz des chinesischen Militärkommandanten befand. Allerdings geriet dieser westliche Vorposten Chinas zu Beginn des 4. Jahrhunderts in Vergessenheit, da die Behörden Loulans ihre letzten Dokumente im Jahr 330 n. Chr. im Namen eines Kaisers schrieben, der schon 316 vestorben war.

Loulan III: Hier entdeckte Sir Aurel Stein wichtige Dokumente, die über die Vergangenheit des Ortes Auskunft geben.

● ● ● *Mit der Wiederentdeckung und Erforschung von Loulan haben wir unser Expeditionsziel erreicht. Das ganze chinesisch-schweizerische Team ist darüber hocherfreut, denn das erfolgreiche Überwinden der verschiedenen Hindernisse hat uns zu einer eingeschworenen Gruppe zusammengeschweißt. Besonders dem unermüdlichen Wang Lün ist die Genugtuung, aber auch Erleichterung vom Gesicht abzulesen, war er doch für das Gelingen der Expedition letztlich verantwortlich. Auch Sheng strahlt Zufriedenheit aus, denn jetzt gehört er dem sehr exklusiven Kreis chinesischer Archäologen an, die sowohl Niya als auch Loulan besichtigt haben.*

Jean-Daniel seinerseits schätzt sein Glück, daß der letzte von insgesamt sechs Akkus erst nach dem Filmen Loulans den Geist aufgegeben hat. Ich, schließlich, bin glücklich, meinen Jugendtraum erfüllt zu haben, doch es mischt sich auch etwas Melancholie in mein Gefühl, denn die nächsten Tage bedeuten Rückfahrt und Abschied sowohl von der Wüste Takla-Makan und ihren Schätzen als auch von den chinesischen Kollegen.

Die eigenartige Faszination, die diejenigen prägt, die auch nur für eine kurze Zeit in der Wüste gelebt haben, hat wie kein anderer Wilfred Thesinger in seinem Buch Arabian Sands *umschrieben: »Keiner kann dieses Leben erleben und aus ihm unverändert hervorgehen. Er wird, wie schwach auch immer, das Mal der Wüste tragen, das Mal, das den Nomaden kennzeichnet; und er wird das Verlangen haben zurückzukehren, schwach oder stark, je nach seiner Natur. Denn dieses grausame Land kann den Menschen in einen Bann schlagen, den kein mildes Klima wettmachen kann.« Gegen diesen Bann hilft nur der Entschluß, irgendwann in die Wüste wiederzukehren.* ● ● ●

Seit Jahrtausenden unverändert schimmert das Abendlicht geheimnisvoll über der Umgebung von Loulan.

Anmerkungen

Einleitung

1 Sven Hedin, *Im Herzen von Asien.* Leipzig 1903. Bd. 2. S. 84.

1. Kapitel

1 Albert Herrmann, *Lou-Lan.* Leipzig 1931. S. 46.
2 Sven Hedin, *Scientific results of a journey in Central Asia, 1899–1902.* Stockholm 1904–1907. Bd. 2. S. 263.
3 Marc Aurel Stein, *Innermost Asia.* Oxford 1928. Bd. 1. S. 285.
4 Nils Ambolt, *Karawanen.* Leipzig 1937. S. 93.
5 Peter Lindegger, *Griechische und römische Quellen zum peripheren Tibet.* Zürich 1993. S. 184.
6 S. H. Moffet, *Christianity in Asia.* San Francisco 1991.
7 Guillaume de Rubrouk. *L'empire Mongol. 1253–1255.* Paris 1993. S. 206.
8 Marc Aurel Stein, *Ancient Khotan.* Oxford 1907. Bd. 2. S. 460.
9 S. H. Moffet, *Christianity in Asia.* San Francisco 1991. S. 4
10 Peter Lindegger, *Griechische und römische Quellen zum peripheren Tibet,* Teil III. Zürich 1993. Seite 22.
11 Peter Lindegger, *Griechische und römische Quellen zum peripheren Tibet,* Teil III. Zürich 1993. Seite 132.
12 Peter Lindegger, *Griechische und römische Quellen zum peripheren Tibet,* Teil III. Zürich 1993. Seite 29.
13 Peter Lindegger, *Griechische und römische Quellen zum peripheren Tibet,* Teil III. Zürich 1993. 53.
14 Folker E. Reichert, *Begegnungen mit China.* Sigmaringen 1992. S. 57.
15 Luce Boulnois, *La route de la soie.* Genf 1992. S. 83. Homer Dubs. *A Roman City in Ancient China.* London 1967.
16 H. A. Gilels, *The travels of Fa-hsien.* Cambridge 1923. S. 2.
17 René Grousset, *Die Reise nach Westen oder wie Hsüan-Tsang den Buddhismus nach China holte.* Köln 1986. S. 47f.
18 René Grousset, *Die Reise nach Westen oder wie Hsüan-Tsang den Buddhismus nach China holte.* Köln 1986. S. 46.
19 Samuel Beal, *The life of Hiuen-Tsiang,* New Delhi 1973. S. 178.
20 Samuel Beal, *The life of Hiuen-Tsiang,* New Delhi 1973. S. 224.
21 C. P. Skrine, *Chinese central Asia.* London 1926. S. 111.
22 China. Wege des Wissens. Ausstellung des Verkehrshauses Luzern. Katalog. 1994. S. 262.
23 Henry Yule, *The book of Ser Marco Polo.* New York 1926. Bd. 1. S. 424.
24 Ella und Percy Sykes, *Through Deserts and Oases of Central Asia.* London 1920. S. 214.
25 René Grousset, *Die Reise nach Westen oder wie Hsüan-Tsang den Buddhismus nach China holte.* Köln 1986. S. 231.
26 Henry Yule, *The book of Ser Marco Polo.* New York 1926. Bd. 1. S. 180.
27 Henry Yule, *The book of Ser Marco Polo.* New York 1926. Bd. 1. S. 193.
28 Henry Yule, *The book of Ser Marco Polo.* New York 1926. Bd. 1. S. 210.
29 Guillaume de Rubrouk, *L'empire Mongol. 1253–1255.* Paris 1993. S. 112.
30 Henry Yule, *The book of Ser Marco Polo.* New York 1926. Bd. 1. S. 237.
31 Francis Anfray, *Les anciens éthiopiens.* Paris 1990. S. 152.
32 Luce Boulnois, *La route de la soie.* Genf 1992. S. 24.
33 Henry Yule, *The book of Ser Marco Polo.* New York 1926. Bd. 1. S. 423.

2. Kapitel

1 René Grousset, *Die Reise nach Westen oder wie Hsüan-Tsang den Buddhismus nach China holte.* Köln 1986. S. 45.
2 Folke Bergman, *Archeological researches in Sinkiang.* In: Sven Hedin, Reports from the Scientific Expedition 1927–1935. Publication 7. Stockholm 1939. S. 46; René Grousset, *Die Reise nach Westen oder wie Hsüan-Tsang den Buddhismus nach China holte.* Köln 1986. S. 44ff; Albert Herrmann, *Lou-Lan.* Leipzig 1931. S. 93f.
3 Marc Aurel Stein, *Ancient Khotan.* Oxford 1907. Bd. 1. S. 61.
4 Marc Aurel Stein, *On Ancient Central Asian Tracks.* London 1933. S. 42.
5 Whitfield Roderick, *The art of Central Asia. The Stein collection in the British Museum.* London & Tokyo 1982. Bd. 3. S. 316.

3. Kapitel

1 Dunhuang-Manuskript 2547 aus der Sammlung Paul Pelliot, Paris.
2 B. N. Puri, *Buddhism in Central Asia.* Neu Delhi 1993. S. 7, S. 93.
3 B. N. Puri, *Buddhism in Central Asia.* Neu Delhi 1993. S. 227.
4 Emil Zürcher, *The Buddhist conquest of China.* Leiden 1972. S. 29.
5 B. N. Puri, *Buddhism in Central Asia.* Neu Delhi 1993. S. 93.
6 Marc Aurel Stein, *Serindia.* Oxford 1921. Bd. 1. S. 530.
7 B. N. Puri, *Buddhism in Central Asia.* Neu Delhi 1993. S. 91.
8 Nigel Cameron, *Barbarians and Mandarins.* Oxford 1989. S. 21.
9 Marc Aurel Stein, *Sand-Burried ruins of Khotan.* London 1904. S. 195.

4. Kapitel

1 Henry Yule, *The book of Ser Marco Polo.* New York 1926. Bd. 1. S. 181f.
2 Sven Hedin, *Mein Leben als Entdecker.* Leipzig 1928. S. 1.
3 C. Wessels, *Early Jesuit travellers in Central Asia 1603–1721.* Den Haag 1924. S. 26.

5. Kapitel

1 Sven Hedin, *Mein Leben als Entdecker.* Leipzig 1928. S. 129.
2 Sven Hedin, *Mein Leben als Entdecker.* Leipzig 1928. S. 92 und 129.
3 Sven Hedin, *Durch Asiens Wüsten.* Leipzig 1899. S. 767.
4 Marc Aurel Stein, *Ancient Khotan.* Oxford 1907. Bd. 1. S. 496.
5 Marc Aurel Stein, *Sand-Burried ruins of Khotan.* London 1904. S. 444.
6 Marc Aurel Stein, *Serindia.* Oxford 1921. Bd. 1. S. 127f.
7 Sven Hedin, Rundfunkinterview Berlin 1941.
8 Sven Hedin, *Mein Leben als Entdecker.* Leipzig 1928. S. 95.
9 Sven Hedin, *Mein Leben als Entdecker.* Leipzig 1928. S. 98.
10 Sven Hedin, *Durch Asiens Wüsten.* Leipzig 1899. Bd. 1. S. 407.
11 Sven Hedin, *Durch Asiens Wüsten.* Leipzig 1899. Bd. 1. S. 424.
12 Sven Hedin, Rundfunkinterview Berlin 1941.
13 Sven Hedin, Rundfunkinterview Berlin 1941.
14 Sven Hedin, *Durch Asiens Wüsten.* Leipzig 1899.Bd. 2. S. 69.
15 Sven Hedin, *Durch Asiens Wüsten.* Leipzig 1899.Bd. 2. S. 74.
16 Marc Aurel Stein, *Ancient Khotan.* Oxford 1907. Bd. 1. S. 254.
17 Marc Aurel Stein, *Ancient Khotan.* Oxford 1907. Bd. 1. S. 265.
18 Marc Aurel Stein, *Ancient Khotan.* Oxford 1907. Bd. 1. S. 283f.
19 Marc Aurel Stein, *Serindia.* Oxford 1921. Bd. 3. S. 1242.
20 Marc Aurel Stein, *Ruins of Desert Cathay.* London 1912. Bd. 2. S. 417.

21 Gösta Montell, *Sven Hedin's archeological collections from Khotan*. Stockholm 1936–38. S. 205.

6. Kapitel

1 Marc Aurel Stein, *Sand-Burried ruins of Khotan*. London 1904. S. 371.
2 Marc Aurel Stein, *On Ancient Central Asian Tracks*. London 1933. S. 100.
3 Marc Aurel Stein, *Ruins of Desert Cathay*. London 1912. Bd. 1. S. 283.
4 Marc Aurel Stein, *On Ancient Central Asian Tracks*. London 1933. S. 104.

7. Kapitel

1 Sven Hedin, *Scientific results of a journey in Central Asia, 1899–1902*. Stockholm 1904–1907. Bd. 1. S. 376.
2 Marc Aurel Stein, *Ancient Khotan*. Oxford 1907. Bd. 2. S. 431.
3 Marc Aurel Stein, *Ancient Khotan*. Oxford 1907. Bd. 2. S. 432.
4 Nikolai Przhevalsky, *From Kulja, across the Tian Shan to Lob-Nor*. London 1879. S. 69f, S. 77.
5 Marc Aurel Stein, *Ruins of Desert Cathay*. London 1912. Bd. 1. S. 353.
6 Folke Bergman, *Archeological researches in Sinkiang*. In: Sven Hedin, Reports from the Scientific Expedition 1927–1935. Publication 7. Stockholm 1939. S. 45 und 224.
7 Marc Aurel Stein, *On Ancient Central Asian Tracks*. London 1933. S. 114.
8 Marc Aurel Stein, *Ruins of Desert Cathay*. London 1912. Bd. 1. S. 457.
9 Marc Aurel Stein, *Ruins of Desert Cathay*. London 1912. Bd. 1. S. 462 und 470.
10 Marc Aurel Stein, *Serindia*. Oxford 1921. Bd. 1. S. 521.
11 Marc Aurel Stein, *Serindia*. Oxford 1921. Bd. 1. S. 529.
12 Folke Bergman, *Archeological researches in Sinkiang*. In: Sven Hedin, Reports from the Scientific Expedition 1927–1935. Publication 7. Stockholm 1939. S. 137.
13 Mario Bussagli, *Die Malerei in Zentralasien*. Genf 1963. S. 21.
14 Marc Aurel Stein, *Ruins of Desert Cathay*. London 1912. Bd. 1. S. 496.
15 Marc Aurel Stein, *On Ancient Central Asian Tracks*. London 1933. S. 128.
16 Marc Aurel Stein, *Innermost Asia*. London 1921. Bd. 2. S. 754.
17 Nikolai Przhevalsky, *From Kulja, across the Tian Shan to Lob-Nor*. London 1879. S. 69f.
18 Nikolai Przhevalsky, *From Kulja, across the Tian Shan to Lob-Nor*. London 1879. S. 99f.

8. Kapitel

1 Xuncheng Xia, *The mysterious Lop lake*. Beijing 1985. S. 49.
2 Sven Hedin, *Der wandernde See*. Leipzig 1937. S. 244; Albert Herrmann, *Lou-Lan*. Leipzig 1931. S. 65.
3 Sven Hedin, *Southern Tibet, 1906–1908*. Stockholm 1916–1922. Bd. 1. S. 39.
4 Sven Hedin, *Rätsel der Gobi*. Leipzig 1931. S. 16.
5 Sven Hedin, *Southern Tibet, 1906–1908*. Stockholm 1916–1922. Bd. 1. S. 253.
6 Sven Hedin, *Im Herzen von Asien*. Leipzig 1903. Bd. 1. S. 183f.
7 Sven Hedin, *Scientific results of a journey in Central Asia, 1899–1902*. Stockholm 1904–1907. Bd. 1. S. 283; 376; Nikolai Przhevalsky, *From Kulja, across the Tian Shan to Lob-Nor*. London 1879. S. 144.
8 Sven Hedin, *Der wandernde See*. Leipzig 1937. S. 256.
9 Gabriel Bonvalot, *De Paris au Tonkin à travers le Tibet inconnu*. Paris 1892. S. 93.
10 Sven Hedin, *Scientific results of a journey in Central Asia, 1899–1902*. Stockholm 1904–1907. Bd. 2. S. 305f.
11 Sven Hedin, *Scientific results of a journey in Central Asia, 1899–1902*. Stockholm 1904–1907. Bd. 2. S. 269.
12 Ferdinand Freiherr von Richthofen, *Meister und Schüler. Ferdinand F. v. Richthofen an Sven Hedin*. Berlin 1933. S. 94.
13 Ferdinand Freiherr von Richthofen, *Meister und Schüler. Ferdinand F. v. Richthofen an Sven Hedin*. Berlin 1933. S. 46.
14 Sven Hedin, *Durch Asiens Wüsten*. Leipzig 1899. Bd. 2. S. 150.
15 Sven Hedin, *Durch Asiens Wüsten*. Vorwort zur englischen Ausgabe von 1899, erschienen bei Harper, New York und London. S. 16.
16 Sven Hedin, *Durch Asiens Wüsten*. Leipzig 1899. Bd. 2. S. 148.
17 Sven Hedin, *Im Herzen von Asien*. Leipzig 1903. Bd. 1. S. 194.
18 Sven Hedin, *Durch Asiens Wüsten*. Leipzig 1899. Bd. 2. S. 575; *Im Herzen von Asien*. Leipzig 1903. Bd. 2. S. 71.
19 Albert Herrmann, *Lou-Lan*. Leipzig 1931. S. 53.
20 Sven Hedin, *Scientific results of a journey in Central Asia, 1899–1902*. Stockholm 1904–1907. Bd. 2. S. 165.
21 Sven Hedin, *Im Herzen von Asien*. Leipzig 1903. Bd. 1. S. 107.
22 Sven Hedin, *Im Herzen von Asien*. Leipzig 1903. Bd. 2. S. 84.
23 Sven Hedin, *Scientific results of a journey in Central Asia, 1899–1902*. Stockholm 1904–1907. Bd. 2. S. 209.
24 Sven Hedin, *Auf großer Fahrt*. Leipzig 1929. S. 310.
25 Sven Hedin, *History of the Expedition in Asia 1927–1935*. Bd. 24. S. 211.
26 Sven Hedin, *Der wandernde See*. Leipzig 1937. S. 282.
27 Ellsworth Huntington, *The pulse of Asia*. Boston 1907. S. 252.

9. Kapitel

1 Sven Hedin, *Im Herzen von Asien*. Leipzig 1903. Bd. 1. S. 228.
2 Sven Hedin, *Scientific results of a journey in Central Asia, 1899–1902*. Stockholm 1904–1907. Bd. 2. S. 627.
3 Marc Aurel Stein, *Innermost Asia*. Oxford 1928. Bd. 1. S. 207.
4 Marc Aurel Stein, *Serindia*. Oxford 1921. Bd. 1. S. 375.
5 August Conrady, *Die chinesischen Handschriften und sonstigen Kleinfunde Sven Hedins in Loulan*. Stockholm 1920. S. 78.
6 Albert Herrmann, *Lou-Lan*. Leipzig 1931. S. 112.
7 Marc Aurel Stein, *On Ancient Central Asian Tracks*. London 1933. S. 141.
8 Marc Aurel Stein, *On Ancient Central Asian Tracks*. London 1933. S. 153.
9 Jeannette Mirsky, *Sir Aurel Stein. Archeological explorer*. Chicago 1977. S. 246.
10 Marc Aurel Stein, *Ruins of Desert Cathay*. London 1912. Bd. 1. S. 375.
11 Albert Herrmann, *Lou-Lan*. Leipzig 1931. S. 81.
12 Albert Herrmann, *Lou-Lan*. Leipzig 1931. S. 74.
13 Marc Aurel Stein, *On Ancient Central Asian Tracks*. London 1933. S. 276.
14 Marc Aurel Stein, *Serindia*. Oxford 1921. Bd. 1. S. 404.
15 Albert Herrmann, *Lou-Lan*. Leipzig 1931. S. 95.
16 Albert Herrmann, *Lou-Lan*. Leipzig 1931. S. 95.
17 Albert Herrmann, *Lou-Lan*. Leipzig 1931. S. 95.

18 Die durch Jacques Giès 1995 erfolgte Datierung von Hedins buddhistischen Holzfunden Loulans auf das 5. oder sogar 6. Jahrhundert n. Chr. ist mit den heute bekannten Erkenntnissen nicht vereinbar. Siehe dazu Sérinde, Terre du Bouddha. Katalog. Réunion des Musées Nationaux, Paris 1995. S. 99f.
19 Marc Aurel Stein, *Innermost Asia*. Oxford 1928. Bd. 2. S. 766.
20 Sven Hedin, *Der wandernde See*. Leipzig 1937. S. 64.
21 Marc Aurel Stein, *Innermost Asia*. Oxford 1928. Bd. 1. S. 262f.
22 Sven Hedin, *Der wandernde See*. Leipzig 1937. S. 95ff.

Chronologie der wichtigsten chinesischen Dynastien

Xia	21.–16. Jh. v. Chr.
Shang	16.–11. Jh. v. Chr.
Westliche Zhou	11. Jh. v. Chr.–771 v. Chr.
Östliche Zhou	770 v. Chr.–249 v. Chr.
Frühling- und Herbst-Periode	770–475 v. Chr.
Periode der Streitenden Reiche	475–221 v. Chr.
Qin	221–206 v. Chr.
Han	202 v. Chr.–220 n. Chr.
Westliche Han	202 v. Chr.–9 n. Chr.
Xin (Wang Mang Interregnum)	9–23
Östliche Han	25–220
Drei Reiche	220–265
Wei	220–265
Shu Han	221–263
Wu	222–280
Jin	265–420
Südliche Dynastien	317–581
Nördliche Dynastien	386–581
Nördliche Wei	386–534
Nördliche Qi	550–577
Nördliche Zhou	557–581
Sui	581–618
Tang	618–907
Fünf Dynastien (Norden)	907–960
Zehn Staaten (Süden)	902–979
Liao	907–1125
Song	960–1279
Nördliche Song	960–1127
Südliche Song	1127–1279
Xixia	1038–1227
Jin	1115–1234
Yüan	1271–1368
Ming	1368–1644
Qing	1644–1912
Republik	1912–1949
Volksrepublik	ab 1949

Literaturverzeichnis

Along the ancient silk routes. Metropolitan Museum. New York 1982.

Ambolt, Nils: *Karawanen.* Leipzig: Brockhaus 1937.

Andrews, F. H.: *Wall paintings from ancient shrines in Central Asia.* London: Oxford University Press 1948.

Anfray, Francis: *Les anciens éthiopiens.* Paris: Armand Colin 1990.

Barthold, W.: *Die geographische und historische Erforschung des Orients.* Leipzig: Wigand 1913.

Baumann, Bruno: *Takla Makan. Mein Weg durch die Wüste des Todes.* München: Herbig 1990.

Beal, Samuel: *The life of Hiuen-Tsiang.* New Delhi: Manoharial 1973.

Beckwith, Christopher: *The Tibetan Empire in Central Asia.* Princeton: Princeton University Press 1987.

Berg, Lasse; Holmquist, Stiq: *I Sven Hedins Spar.* Stockholm: Carlssons Bokförlag 1992.

Bergman, Folke: *Archeological researches in Sinkiang.* In: Sven Hedin, Reports from the Scientific Expedition 1927–35. Publication 7. Stockholm 1939.

Bertram, K. G.: *Versunkene Stadt. Loulan am Lop Nor.* In: Das neue China 5 (1988).

Berval, René de: *Présence du Bouddhisme.* Paris: Gallimard 1987.

Blackmore, Charles: *The worst Desert on earth.* London: Murray 1995.

Boisselier, Jean: *La sagesse du Bouddha.* Paris: Gallimard 1993.

Bonavia, David: *China's Warlords.* Hongkong: Oxford University Press 1995.

Bonavia, Judy: *The Silk Road. Retracing the ancient trade route.* Lincolnwood: Passport Books 1988.

dies.: *A golden souvenir of The Silk Road.* Hongkong: The Guidebook Company 1988.

Bonvalot, Gabriel: *De Paris au Tonkin à travers le Tibet inconnu.* Paris: Hachette 1892.

Bosshard, Walter: *Durch Tibet und Turkestan.* Stuttgart: Strecker & Schröder 1930.

Bosshard, De Terra & Trinkler: *Expeditionsreportage.* In: Schweizer Illustrierte, Zürich: Ringier 9. 2. 1928; 16. 2. 1928; 10. 5. 1928; 21. 3. 1929.

Boulnois, Luce. *La route de la soie.* Genf: Olizane 1992.

ders.: *Chevaux célestes et salive de dragon.* Paris: Gallimard 1994 (Diogène 167).

Bower, Hamilton: *Diary of a journey across Tibet. 1894.* Katmandu: R. P. Bhandar 1976.

Brent, Peter: *Das Weltreich der Mongolen.* Bergisch Gladbach: Lübbe 1988.

Bruce, C. D.: *In the footsteps of Marco Polo.* Edinburgh: Blackwood 1907.

Budge, Wallis: *The monks of Kublai Khan.* London: The religious tract society 1928.

Bussagli, Mario: *Die Malerei in Zentralasien.* Genf: Skira 1963.

Cable, Mildred; French, Francesca: *The Gobi Desert.* London: Hodder and Stoughton 1942.

Cameron, Nigel: *Barbarians and Mandarins.* Oxford: Oxford University Press 1989.

Carey, A. D.; Dalgleish, A.: *Chinese Turkestan & Northern Tibet. 1885–87.* London: Royal Geographical Society 1887.

Carpin, Jean de Plan: *Histoire des Mongols, 1245–1247.* Paris: Ed. franciscaines 1961.

Charignon, A. J. H.: *Le livre de Marco Polo.* Peking: Albert Nachbauer 1924.

Ch'eng. ên Wu: *Monkeys Pilgerfahrt.* München: Goldmann 1983.

China. Wiege des Wissens. Ausstellung Verkehrshaus Luzern, 1994, Katalog.

Conrady, August: *Die chinesischen Handschriften und sonstigen Kleinfunde Sven Hedins in Loulan.* Stockholm: Generalstabens Litografiska Anstalt 1920.

Cultural Relics unearthed in Singkiang. Beijing: Wenwu 1975.

Dabbs, J. A.: *History of the discovery and exploration of Chinese Turkestan.* Den Haag: Mouton 1963.

Deasy, H. H. P.: *In Tibet and Chinese Turkestan.* London: T. Fisher Unwin 1901.

Debaine-Francfort, Corinne. *Agriculture irriguée et art Bouddhique ancien au cœur du Taklamakan.* Paris: Arts Asiatiques 1994.

Dirks, Wolfram: *Sven Hedin – ein Mensch im Widerspruch.* Berlin: Wiesjahn 1996.

Drègue, J.-P.: *Seidenstraße.* Köln: VGS 1986.

ders.: *Marco Polo et la Route de la Soie.* Paris: Gallimard 1989.

Dubs, Homer: *A Roman City in Ancient China.* London: China Society 1957.

Dutreuil de Rhins, J. L.; Grenard, F.: *Mission Scientifique dans la Haute-Asie. 1890–95.* Paris 1897–99.

Eberhard, Wolfram: *Lexikon chinesischer Symbole.* Köln: Diederichs 1983.

Emmerick, R. E.: *Tibetan Texts concerning Khotan.* New York: Oxford University Press 1967.

Filchner, Wilhelm: *Bismillah!* Leipzig: Brockhaus 1940.

ders.: *Ein Forscherleben.* Wiesbaden: Brockhaus 1950.

Fleming, Peter: *News from Tartary.* London: J. Cape 1936.

Francke, A. H.: *Die Mitarbeit der Brüdermission bei der Erforschung Zentral-Asiens.* Herrenhut 1909.

ders.: *Durch Zentralasien in die indische Gefangenschaft.* Herrenhut 1921.

ders.: *Königsnamen von Khotan auf tibetischen Dokumenten der Turkistansammlungen von London und Berlin.* Berlin: Akademie 1928.

Franz, H. G.: *Kunst und Kultur entlang der Seidenstraße.* Graz: Akademische Druck- und Verlagsanstalt 1986.

Frédéric, Louis: *Les dieux du bouddhisme.* Paris: Flammarion 1992.

Fuchs, Walter: *Huei-ch'ao's Pilgerreise durch Nordwest-Indien und Zentralasien um 726.* Berlin: V. A. W. 1938.

Galwan, Gulam Rassul: *Als Karawanenführer bei den Sahibs.* Berlin: Oestergaard 1924.

Gernet, Jacques: *Die chinesische Welt.* Frankfurt a. M.: Insel Verlag 1979.

Gilels, H. A.: *The travels of Fa-hsien.* Cambridge: University Press 1923.

Grenard, F.: *Tibet.* London: Hutchinson 1904.

Grobe-Hagel, Karl: *Wandernder See, trockener Fluß.* In: Das Neue China 1 (1987).

Gropp, Gerd: *Archäologische Funde aus Khotan, Chinesisch-Ostturkestan.* Bremen: Röver 1974.

Grousset, René: *Die Reise nach Westen oder wie Hsüan-Tsang den Buddhismus nach China holte.* Köln: Diederichs 1986.

ders.: *The Empire of the Steppes.* New Brunswick: Rutgers University Press 1970.

Gruschke, Andreas: *Sand und Seide.* Freiburg i. B.: Schiller 1990.

Härtel, H.; Yaldiz, M.: *Lotosblumen in der Wüste. Buddhistische Kunst aus den Höhlentempeln Zentralasiens.* Museum Rietberg. Zürich 1988.

Haussig, Hans Wilhelm: *Archäologie und Kunst der Seidenstraße.* Darmstadt: Wissenschaftliche Buchgesellschaft 1992.

ders.: *Die Geschichte Zentralasiens und der Seidenstraße in vorislamischer Zeit.* Darmstadt: Wissenschaftliche Buchgesellschaft 1992.

ders.: *Die Geschichte Zentralasiens und der Seidenstraße in islamischer Zeit.* Darmstadt: Wissenschaftliche Buchgesellschaft 1994.

Hayashi, Ryoichi: *The Silk Road and the Shoso-in.* New York, Tokyo: Weatherhill/ Heibonsha 1975.

Hayward, G.: *Journey from Leh to Yarkand and Kashgar. 1868–1870.* London: Royal Geographical Society 1870.

Hedin, Alma: *Mein Bruder Sven.* Leipzig: Brockhaus 1925.

Hedin, Sven: *Durch Asiens Wüsten.* Leipzig: Brockhaus 1899.

ders.: *Im Herzen von Asien.* Leipzig: Brockhaus 1903.

ders.: *Scientific results of a journey in Central Asia, 1899–1902.* Stockholm: Lithographic Institute of the General Staff of the Swedish Army 1904–07.

ders.: *Southern Tibet, 1906–08.* Stockholm: Lithographic Institute of the General Staff of the Swedish Army 1916–22.

ders.: *General Prschewalsky in Innerasien.* Leipzig: Brockhaus 1925.

ders.: *Mein Leben als Entdecker.* Leipzig: Brockhaus 1928.

ders.: *Auf großer Fahrt,* Leipzig: Brockhaus 1929.

ders.: *Rätsel der Gobi.* Leipzig: Brockhaus 1931.

ders.: *Jehol, City of emperors.* London: Broadway House 1932.

ders.: *Die Flucht des großen Pferdes.* Leipzig: Brockhaus 1935.

ders.: *Die Seidenstrasse.* Leipzig: Brockhaus 1936.

ders.: *Der wandernde See.* Leipzig: Brockhaus 1937.

ders.: *History of the Expedition in Asia 1927–1935.* Parts I–IV. In: Reports from the Scientific Expedition to the north-western Provinces of China. Publications 23–26. Stockholm 1943–1945. Mit Beiträgen von Sven Hedin, Folke Bergman, Birger Bohlin, Gerhard Bexell, Gösta Montell.

ders.: *Central Asia Atlas & Memoir on maps.* In: Reports, Publication 47–49. Mit Beiträgen von N. Ambolt und E. Norin. Stockholm 1967.

ders.: *Große Männer denen ich begegnete.* Wiesbaden: Brockhaus 1951.

ders.: *Meine Hunde in Asien.* Wiesbaden: Brockhaus 1953.

ders.: *Sven Hedin as artist.* Stockholm: Sven Hedin Stiftelse 1964.

ders.: *Exhibition of Sven Hedin and the Kingdom of Lou-Lan.* Tokyo 1988.

Herrmann, Albert: *Lou-Lan.* Leipzig: Brockhaus 1931.

ders.: *Das Land der Seide und Tibet im Lichte der Antike.* Amsterdam: Meridian 1968.

Hickley, Dennis: *The first christians in China.* China Study Project. London 1980.

Hong Xie: *Tarim Basin.* Urumqui: Xinjiang Publishing House 1993.

Hopkirk, Peter: *Foreign Devils on the Silk Road.* London: Murray 1980.

ders.: *Trespassers on the roof of the world.* London: Murray 1982.

ders.: *Setting the East ablaze.* London: Murray 1984.

ders.: *The Great Game.* London: Murray 1990.

Huntington, Ellsworth: *The pulse of Asia.* Boston: Houghton 1907.

Jan, Michel: *Le voyage en Asie centrale et au Tibet.* Anthologie. Paris: Laffont 1992.

Klimkeit, Hans-Joachim: *Die Seidenstraße.* Köln: DuMont 1988.

ders.: *Die Begegnung von Christentum, Gnosis und Buddhismus an der Seidenstraße.* Opladen: Westdeutscher Verlag 1986.

Kling, Kevin: *Turkestan. Oasis de la Chine.* Editions du Chêne 1991.

Le Fèvre, Georges: *La Croisière Jaune.* Paris: l'Asiathèque 1991.

Le Coq, Albert: *Buried treasures of chinese Turkestan.* London: Allen & Unwin 1928.

Lévy, André: *Les pèlerins bouddhistes.* JCLattès 1995.

Lieberenz, Paul: *Mit Sven Hedin durch Asiens Wüsten.* Berlin: Wegweiser-Verlag 1932.

Lindegger, Peter: *Griechische und römische Quellen zum peripheren Tibet,* Teil III. Rikon/Zürich: Tibet-Institut 1993.

Maillard, Monique: *Grottes et monuments d'Asie centrale.* Paris: J. Maisonneuve 1983.

Maillart, Ella: *Turkestan solo.* New York: G. P. Putnam's Sons 1935

dies.: *Oasis Interdites.* Lausanne: Le livre du mois 1971.

dies.: *Croisières et caravanes.* Paris: Payot 1993.

Mannerheim, C. G.: *Across Asia.* Helsinki: Suomalais-Ugrilainen Seura 1940.

Marco Polo. Katalog zur Ausstellung der Schweizerischen Kreditanstalt. Zürich 1995–96.

Mirsky, Jeannette: *The great chinese travellers.* London: Allen & Unwin 1964

dies.: *Sir Aurel Stein. Archeological explorer.* Chicago: University of Chicago Press 1977.

Moffet, S. H.: *Christianity in Asia.* San Francisco: Harper Collins 1991.

Montell, Gösta: *Sven Hedin's archeological collections from Khotan.* Museum of Far Eastern Antiquities, Stockholm 1936–38.

Moorcroft, William: *Travels in the Himalayan Provinces. 1841.* Neu Delhi: Asian educ. Serv. 1989.

Morgan, Gerald: *Ney Elias.* London: Allen & Unwin 1971.

Paula, Christa: *The Road to Miran.* London: Harper Collins 1994.

Piotrovsky, Mikhail: *Lost Empire of the Silk Road.* Mailand: Electa 1993.

ders.: *L'Ermitage. Chefs-d'œuvre des collections du musée.* Paris: La Martinière 1995.

Pirazzoli-t'Serstevens. *China zur Zeit der Han-Dynastie.* Fribourg: Office du Livre 1982.

Plattner, F. A.: *Jesuiten zur See.* Zürich: Atlantis 1946.

Polo, Marco: *The travels of Marco Polo.* Translated by T. Waugh. London: Sidgwick & Jackson 1985.

Przhevalsky, Nikolai: *Mongolia. 1876.* Neu Delhi: AES 1991.

ders.: *From Kulja, across the Tian Shan to Lob-Nor.* London: Sampson Low 1879.

ders.: *Reisen in Tibet.* Jena: H. Costenoble 1884.

ders.: *In das Land der wilden Kamele.* Leipzig: VEB F. A. Brockhaus Verlag 1954.

Puri, B. N.: *Buddhism in Central Asia.* Neu Delhi: M. Banarsidass 1993.

Rayfield, Donald: *Dream of Lhasa. The life of Nikolay Przhevalsky.* London: Elek 1976.

Reichert, Folker E.: *Begegnungen mit China.* Sigmaringen: Thorbecke 1992.

Reischauer, Edwin O.: *Ennin's travels in Tang China.* New York: Ronald Press Company 1955

Richthofen, Ferdinand Freiherr von: *Entdeckungsreisen in China. 1868–1872.* Tübingen: Erdmann 1982.

ders.: *Meister und Schüler. Ferdinand F. v. Richthofen an Sven Hedin.* Berlin: Reimer 1933.

Rosa, Luigi de; Ziehr, Wilhelm: *Seidenstraße der Meere.* Köln: VGS 1980.

Rowland, Benjamin. *Zentralasien.* Baden-Baden: Holle 1970.

Rubrouk, Guillaume de: *L'empire Mongol. 1253–1255.* Paris: Imprimerie nationale 1993.

Sabatès, Fabien: *La croisière jaune Citroen.* Baschet 1979.

Saeki, P. Y.: *The nestorian monument in China.* New York: Macmillan 1928.

ders.: *The nestorian documents and relics in China.* Tokyo: Maruzen 1951.

Schütze, Hildegard: *Spuren der Seidenstraße.* Berlin: Selbstverlag 1990.

Seipel, Wilfried: *Weihrauch und Seide.* Mailand: Skira 1996.

Sérinde, Terre de Buddha. Catalogue. Paris: Réunion des Musées Nationaux 1995.

Sérinde, Terre de Bouddha. Connaissance des Arts. 1995.

Sérinde, Terre du Bouddha. Dijon. Archéologia 317 (1995).

Shaw, Robert: *Visits to High Tartary, Yarkand and Kashgar.* London: J. Murray 1871.

Shipton, Diana: *The antique land.* Hongkong: Oxford University Press 1987.

Shunying Mu: *The ancient art in Xinjiang.* Ürümqi: Xinjiang Art Press 1993.

Silk Road Exposition Nara. Nara 1988.

Skrine, C. P.: *Chinese central Asia.* London: Methuen 1926.

ders.: *Macarney at Kashgar.* Hongkong: Oxford University Press 1987.

Sommarström, Bo: *Archeological Researches in the Edsen-Gol Region.* In: Sven Hedin, Reports from the Scientific Expedition 1927–1935. Publication 39–40. Stockholm: Statens Etnografiska Museum 1956.

Spahni, J.-C.; Bruggmann, M.: *La route des épices.* Zürich: Silva 1991.

Stein, Marc Aurel. *Sand-Burried ruins of Khotan.* London: Hurst & Blackett 1904.

ders.: *Ancient Khotan.* Oxford: Clarendon 1907.

ders.: *Ruins of Desert Cathay.* London: Macmillan 1912.

ders.: *Serindia.* Oxford: Clarendon 1921.

ders.: *The thousand Buddhas.* London: Quaritch 1921.

ders.: *Innermost Asia.* Oxford: Clarendon 1928.

ders.: *On Ancient Central Asian Tracks.* London: Macmillan 1933.

Sun Tzu: *The Art of War.* Boston: Shambala Dragon Edit. 1988.

Sykes, Ella u. Percy: *Through Deserts and Oases of Central Asia.* London: Macmillan 1920.

Teichman, Eric: *Journey to Turkestan.* Hongkong: Oxford University Press 1988.

Terra, Helmut De: *On the world's highest Plateaus.* Washington. National Geographic 3 (1931).

The ancient state of Loulan. Ürümqi 1987.

Thesinger, Wilfred: *Arabian Sands.* London: Longmans 1960.

Timmermann, Irmgard: *Die Seide Chinas.* München: Diederichs 1988.

Trinkler, Emil: *Im Land der Stürme.* Leipzig: Brockhaus 1930.

ders.: *Wissenschaftliche Ergebnisse der Dr. Trinklerschen Zentralasien-Expedition.* Berlin: Reimer 1932.

ders.: *Die Kunst des Alten Cathay.* Unveröffentlichtes Manuskript. Institut für Länderkunde. Leipzig.

Uhlig, Helmut: *Die Seidenstraße.* Bergisch Gladbach: Lübbe 1986.

Uighur Xinjiang Museum. Ürümqi 1991.

UNESCO: *Les Routes de la soie.* Paris: Editions Unesco 1992.

UNESCO: *Silk and Spice Routes.* Paris: Editions Unesco 1994.

UNESCO: *History of Civilizations of Central Asia.* Paris: Editions Unesco 1992–96.

Viallet, Serge: *Sérinde.* CD-ROM. Paris: Réunion des Musées Nationaux 1995.

Walker, Annabel: *Aurel Stein. Pioneer of the Silk Road.* London: J. Murray 1995.

Waller, Derek: *The Pundits.* Kentucky: University Press of Kentucky, Lexington 1988.

Wang Miao: *Tracing Marco Polo's Northern Route.* Hongkong: China Tourism Press 1993.

Warner, Langdon: *The long old Road in China.* London: Arrowsmith 1927.

Wennerholm, Eric: *Sven Hedin.* Wiesbaden: Brockhaus 1978.

Wessels, C.: *Early Jesuit travellers in Central Asia 1603–1721.* Den Haag: Nijhoff 1924.

Whitfield, Roderick: *The art of Central Asia. The Stein collection in the British Museum.* London & Tokyo: Kodansha International 1982.

Williams, C. A. S.: *Outlines of Chinese Symbolism & Art Motives.* New York: Dover public. 1976.

Wolgensinger, Jacques: *L'épopée de la Croisière Jaune.* Paris: Laffont 1989.

Wu Aitken K: *Turkistan Tumult.* Hongkong: Oxford University Press 1984.

Yaldiz, M.: *Archäologie und Kunstgeschichte Chinesisch-Zentralasiens.* Leiden: Brill 1987.

Yasushi, Inoue: *Lou-Lan.* Arles: Editions Picquier poche 1995.

Younghusband, Francis: *The heart of a continent.* London: J. Murray 1937.

Yuchun Li: *Xinjiang Museum.* Ürümqi: Xinjiang Publishing Press.

Yule, Henry: *The book of Ser Marco Polo.* New York: Scribner's sons 1926.

Xiguang Li: *Niya, Paradise regained.* Beijing: Minzhu Publishing House 1995.

Xuncheng Xia: *The mysterious Lop lake.* Beijing: Science Press 1985.

ders.: *Wondrous Taklimakan.* Beijing: Science Press 1993.

Zhongjun Huang: *Die antike Seidenstraße.* China im Bild, Beijing 1987.

Zorzi, Alvise: *Marco Polo.* Düsseldorf: Claassen 1984.

Zu'An Huang: *La route de la soie.* Paris: Arthaud 1985.

Zürcher, Emil: *The Buddhist conquest of China.* Leiden: Brill 1972.

Bildnachweis

C. Baumer 2/3, 4, 5, 6, 7, 10, 12, 14, 17, 20, 24, 35, 37, 39, 40, 45, 49, 50, 55, 56, 60, 65, 66, 67, 68, 69, 70, 71, 72, 73, 74, 75, 76, 79, 83, 84, 85, 89 (unten), 91, 100, 102, 103, 107, 108, 109, 110, 111, 116, 117, 118, 119, 120, 121, 122, 123, 124, 125, 126, 128, 129, 134, 135, 140, 141, 142, 143, 144, 145, 146, 148, 154 (unten), 156, 157, 158, 161, 162, 163, 166, 173, 174, 175, 176, 177, 178.
Jean-Daniel Carrard 8, 28, 30, 52, 79 (oben rechts), 127, 130, 147, 154 (oben), 165, 179.
Chinesische Kunstbücher/Kataloge 22, 26, 29, 44, 47, 57, 59, 80, 114.
Belser-Archiv 38, 42/43.
Hedin-Stiftung Stockholm 27, 63, 78, 92, 94, 95, 152, 153, 155, 168, 169, 172.
New Delhi 31, 136, 170.
British Museum London 32, 33, 51, 170.
Trustees of Sir Aurel Stein 82, 87, 96, 97 (oben), 104/105, 112, 115, 132, 137; Karten 86, 113, 138, 171.
Stiftung für die Fotographie 88, 89 (oben), 90.
Museé Guinet Paris 98 (unten), 99.

Register

Kursiv gedruckte Zahlen verweisen auf Abbildungen

Danksagung

Zunächst möchte ich meinen Eltern Odette und Werner Baumer danken, die das Manuskript mit größter Sorgfalt gelesen und mir wertvolle Hinweise gegeben haben.

Ganz besonderer Dank gebührt Herrn Subhu Sengupta vom Reisebüro Indoculture Tours AG, Zürich und Stuttgart, der mir nicht nur die notwendigen chinesischen Sonderbewilligungen eingeholt sondern auch die gesamte Logistik perfekt organisiert hat. Ohne seine Dienste hätte die Expedition nicht unternommen werden können.

Herzlich danken möchte ich auch folgenden Personen, die mir beim Beschaffen von Informationen oder von historischen Fotos behilflich gewesen sind: Herrn Prof. A. D. H. Bivar, The Trustees of Sir Aurel Stein, London; Frau Trudy Burri-Bachmann, Luzern; Frau Deniz Cole, London; Herrn Prof. Gassmann, Ostasiatisches Seminar der Universität Zürich; Herrn Prof. Gerd Gropp, Seminar für Geschichte und Kultur des Vorderen Orients, Hamburg; Herrn Wang Lün, Xinjiang Nature Travel Service, Ürümqi; Herrn Michael Henss, Zürich; Herrn Prof. Oskar von Hinüber, Orientalisches Seminar, Freiburg i. B.; Frau Dr. I. Hönsch, Institut für Länderkunde, Leipzig; Herrn Dr. Lüderwaldt, Übersee-Museum, Bremen; Herrn Serge Racine, Lausanne; Herrn Sheng Chun Shou, Provinzmuseum von Ürümqi; Herrn Hakan Wahlquist, The Sven Hedin Foundation, Stockholm und Herrn Prof. R. Whitfield, School of Oriental and African Studies, London.

Schließlich danke ich Frau Regine Weisbrod und Herrn Erwin Tivig, die die Lektorierung des Manuskripts übernommen haben.

Christoph Baumer

Impressum

Die Deutsche Bibliothek –
CIP-Einheitsaufnahme
Baumer, Christoph:
Geisterstädte der Südlichen Seidenstraße :
Entdeckungen in der Wüste Takla-Makan /
Christoph Baumer.
Mit einem Vorw. von Gropp. –
Stuttgart ; Zürich : Belser, 1996
ISBN 3-7630-2334-8

Redaktion: Erwin Tivig
Layout und Herstellung: Ulrich Dotzauer
Karten: Claudia Zeh
Satz: Steffen Hahn GmbH, Kornwestheim
Reproduktion: Eurolitho, Tarzo
Druck: Manfrini R. Arti Grafiche, Calliano
Printed in Italy 1996
ISBN 3-7630-2334-8